Deiseroth
Demokratie heute 3

SK10 / Dei   12231

Name	von	bis
Lukas Gumbel	12	13
Jonas Leitner	13	14
Malin Schanns	15	16
Laurens Löhde	17	18
Gah Tatdnenko	18	19

Demokratie heute 3
Politik und Wirtschaft

Hessen

Dieter Deiseroth

Nicole Sauer-Happ

Heinz-Ulrich Wolf

Reinhard Ziegler

Schroedel

Demokratie heute 3
Politik und Wirtschaft
Hessen

bearbeitet von
Dieter Deiseroth, Nicole Sauer-Happ,
Heinz-Ulrich Wolf, Reinhard Ziegler
in Zusammenarbeit mit der Verlagsredaktion

mit Beiträgen von
Hartmut Sperling, Dr. Hans-Jürgen Smula

Zu diesem Schülerband sind lieferbar:
Lehrerhandreichungen mit Kopiervorlagen
(Bestell-Nr. 978-3-507-11013-7)
Digitale Lehrermaterialien / CD ROM
(Bestell-Nr. 978-3-507-11016-8)

Unterrichtsmaterialien zu aktuellen Themen aus den Bereichen Politik und Wirtschaft finden Sie unter:
www.schroedel-aktuell.de

© 2010 Bildungshaus Schulbuchverlage
Westermann Schroedel Diesterweg Schöningh
Winklers GmbH, Braunschweig
www.schroedel.de

Druck A ²/ Jahr 2011
Alle Drucke der Serie A sind im Unterricht parallel verwendbar.

Redaktion: Dieter Deiseroth, Niederaula
Herstellung: Corinna Herrmann, Frankfurt a. M.
Umschlaggestaltung: Jürgen Kochinke, Holle
Grafiken: Langner & Partner, Hemmingen
Illustrationen: H.-J. Feldhaus, Münster;
D. Griese, Hannover
Satz: O & S Satz GmbH, Hildesheim
Druck und Bindung: Westermann Druck GmbH, Zwickau

ISBN 978-3-507-**11010**-6

Das Werk und seine Teile sind urheberrechtlich geschützt. Jede Nutzung in anderen als den gesetzlich zugelassenen Fällen bedarf der vorherigen schriftlichen Einwilligung des Verlages. Hinweis zu § 52a UrhG: Weder das Werk noch seine Teile dürfen ohne eine solche Einwilligung gescannt und in ein Netzwerk eingestellt werden. Dies gilt auch für Intranets von Schulen und sonstigen Bildungseinrichtungen.
Auf verschiedenen Seiten dieses Buches befinden sich Verweise (Links) auf Internet-Adressen. Haftungshinweis: Trotz sorgfältiger inhaltlicher Kontrolle wird die Haftung für die Inhalte der externen Seiten ausgeschlossen. Für den Inhalt dieser externen Seiten sind ausschließlich deren Betreiber verantwortlich. Sollten Sie bei dem angegebenen Inhalt des Anbieters dieser Seite auf kostenpflichtige, illegale oder anstößige Inhalte treffen, so bedauern wir dies ausdrücklich und bitten Sie, uns umgehend per E-Mail davon in Kenntnis zu setzen, damit beim Nachdruck der Verweis gelöscht wird.

Vorwort 5
Internetadressen 6

Wirtschaftsordnung, soziale Marktwirtschaft, Tarifparteien 7

Soziale Marktwirtschaft und Wirtschaftspolitik 8
Erwartungen an die Wirtschaft 8
Grundmodelle der Wirtschaftsordnung 9
Merkmale der sozialen Marktwirtschaft 10
Soll der Staat Unternehmen retten? 12
Konjunktur 14
Das Stabilitätsgesetz 16
Methode: Zusammenhänge visualisieren
Thema: Die Ziele des Stabilitätsgesetzes 17
Der Wirtschaftskreislauf 18
Das Wichtige in Kürze 19

Märkte und Unternehmen 20
Märkte: Angebot und Nachfrage 20
Wie Preise entstehen 21
Methode: Planspiel
Thema: Busunternehmen im Wettbewerb 22
Das Kartellgesetz: Preisabsprachen verboten! ... 24
Gesetze zum Schutz des Wettbewerbs 25
Aufbau eines Unternehmens 26
Methode: Erkundung
Thema: Wir erkunden ein Unternehmen 27
Eine Unternehmerin berichtet 28
Produktion im Ausland – warum? 30
Exportnation Deutschland 32
Das Wichtige in Kürze 33

Tarifparteien und Mitbestimmung 34
Gewerkschaften und Arbeitgeberverbände ... 34
Tarifparteien und Tarifvertrag 36
Interview mit einem Betriebsrat 38
Mitbestimmung und Mitwirkung 40
Methode: Rollenspiel
Thema: Interessenskonflikt im Betrieb 42
Die Jugendvertretung 43
Das Wichtige in Kürze 44

Weißt du Bescheid? 45

Friedenssicherung 47

Weltweite Konflikte 48
Kriege 48
„Neue Kriege" 50
Methode: Kartenabfrage
Thema: Verletzung der Menschenrechte 52
Terrorismus 54
Methode: Analyse eines Konfliktes 56
Das Wichtige in Kürze 57

Internationale Zusammenarbeit 58
Vereinte Nationen:
Entstehung und Völkerrecht 58
Der Sicherheitsrat 60
Methode: Internetrecherche
Thema: UN-Friedenseinsätze 61
Die NATO 62
Der Auftrag der Bundeswehr 64
Fallbeispiel: Libanon-Einsatz 65
Bundeswehr – „Armee der Demokratie" 66
Wehrdienst – Zivildienst 67
Methode: Pro-Kontra-Diskussion
Thema: Wehrpflicht – ja oder nein? 68
Das Wichtige in Kürze 70

Weißt du Bescheid? 71

Europa 73

Europäische Union: Entstehung und Institutionen 74
Europa – ein vielfältiger Kontinent 74
Methode: Erkundung
Thema: Europa im Alltag 76
Der Weg der Europäischen Union 77
Die Staaten der Europäischen Union 78
Die drei Säulen der EU 80

Europäischer Binnenmarkt	81
Der Europäische Rat	82
Die Europäische Kommission	83
Das Europäische Parlament	84
Der Rat der Europäischen Union (Ministerrat)	85
Zusammenwirken der EU-Organe	86
Das Wichtige in Kürze	87

Europäische Einigung:
Entwicklung und Herausforderungen ... 88

Der Vertrag von Lissabon	88
Die Neuerungen des Reformvertrages	89
Migration – Chance oder Gefahr für Europa?	90
Soll die Türkei EU-Mitglied werden?	91
Europa: Hoffnungen und Erwartungen	92

Methode: Wandzeitung

Thema: Die Entwicklung der EU	93
Das Wichtige in Kürze	94

Weißt du Bescheid? ... 95

Gleichberechtigung ... 97

Verfassungsauftrag Gleichberechtigung ... 98
Methode: Meinungsabfrage

Thema: Frauensache oder Männersache?	98
Die Kräuters	99
Der Weg zur Gleichberechtigung	100
Gleichberechtigung – Fallbeispiel Bundeswehr	102
Interview mit einer Frauenbeauftragten	103
Familienpolitik – drei Beispiele	104

Methode: Internetrecherche

Thema: Frauennetzwerke	106
Das Wichtige in Kürze	107

Gleichberechtigung – Probleme im Alltag .. 108

Entlohnung	108
Frauen in Führungspositionen	110
Frauen in der Politik	111
Berufstätige Frauen	112
Ein familienfreundlicher Betrieb: das Beispiel Ford AG in Köln	113
Arbeitsteilung in der Familie	114
Berufswahl – Motive und Interessen	115
Girls'Day und Projekt Soziale Jungs	116

Methode: Zukunftswerkstatt

Thema: Familie, Haushalt, Beruf	117
Das Wichtige in Kürze	118

Weißt du Bescheid? ... 119

Verkehr und Umwelt ... 121

Die mobile Gesellschaft ... 122
Methode: Umfrage

Thema: Öffentlicher Nahverkehr	122
Wirtschaftsfaktor Rhein-Main-Flughafen	124
Verkehr und Tourismus	126
Das Wichtige in Kürze	127

Konfliktzone Verkehrsentwicklung ... 128

Fallbeispiel: Flughafenausbau	128
Fallbeispiel: Bahnstrecke Kinzigtal	130
Fallbeispiel: Ausbau der A 44	131
Ökobilanz der Verkehrssysteme	132
Auf zwei Rädern zur Arbeit	133
Das Recht auf saubere Luft	134
Neue Verkehrskonzepte: drei Beispiele	136
Automatisierte Verkehrssysteme	137
Das Wichtige in Kürze	138

Weißt du Bescheid? ... 139

Eine Welt ... 141

Probleme der Entwicklungsländer ... 142

Entwicklungsländer – ein schwieriger Begriff	142
Unterentwicklung – ein globales Problem	144
Hunger und Armut	146
Problem Bevölkerungswachstum	148

Globalisierung und Entwicklungsländer	150	Nichtstaatliche Hilfe für Entwicklungsländer	162
Entwicklungsländer und Welthandel	152	Private Projekte – zwei Beispiele	163
Methode: Grafiken auswerten		Nachhaltige Entwicklung	164
Thema: Welthandel	154	Entschuldung	165
Internationale Wirtschaftsbeziehungen	155	Aktionen von Schülern	166
Welthandelsorganisation	156	Methode: Referat	
Das Wichtige in Kürze	157	Thema: Entwicklungsländer	167
		Das Wichtige in Kürze	168
Entwicklungszusammenarbeit	158		
Entwicklungspolitik der Bundesrepublik Deutschland	158	**Weißt du Bescheid?**	169
„Menschen für Menschen" –		Stichwortverzeichnis / Begriffserklärungen	171
ein Beispiel für Entwicklungshilfe	160	Bildquellenverzeichnis	176

Liebe Schülerinnen, liebe Schüler,

Demokratie heute ist euer neues Buch für den Unterricht im Fach Politik und Wirtschaft. Dieser Band 3 enthält sechs Hauptkapitel: Wirtschaftsordnung, Friedenssicherung, Europa, Gleichberechtigung, Verkehr und Umwelt, Eine Welt. Ihr könnt mit dem Buch viel über politische und wirtschaftliche Sachverhalte lernen.

Jedes Hauptkapitel besteht aus mehreren Kapiteln. So beinhaltet zum Beispiel das erste Hauptkapitel „Wirtschaftsordnung…" die drei Kapitel „Soziale Marktwirtschaft …", „Märkte und Unternehmen" und „Tarifparteien und Mitbestimmung". Die Kapitel sind in Teilkapitel gegliedert, die jeweils aus einer Buchseite oder zwei Buchseiten bestehen. Die einzelnen Sachverhalte werden euch somit in überschaubaren Einheiten vermittelt.

Jedes Kapitel endet mit der zusammenfassenden Seite „Das Wichtige in Kürze". Dort steht kurz und einprägsam, was ihr auf jeden Fall wissen solltet. Die Seite „Das Wichtige in Kürze" kann euch auch bei der Bearbeitung vieler Aufgaben helfen und später zur Wiederholung dienen.

Die Seiten „Weißt du Bescheid?" am Schluss jedes Hauptkapitels bieten euch zudem die Möglichkeit, den eigenen Wissensstand zu überprüfen. Verschiedene Formen von Rätseln, Fragenkataloge und die Auswertung von Karikaturen sorgen dafür, dass das nicht langweilig wird.

Besonderes Augenmerk legt *Demokratie heute* auf methodenorientiertes Lernen. Auf blau unterlegten Seiten werden die folgenden Methoden vorgestellt und erklärt: Zusammenhänge visualisieren, Planspiel, Erkundung, Rollenspiel, Kartenabfrage, Analyse eines Konfliktes, Internetrecherche, Pro-Kontra-Diskussion, Wandzeitung, Meinungsabfrage, Zukunftswerkstatt, Umfrage, Grafiken auswerten, Referat.

Das Internet bietet für die Arbeit im Fach Politik und Wirtschaft unendlich viele Informationen. Zur schnelleren Orientierung ist auf der folgenden Seite eine Auswahl an hilfreichen Adressen zusammengestellt.

Am Ende des Buches findet ihr ein ausführliches Stichwortverzeichnis mit Seitenverweisen und Begriffserklärungen. Greift auf diese Seiten zurück, wann immer es euch hilfreich erscheint.

 Wo dieses Zeichen steht, sind Aufgaben in einer bestimmten Form schriftlich zu beantworten. In das Buch dürft ihr auf keinen Fall schreiben! Deshalb müsst ihr die vorgegebenen Tabellen, Übersichten oder Rätsel auf ein Blatt übertragen oder das Arbeitsblatt benutzen, das euch eure Lehrerin oder euer Lehrer aushändigt.

Die Autoren

Wirtschaftsordnung, soziale Marktwirtschaft, Tarifparteien

Bundesministerium für Wirtschaft und Technologie	www.bmwi.de
Bundesministerium für Ernährung, Landwirtschaft und Verbraucherschutz	www.bmelv.de
Bundesministerium für Arbeit und Soziales	www.bmas.de
Deutscher Gewerkschaftsbund	www.dgb.de
Bundesverband junger Unternehmer	www.bju.de
Bundesverband der Verbraucherzentralen	www.verbraucherzentrale.de

Friedenssicherung

Bundesministerium der Verteidigung	www.bmvg.de
Bundeswehr	www.bundeswehr.de
Bundesamt für den Zivildienst	www.zivildienst.de
Auswärtiges Amt	www.auswaertiges-amt.de
Vereinte Nationen	www.un.org
Vereinte Nationen: Informationszentrum für Westeuropa	www.unric.org
Flüchtlingskommissariat der Vereinten Nationen	www.unhcr.org
amnesty international Deutschland	www.amnesty.de
NATO (Nordatlantikpakt)	www.nato.int
Organisation für Sicherheit und Zusammenarbeit in Europa	www.osce.org

Europa

Informative Europa-Website	www.europa-digital.de
Portal der Europäischen Union	www.europa.eu
Europäisches Parlament	www.europarl.europa.eu
Europäisches Parlament – Informationsbüro für Deutschland	www.europarl.de
Europäische Kommission	www.ec.europa.eu
Rat der Europäischen Union	www.consilium.europa.eu
Ausschuss der Regionen der Europäischen Union	www.cor.europa.eu
Europäischer Wirtschafts- und Sozialausschuss	www.eesc.europa.eu
Europäischer Gerichtshof	www.curia.europa.eu
Europäische Zentralbank	www.ecb.int
Europarat	www.coe.int

Gleichberechtigung

Bundesministerium für Familie, Senioren, Frauen und Jugend	www.bmfsfj.de
Portal für Gleichberechtigung und Frauenbeauftragte	www.gleichberechtigung-goes-online.de
Bundeszentrale für politische Bildung (Suche: Gleichberechtigung)	www.bpb.de

Verkehr und Umwelt

Bundesministerium für Verkehr, Bau und Stadtentwicklung	www.bmvbs.de
Bundesministerium für Umwelt, Naturschutz und Reaktorsicherheit	www.bmu.de
Hessisches Ministerium für Wirtschaft, Verkehr und Landesentwicklung	www.wirtschaft.hessen.de

Eine Welt

Bundesministerium für wirtschaftliche Zusammenarbeit und Entwicklung	www.bmz.de
Eine-Welt-Portal	www.eine-welt-info.de
Welthandelsorganisation (WHO)	www.wto.org
Weltbank	www.worldbank.org
OECD	www.oecd.org
Attac	www.attac.de

Wirtschaftsordnung, soziale Marktwirtschaft, Tarifparteien

Täglich werden von Unternehmen Waren produziert und Dienstleistungen bereitgestellt. Die Unternehmen stehen dabei in Konkurrenz mit anderen inländischen und ausländischen Anbietern. Sie müssen bei der Produktion und dem Verkauf ihrer Waren Gesetze und Verordnungen beachten, können also nicht einfach tun, was sie wollen. Der Staat setzt diese Rahmenbedingungen fest, bestimmt also die Wirtschaftsordnung einer Gesellschaft. Die Löhne und die Arbeitsbedingungen jedoch werden von den Tarifparteien in eigener Verantwortung geregelt.

Mit der Wirtschaftsordnung der Bundesrepublik Deutschland, der Stellung der Unternehmen und den Aufgaben der Tarifparteien beschäftigt sich dieses Kapitel. Dabei geht es um Fragen wie:

- Welche Grundmodelle einer Wirtschaftsordnung gibt es? Worin liegen ihre Vor- und Nachteile jeweils?

- Welche Wirtschaftsordnung hat man für die Bundesrepublik Deutschland gewählt? Welche Merkmale hat diese Wirtschaftsordnung?

- Welche wirtschaftspolitischen Ziele verfolgt der Staat bei uns? Was versteht man unter Konjunktur?

- Was ist ein Markt? Wie bilden sich auf dem Markt die Preise?

- Nach welchen Gesichtspunkten entscheiden Unternehmer und Unternehmerinnen? Was müssen sie im Wettbewerb mit ihren Konkurrenten und Konkurrentinnen beachten?

- Wie wird die Bezahlung der Arbeitnehmer festgelegt? Wer sind die Tarifpartner?

- Welche Rechte haben Arbeitnehmer? Wer setzt sich in Betrieben für ihre Interessen ein?

Soziale Marktwirtschaft und Wirtschaftspolitik

Erwartungen an die Wirtschaft

Im nächsten Jahr bin ich fertig mit der Schule. Dann will ich einen guten Ausbildungsplatz. Aber ich höre, dass es schwierig werden kann, weil es immer weniger Lehrstellen gibt.

Ich muss für meine Familie einkaufen. Ich finde es nicht gut, wenn die Preise ständig steigen. Wie soll ich denn da mit dem Haushaltsgeld auskommen?

Als Verbraucher ist man doch den Unternehmen ausgeliefert. Die machen viel Werbung – aber ob die stimmt, kann man als Kunde nicht nachprüfen. Ich will eine Lebensversicherung zur Altersvorsorge abschließen – aber keiner kann mir sagen, welches Angebot das günstigste ist.

Seit 12 Jahren arbeite ich in diesem Supermarkt als Kassiererin. Ich finde, mein Gehalt ist viel zu niedrig, vor allem wenn ich höre, was unsere Geschäftsführer verdienen. Das müsste gerechter geregelt werden!

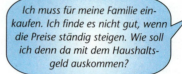

Seit 25 Jahren bin ich in der Firma. Und jetzt heißt es, der Betrieb wird die Fertigungsabteilung nach Ungarn verlagern, weil dort die Lohnkosten geringer sind. Was soll dann aus mir werden?

Als Unternehmer kann ich nur sagen: So kann es nicht weitergehen! Seit 25 Jahren stellt mein Betrieb mit 20 Mitarbeitern hochwertige optische Geräte her. Aber inzwischen drängt die ausländische Konkurrenz mit Billigprodukten so auf den Markt, dass wir einfach nicht mehr mithalten können.

Meine Idee, einen Party-Service speziell für Firmenjubiläen aufzubauen, ist gut. Wenn es klappt, könnte ich bald einige Mitarbeiter einstellen. Und das sollen wir doch: Arbeitsplätze schaffen! Aber jetzt habe ich Schwierigkeiten. Keiner will mir das Kapital geben, damit ich mit meiner Firma starten kann.

1. Jede Aussage enthält eine Forderung, die mit „Wirtschaft" zu tun hat. Notiere jede Forderung in Kurzform.
2. Welche Forderungen hättest du an die Wirtschaft? Notiere.
3. Diskutiert in der Gruppe über jede Forderung: Wer könnte sie erfüllen? Wie? Welches Problem könnte die Erfüllung mit sich bringen?

Grundmodelle der Wirtschaftsordnung

Marktwirtschaft

In der Marktwirtschaft befinden sich die Unternehmen in Privateigentum. Jedes Unternehmen entscheidet, welche Güter es produzieren möchte und zu welchen Preisen es sie anbietet. Das Unternehmen richtet sich dabei nach dem Markt. Der Markt zeigt, ob für ein Angebot überhaupt Nachfrage vorhanden ist. Eine Marktwirtschaft besteht aus einer Vielzahl von Märkten, innerhalb derer sich Anbieter und Nachfrager gegenseitig beeinflussen. Der Staat greift nicht in das Marktgeschehen ein.

Planwirtschaft

In der Planwirtschaft befinden sich die Unternehmen in Staatseigentum. Das gesamte wirtschaftliche Geschehen wird von einer zentralen Stelle geplant, gelenkt und verwaltet. Sie richtet sich dabei nach den Vorgaben der Regierung. Die Planungsbehörde, also der Staat, bestimmt die Produktion, die Verteilung und die Preise aller Güter und Dienstleistungen.

A Der Gewinn ist der Maßstab für den wirtschaftlichen Erfolg.

B Die Betriebe gehören dem Staat. Es gibt kein Privateigentum an Produktionsmittel.

C Die Unternehmen stehen miteinander im Wettbewerb.

D Die Erfüllung des Plans ist der Maßstab für den wirtschaftlichen Erfolg.

E Die Preise der Waren und Dienstleistungen werden von einer staatlichen Behörde festgelegt.

F Die Unternehmen befinden sich in Privateigentum.

G Die Betriebe erhalten ihre Aufträge von der staatlichen Planungsbehörde. Daher machen sie sich keine Konkurrenz.

H Angebot und Nachfrage werden von der staatlichen Planungsbehörde festgelegt.

I Der Preis bildet sich aufgrund von Angebot und Nachfrage.

J Die Arbeitnehmer werden den Betrieben von der staatlichen Planungsbehörde zugeteilt. Die Betriebe müssen die zugeteilten Arbeitnehmer einstellen.

K Die langfristigen Planungen führen dazu, dass auf neue Verbraucherwünsche nur mit großer zeitlicher Verzögerung reagiert werden kann.

L Die Unternehmen entscheiden, was sie anbieten, die Verbraucher, was sie nachfragen.

M Die Arbeitnehmer können ihren Arbeitsplatz frei wählen. Die Unternehmen entscheiden, ob und wen sie einstellen.

N Die fehlende Konkurrenz zwischen den Betrieben führt dazu, dass weniger geleistet wird.

O Wenn die Unternehmen nicht genügend Aufträge haben, müssen sie Arbeitnehmer entlassen.

P Durch den Zusammenschluss von Unternehmen kann es zu einer Konzentration von Macht in den Händen weniger kommen.

In der einen Wirtschaftsordnung läuft die Ware dem Käufer nach, in der anderen der Käufer der Ware.

1. Acht Beschreibungen passen zur Marktwirtschaft, acht zur Planwirtschaft. Ordne zu.
2. Was ist mit der Aussage in der Sprechblase gemeint?

Merkmale der sozialen Marktwirtschaft

Die Wirtschaftsordnung der Bundesrepublik Deutschland ist die soziale Marktwirtschaft. Ihre Einführung nach dem Zweiten Weltkrieg ist vor allem dem Politiker Ludwig Erhard zu verdanken. Er ist einer der „geistigen Väter" der sozialen Marktwirtschaft.

Im Grundgesetz gibt es mehrere Artikel, die auf wichtige Merkmale der sozialen Marktwirtschaft hinweisen. So garantiert der Artikel 14 das Privateigentum, der Artikel 12 die Gewerbe- und Berufsfreiheit und Artikel 20 den Sozialstaat. Allerdings steht der Begriff soziale Marktwirtschaft nicht ausdrücklich in unserer Verfassung.

Nach dem Prinzip der freien Preisbildung planen die Unternehmen ihre Produktion und die Verbraucher ihren Konsum. Dabei haben beide unterschiedliche Interessen. Die Unternehmen wollen möglichst viel Gewinn erzielen, die Verbraucher möglichst günstig einkaufen. Auf dem Markt treffen dann das Angebot der Unternehmen und die Nachfrage der Verbraucher aufeinander. Es bildet sich ein Preis, der die unterschiedlichen Interessen ausgleicht.

Da neben dem Preis auch die Qualität und der Service wichtige Gesichtspunkte bei der Kaufentscheidung sind, stehen die Unternehmen im Wettbewerb miteinander. Sie entwickeln daher neue, bessere und billigere Produkte, um gegenüber der Konkurrenz einen Vorsprung zu haben. Dies führt dazu, dass die Verbraucher gute Qualitäten zu günstigen Preisen kaufen können. Es verbessert sich die Versorgung der Bevölkerung mit Gütern und der Wohlstand wächst. Damit der Wettbewerb auf Dauer erhalten bleibt, erlässt der Staat Gesetze zu seinem Schutz.

Die Unternehmer können die notwendigen Entscheidungen jedoch nur dann treffen, wenn ihnen das Unternehmen auch gehört. Nur wer Gefahr läuft, durch Verluste sein eingesetztes Kapital zu verlieren, handelt risikobewusst und vermeidet Verschwendung. Das Privateigentum an den Produktionsmitteln ist somit ein wichtiges Merkmal der sozialen Marktwirtschaft.

Nach dem Prinzip des sozialen Ausgleichs schützt der Staat vor allem die sozial Schwachen. Am Arbeitsmarkt werden die Arbeitnehmer nach Leistungsgesichtspunkten entlohnt. Damit aber diejenigen, die nur begrenzt leistungsfähig sind, auch ein sicheres Einkommen haben, erhalten sie vom Staat sogenannte soziale Leistungen, z. B. Sozialhilfe und Wohngeld.

Soziale Marktwirtschaft und Wirtschaftspolitik **11**

6 Begriffe	6 Fragen	6 Antworten
Tarifordnung	1 Wer plant die Produktion? Wer entscheidet über den Konsum?	A Der Staat schafft einen sozialen Ausgleich und sichert die Existenzgrundlage, z. B. durch Sozialhilfe, gesetzliche Sozialversicherung, Wohngeld.
Eigentumsordnung	2 Wem gehören die Produktionsmittel?	B Angebot und Nachfrage bilden auf dem Markt die Preise.
Wettbewerbsordnung	3 Wie wird die Leistungsbereitschaft der Marktteilnehmer aufrechterhalten?	C Die Unternehmen befinden sich in Privateigentum.
Planung	4 Wie werden die Entgelte für die Arbeitnehmer festgelegt?	D Die Konkurrenz am Markt führt dazu, dass sich die besseren Anbieter durchsetzen. Der Staat sichert den Wettbewerb durch Gesetze.
Preisbildung	5 Wie bilden sich die Preise?	E Gewerkschaften und Arbeitgeberverbände legen die Löhne und Gehälter in Tarifverhandlungen fest. Der Staat mischt sich dabei nicht ein.
Sozialordnung	6 Wie wird Menschen geholfen, die am Markt kein Einkommen erzielen?	F Die Unternehmen planen, was sie produzieren wollen. Die Konsumenten entscheiden, was sie kaufen.

Je nach Wetterlage

„Meine Herren, beachten Sie bitte auch das Kleingedruckte!"

1. Ergänze die Satzanfänge in den Sprechblasen auf Seite 10 sinnvoll.
2. Im Zusammenhang mit der sozialen Marktwirtschaft wird oft gesagt: „So viel Markt wie möglich, so viel Staat wie nötig!" – Erläutere, was mit dieser Aussage gemeint ist.
3. Welcher Begriff, welche Frage und welche Antwort gehören jeweils zusammen?
4. Was bringen die beiden Karikaturen jeweils zum Ausdruck?

Soll der Staat Unternehmen retten?

Demonstration in Rüsselsheim für die Rettung von Opel

Hoffen auf Hilfe von staatlicher Seite

Die im Jahr 1862 gegründete Firma Opel stellt seit 1898 in Deutschland Autos her. 1929 wurde Opel vom amerikanischen Automobilkonzern General Motors aufgekauft. Diese US-Firma war Jahrzehnte lang der größte Automobilhersteller der Welt. Durch anhaltende Absatzprobleme kam General Motors in den letzten Jahren in Schwierigkeiten und machte Milliardenverluste.

Anfang 2009 kündigte General Motors den Abbau von weltweit 47 000 Arbeitsplätzen an und forderte von der US-Regierung Staatshilfen in Höhe von 30 Milliarden Dollar, um einen Bankrott der Firma abzuwenden. Bei den europäischen Tochterfirmen von General Motors, vor allem bei Opel in Deutschland, werden Werksstilllegungen und der Verlust von Tausenden von Arbeitsplätzen befürchtet.

Opel setzt Regierung unter Druck
GM-Europachef Forster warnt vor Pleite

Leipzig/Rüsselsheim (vdt/rtr/dpa). Im Kampf um Hilfen des Staates zeichnet der um sein Überleben kämpfende Autobauer Opel ein zunehmend düsteres Bild seiner Lage. Wenn es kein Geld gebe, sei die Tochter des angeschlagenen US-Konzerns General Motors (GM) in einer ganz schwierigen Situation, sagte der Präsident von GM Europa, Carl-Peter Forster. „Eine Pleite ist nicht auszuschließen." Der Rüsselsheimer Autobauer muss Forster zufolge 3500 Stellen abbauen. Dazu kämen weitere Einkommenseinbußen für alle Beschäftigten. (...)

GM warnte, ohne Hilfen drohe bei Opel bereits zu Beginn des zweiten Quartals das Geld knapp zu werden. Insgesamt hat der Autobauer in Europa bei Ländern mit Opel/Vauxhall-Standorten Staatshilfen von über 3,3 Milliarden Euro beantragt. „Wenn Spanien, England und Belgien sich beteiligen, liegt der deutsche Anteil zwischen zwei und drei Milliarden", sagte Forster.

Bislang zeigt sich die Bundesregierung jedoch zurückhaltend. (...)

(aus: Leipziger Volkszeitung, 05.03.2009, S. 8)

Soziale Marktwirtschaft und Wirtschaftspolitik

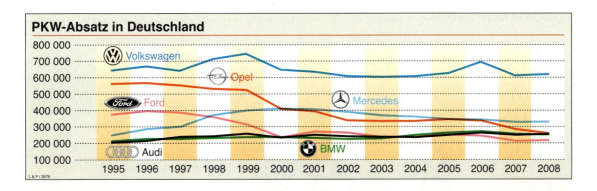

A Es stehen über 26 000 Arbeitsplätze bei Opel in Deutschland auf dem Spiel. Da muss der Staat doch durch finanzielle Hilfen verhindern, dass Opel pleitegeht. Wir zahlen schließlich Steuern, damit der Staat in solchen Notlagen helfen kann!

B Opel ist ein deutsches Traditionsunternehmen. Bund und Länder müssen verhindern, dass die Marke Opel einfach verschwindet, nur weil das Management in den letzten Jahren Verluste gemacht hat.

C Wenn Banken pleite gehen, reißen sie viele mit in den Abgrund. Da kann der gesamte Finanzmarkt zusammenbrechen, mit schlimmen Folgen für uns alle. Wenn Opel pleite geht, bricht jedoch die deutsche Wirtschaft nicht zusammen.

D Es ist nicht Aufgabe des Staates, Unternehmen vor dem Ruin zu retten – auch nicht, wenn es große Firmen sind. Täglich gehen Unternehmen pleite, der Wirt an der Ecke, der seine Kneipe schließen oder der Einzelhändler, der seinen Laden zumachen muss. Sie kämen gar nicht auf die Idee, nach Staatsgeldern zu rufen!

E In der Automobilproduktion gibt es weltweit große Überkapazitäten. Wenn eine Firma mit einem falschen Angebot an der Nachfrage vorbei produziert, wird sie vom Markt bestraft – sie geht in Konkurs! Das ist hart, aber so funktioniert die Marktwirtschaft. Der Staat kann die Marktgesetze nicht aushebeln. Seine Finanzhilfen wären letzten Endes nur rausgeschmissenes Geld!

F Es ist falsch, wenn der Staat versucht, ein bankrottes Unternehmen durch Milliarden zu retten. Diese Steuergelder fehlen dann an anderer Stelle, z. B. bei Kindergärten. Und die Schulden des Staates sind schon jetzt enorm hoch!

G Das Opel-Management wäre mir egal. Aber man muss doch an die vielen Tausend arbeitslosen Opel-Werker denken. Das sind menschliche Schicksale! Da muss der Staat helfen.

H Opel ist ein großes Unternehmen. An den vier Standorten in Deutschland hängen viele weitere Arbeitsplätze. Der Staat darf es nicht zulassen, dass ein so großes Unternehmen pleite geht!

I Wenn der Staat Milliarden ausgibt, um Opel am Leben zu erhalten, führt das zu einer Wettbewerbsverzerrung unter den deutschen Autobauern. Die Arbeitsplätze, die mit Steuergeldern bei Opel gerettet werden, gehen dann vielleicht bei Ford oder VW verloren.

J In der Finanzkrise hat der Staat Hunderte von Milliarden an Bürgschaften gegeben, um Banken vor dem Zusammenbruch zu bewahren. Da muss es jetzt auch möglich sein, Opel zu retten!

1. Beschreibe anhand der Materialien die Situation von Opel im Frühjahr 2009.
2. Die Aussagen oben enthalten Argumente für und gegen eine staatliche Hilfe bei Opel.
   – Formuliere den Kern jedes Arguments in Kurzform.
   – Ordne zu: Welches Pro-Argument hat mit welchem Kontra-Argument zu tun?
3. Erkläre die Aussage in der Sprechblase rechts.
4. Soll der Staat Unternehmen retten? Wie ist deine Meinung? Begründe sie und gehe dabei auch auf mögliche Gegenargumente ein.
5. Recherchiere im Internet, wie es im Fall Opel weitergegangen ist.

Bald finden Bundestagswahlen statt. Das macht es den Politikern schwerer, im Fall Opel eine sachgerechte Entscheidung zu treffen!

Konjunktur

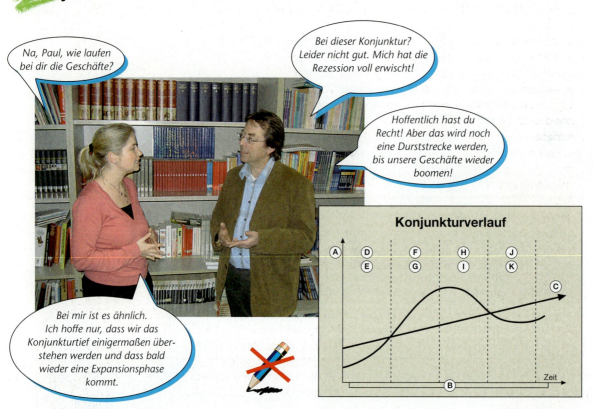

Na, Paul, wie laufen bei dir die Geschäfte?

Bei dieser Konjunktur? Leider nicht gut. Mich hat die Rezession voll erwischt!

Hoffentlich hast du Recht! Aber das wird noch eine Durststrecke werden, bis unsere Geschäfte wieder boomen!

Bei mir ist es ähnlich. Ich hoffe nur, dass wir das Konjunkturtief einigermaßen überstehen werden und dass bald wieder eine Expansionsphase kommt.

Mit dem Begriff Konjunktur bezeichnet man den Sachverhalt, dass die wirtschaftliche Entwicklung eines Landes von Jahr zu Jahr nicht gleichförmig, sondern in Wellenbewegungen verläuft. Der Maßstab für dieses „Auf und Ab" in der Wirtschaft – eine häufig verwendete Umschreibung für Konjunktur – sind die Wachstumsraten des realen Bruttoinlandsprodukts. Betrachtet man sie über viele Jahrzehnte hinweg, dann zeigt sich ein langfristiger Wachstumstrend. Damit ist gemeint, dass die Wirtschaft vom Grundsatz her ständig wächst, wenn auch von Jahr zu Jahr in unterschiedlichem Ausmaß. Auch einzelne Jahre, in denen das Bruttoinlandsprodukt im Vergleich zum Vorjahr zurückgeht, ändern nichts an diesem langfristigen Anstieg. In einer Schemazeichnung wird daher der Konjunkturverlauf so dargestellt, dass die unterschiedlichen jährlichen Wachstumsraten des Bruttoinlandsprodukts zu einer Linie zusammengefasst sind, die um den nach oben gerichteten langfristigen Trend hin und her schwankt.

Diese Schwankungen vollziehen sich in regelmäßiger Abfolge, d. h., nach einem Anstieg der Konjunkturlinie folgt ein Abfall, dann wieder ein Anstieg usw. Die regelmäßige Abfolge bedeutet jedoch nicht, dass die verschiedenen Abschnitte, die Konjunkturphasen, zeitlich immer gleich lang dauern. In der Reihenfolge des Auf und Ab werden diese vier Konjunkturphasen unterschieden:

- Nach dem „unteren Wendepunkt" beginnt der konjunkturelle Aufschwung, auch als Expansion bezeichnet.
- Geht der Konjunkturverlauf auf den „oberen Wendepunkt" zu, spricht man von Hochkonjunktur oder Boom.
- Danach beginnt die Phase des Abschwungs, meist als Rezession bezeichnet.
- Die konjunkturelle Abschwächung verstärkt sich in der folgenden Phase bis zum „unteren Wendepunkt", dem Tiefpunkt im Konjunkturablauf. Die Bezeichnung für diese Konjunkturphase ist nicht einheitlich. Die meisten nennen sie Konjunkturtief oder Depression.

Der gesamte Zeitraum, in dem die wirtschaftliche Entwicklung diese vier Konjunkturphasen von einem Aufschwung bis zum nächsten durchläuft, wird Konjunkturzyklus genannt, weil er sich ständig wiederholt.

Soziale Marktwirtschaft und Wirtschaftspolitik   15

Im Konjunkturverlauf wirken alle Bestimmungsfaktoren der gesamtwirtschaftlichen Entwicklung zusammen. Das bedeutet, dass jeder tatsächliche Konjunkturverlauf seine historischen Besonderheiten aufweist. Als Grundschema lässt sich jedoch ein Konjunkturzyklus vereinfacht so erklären:

Der Konjunkturabschwung (Rezession) wird durch ein …①… der Nachfrage eingeleitet. Gehen die Aufträge zurück, so weitet kein Unternehmen die …②… aus. Entsprechende Investitionen unterbleiben. Die Investitionsgüterindustrie spürt somit als erste den Abschwung. Treten hier und in anderen Betrieben …③… auf, so muss die Produktion vermindert werden: Es kommt zu Kurzarbeit oder …④… . Kurzarbeiter und Arbeitslose verfügen über weniger …⑤… und damit über weniger Kaufkraft. Die Nachfrage nach …⑥… sinkt. Weitere Unternehmen geraten in Absatznöte. Die Zahl der Arbeitslosen steigt.

Diese Abwärtsentwicklung der Wirtschaft führt bis zum …⑦… (Depression). Die erstellten Leistungen sind minimal, das Bruttoinlandsprodukt ist dementsprechend …⑧… . Der wirtschaftliche Aufschwung (Expansion) wird durch eine …⑨… der Nachfrage eingeleitet. Die Unternehmen weiten ihre Produktion aus, wenn die …⑩… nach ihren Gütern die vorhandenen Kapazitäten übersteigt. Sie erhöhen damit die Nachfrage auf dem Markt für …⑪… (z. B. Maschinen), was wiederum zu einer Produktionsausweitung bei den entsprechenden Wirtschaftszweigen führt. Der Bedarf an …⑫… wächst und lässt die Zahl der Arbeitslosen sinken. Insgesamt steigt die …⑬… der privaten Haushalte und damit auch die Nachfrage nach Konsumgütern. Der Aufschwung geht weiter und führt zum …⑭… . In dieser Konjunkturphase läuft die Wirtschaft „auf vollen Touren". Sie erbringt hohe Leistungen, das …⑮… ist hoch.

Konjunkturtief
Konsumgütern
niedrig
Boom
Produktion
Entlassungen
Absatzschwierigkeiten
Investitionsgüter
Arbeitskräften
Kaufkraft
Einkommen
Bruttoinlandsprodukt
Nachfrage
Erhöhung
Absinken

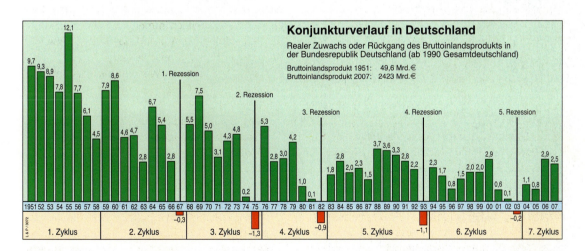

Konjunkturverlauf in Deutschland
Realer Zuwachs oder Rückgang des Bruttoinlandsprodukts in der Bundesrepublik Deutschland (ab 1990 Gesamtdeutschland)
Bruttoinlandsprodukt 1951: 49,6 Mrd. €
Bruttoinlandsprodukt 2007: 2423 Mrd. €

1. *Notiere in der Schemazeichnung „Konjunkturverlauf" anstelle der Buchstaben die im Text auf Seite 14 gelb unterlegten Fachausdrücke. Verwende dazu das Arbeitsblatt oder übertrage die Schemazeichnung in dein Heft.*
2. *Bearbeite den Lückentext: Welcher Begriff gehört in welche Lücke? Trage auf dem Arbeitsblatt ein oder notiere von ① bis ⑮.*
3. *Betrachte die Grafik „Konjunkturverlauf in Deutschland". Was lässt sich erkennen?*

16 Soziale Marktwirtschaft und Wirtschaftspolitik

Das Stabilitätsgesetz

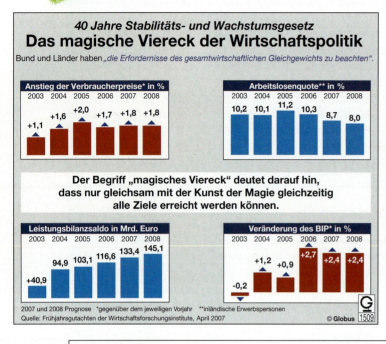

Gesetz zur Förderung der Stabilität und des Wachstums (Stabilitätsgesetz)

§ 1

Bund und Länder haben bei ihren wirtschafts- und finanzpolitischen Maßnahmen die Erfordernisse des gesamtwirtschaftlichen Gleichgewichts zu beachten. Die Maßnahmen sind so zu treffen, dass sie im Rahmen der marktwirtschaftlichen Ordnung gleichzeitig zur Stabilität des Preisniveaus, zu einem hohen Beschäftigungsstand und außenwirtschaftlichem Gleichgewicht bei stetigem und angemessenem Wirtschaftswachstum beitragen.

Erläuterungen

1. Eine wachsende Wirtschaft bringt den Menschen mehr Wohlstand. Maßstab für das Wirtschaftswachstum ist das Bruttoinlandsprodukt. Es ist der Wert aller Güter und Dienstleistungen, die in einem Jahr hergestellt wurden. Das reale Bruttoinlandsprodukt (ohne Preissteigerung) sollte um zwei bis drei Prozent pro Jahr steigen.

2. Die Preise sollen stabil bleiben, dann bleibt der Wert des Geldes, die Kaufkraft, erhalten. Maßstab für die Preissteigerung ist die Inflationsrate. Sie sollte zwei Prozent nicht übersteigen.

3. Zwischen den Exporten und den Importen sollte es kein Ungleichgewicht geben. Maßstab für ein außenwirtschaftliches Gleichgewicht ist der Unterschied zwischen den Einnahmen aus den Exporten und den Ausgaben für Importe. Diese Differenz sollte möglichst klein sein.

4. Alle Arbeitswilligen sollten einen Arbeitsplatz bekommen, dann herrscht Vollbeschäftigung. Maßstab für die Vollbeschäftigung ist die Arbeitslosenquote. Sie sollte unter drei Prozent liegen.

Wirtschaftspolitische Ziele	Erläuterung	2003	2004	2005	2006	2007	2008
Preisniveaustabilität							
hoher Beschäftigungsstand							
außenwirtschaftliches Gleichgewicht							
angemessenes Wirtschaftswachstum							

1. Welche Erläuterung gehört zu welchem wirtschaftspolitischen Ziel?
2. Stelle fest, ob in den Jahren 2003 bis 2008 die einzelnen wirtschaftspolitischen Ziele erreicht wurden.
3. Notiere auf deinem Arbeitsblatt in der Jahresspalte dann „ja" oder „nein". Was fällt dir auf?

Methode: Zusammenhänge visualisieren

Thema: Die Ziele des Stabilitätsgesetzes

Durch Unterstreichen bzw. Markieren oder das Herausschreiben von Schlüsselwörtern kann man Informationen aus Texten herausholen. Die so gefundenen Stichwörter zeigen jedoch nicht automatisch den inneren Zusammenhang auf, in dem die Informationen stehen. Oft helfen einfache Skizzen, die Verbindungen zwischen den Teilinformationen zu verdeutlichen, also die Struktur des beschriebenen Sachverhalts zu visualisieren.

Beispiel 1
Es geht um einen Sachverhalt, der vier verschiedene Ursachen hat. Die Strukturskizze verdeutlicht dies durch die Pfeilrichtung. Welche Formen zum Notieren der Stichwörter gezeichnet werden, ist beliebig. Es muss nur darauf geachtet werden, dass für Stichwörter der gleichen Kategorie die gleiche Form innerhalb der Strukturskizze verwendet wird. So könnten in dieser Darstellung für die Ursachen auch vier Dreiecke oder vier Quadrate verwendet werden – sie dürfen nur nicht beliebig gemischt werden.

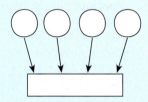

Beispiel 2
Es wird im Text ein Sachverhalt beschrieben, der drei verschiedene Auswirkungen hat. Die Skizze visualisiert diesen Zusammenhang so, dass im Zentrum ein Kreis mit dem Stichwort für den Sachverhalt steht. Von ihm führen drei Pfeile zu Rechtecken, in die stichwortartig die Auswirkungen notiert werden. Die unterschiedliche Formgebung (Kreis, Rechtecke) macht die unterschiedliche Bedeutung (Vorgang, Auswirkung) deutlich. Die Pfeilrichtung gibt die logische Folge an.

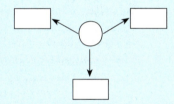

Beispiel 3
Es wird ein Vorgang beschrieben, der mehrere Stationen durchläuft. Die Strukturskizze zum Ordnen der Stichwörter veranschaulicht den Vorgang durch eine Abfolge gleicher Formen, die durch die Pfeilrichtung verbunden sind. Diese Abfolge kann waagerecht oder senkrecht angeordnet werden. Hat im Ablauf eine bestimmte Station eine besondere Bedeutung, kann man sie durch eine andere Formgebung hervorheben.

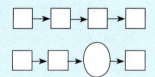

Beispiel 4
Es gibt Vorgänge, die sich gegenseitig beeinflussen. In der Visualisierung kann man dies durch Doppelpfeile darstellen. Führt die Beeinflussung über mehrere Stationen zum Ausgangspunkt zurück, kann man dies als Kreislauf veranschaulichen.

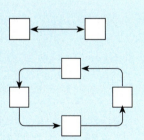

Eine Strukturskizze kann durch Symbole oder einfache Zeichnungen optisch angereichert werden, was natürlich vom zeichnerischen Geschick und vom Thema abhängt.

  So könnten diese Beispiele in einer Skizze für „Staat", „Wirtschaft" und „Parlament" stehen.

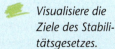 *Visualisiere die Ziele des Stabilitätsgesetzes.*

Der Wirtschaftskreislauf

In einer Volkswirtschaft gibt es viele Millionen von Teilnehmern, die wirtschaftlich miteinander in Beziehung stehen. Will man diese Beziehungen besser durchschauen, müssen sie übersichtlich dargestellt werden. Dies kann mithilfe einer grafischen Darstellung geschehen.

Die Haushalte arbeiten in den Unternehmen; man sagt auch, sie stellen den Unternehmen ihr Gut Arbeitskraft zur Verfügung. Von den Haushalten fließt somit ein Güterstrom zu den Unternehmen. Die Unternehmen bezahlen die Haushalte dafür, dass sie ihnen ihre Arbeitskraft zur Verfügung stellen. Diese Bezahlung erfolgt mit Geld. Die Haushalte erhalten von den Unternehmen Einkommen, z. B. Lohn, Gehalt. Von den Unternehmen fließt somit ein Geldstrom zu den Haushalten. Das Einkommen der Haushalte fließt nun wieder den Unternehmen als Konsumausgaben zu (Geldstrom), da die Haushalte bei ihnen Sachgüter und Dienstleistungen einkaufen. Die in den Unternehmen hergestellten Sachgüter und Dienstleistungen fließen den Haushalten zu (Güterstrom). Jedem Güterstrom fließt somit ein Geldstrom entgegen.

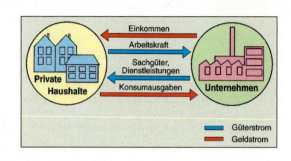

Am Wirtschaftsprozess nehmen nicht nur die Haushalte und Unternehmen teil, sondern auch die Kreditinstitute und der Staat (Bund, Länder, Gemeinden, Sozialversicherungsträger).

Diese Darstellung der Wechselbeziehungen in der Wirtschaft bezeichnet man als Wirtschaftskreislauf, vergleichbar mit dem Blutkreislauf. Im Blutkreislauf fließt das Blut durch die Organe und versorgt sie mit Nährstoffen. Im Wirtschaftskreislauf fließt das Geld zu verschiedenen Gruppen und versorgt sie mit dem „Nährstoff Geld".

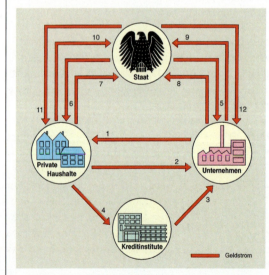

A Unternehmen erhalten vom Staat **Staatsaufträge**, z. B. Bau von Schulen und Autobahnen.
B Haushalte erhalten vom Staat **Sozialleistungen**, z. B. Kindergeld, Renten.
C Haushalte legen einen Teil ihres Einkommens bei den Kreditinstituten als **Ersparnisse** an.
D Unternehmen nehmen bei den Kreditinstituten **Kredite** auf, damit sie investieren können.
E Haushalte führen an den Staat **Steuern** ab.
F Unternehmen führen an den Staat **Sozialabgaben** ab, z. B. Rentenversicherungsbeiträge.
G Haushalte (z. B. Lehrer) erhalten vom Staat **Einkommen**.
H Haushalte kaufen bei den Unternehmen Güter, **Konsumausgaben**.
I Haushalte erhalten von den Unternehmen **Einkommen**.
K Unternehmen erhalten vom Staat **Subventionen** (Zuschüsse), z. B. erhalten Kohlezechen Subventionen, damit Arbeitsplätze gesichert werden.
L Unternehmer führen an den Staat **Steuern** ab.
M Haushalte führen an den Staat **Sozialabgaben** ab, z. B. Rentenversicherung.

Die Grafik zeigt die Geldströme im Wirtschaftskreislauf. Ordne die Buchstaben den Ziffern zu oder benutze das Arbeitsblatt und trage ein.

Das Wichtige in Kürze

Marktwirtschaft
In der Marktwirtschaft befinden sich die Unternehmen in Privateigentum. Jedes Unternehmen entscheidet, welche Güter es produzieren möchte und zu welchen Preisen es die produzierten Güter anbietet. Es richtet sich dabei nach dem Markt. Der Markt zeigt, ob für ein Angebot überhaupt Nachfrage vorhanden ist. Er koordiniert somit die Pläne der Produzenten mit den Plänen der Konsumenten.

Planwirtschaft
In der Planwirtschaft befinden sich die Betriebe in Staatseigentum. Eine zentrale Behörde legt fest, welche Güter die Betriebe herzustellen haben und zu welchen Preisen sie angeboten werden. Sie richtet sich dabei nach Vorgaben der Regierung. Die Planungsbehörde koordiniert und kontrolliert die Pläne.

Merkmale der sozialen Marktwirtschaft
Die soziale Marktwirtschaft verbindet das Prinzip der Freiheit auf dem Markt mit dem Prinzip des sozialen Ausgleichs. Produzenten planen ihre Produktion, die Konsumenten ihre Käufe (Planung). Die Preise bilden sich aufgrund von Angebot und Nachfrage (Preisbildung). Die Unternehmen befinden sich in Privateigentum (Eigentumsordnung). Durch Gesetze sichert der Staat, dass die Unternehmen den Wettbewerb nicht ausschalten (Wettbewerbsordnung) und soziale Härten des Marktes gelindert werden (Sozialordnung). Die Gewerkschaften und die Arbeitgeberverbände legen gemeinsam die Höhe der Arbeitsentgelte und die Arbeitsbedingungen fest (Tarifordnung). Die soziale Marktwirtschaft steht unter dem Motto „so viel Markt wie möglich, so viel Staat wie nötig". Dabei ist es immer umstritten, ob der Staat Unternehmen, die in wirtschaftliche Schwierigkeiten geraten sind, helfen soll.

Konjunktur
Mit dem Begriff Konjunktur bezeichnet man den Sachverhalt, dass die wirtschaftliche Entwicklung eines Landes von Jahr zu Jahr nicht gleichförmig, sondern in Wellenbewegungen verläuft. Die Konjunktur wird von den wirtschaftlichen Entscheidungen der Unternehmen, der privaten Haushalte und des Staates sowie von der Entwicklung des Außenhandels beeinflusst.

Ziele der Wirtschaftspolitik
Die wirtschaftspolitischen Maßnahmen des Staates sollen dazu führen, dass möglichst gleichzeitig die Stabilität des Preisniveaus, ein hoher Beschäftigungsstand (Vollbeschäftigung), außenwirtschaftliches Gleichgewicht und stetiges, angemessenes Wirtschaftswachstum erreicht werden. Diese vier Ziele sind im Stabilitätsgesetz festgelegt. Da es fast an Zauberei grenzt, diese vier Ziele gleichzeitig zu erreichen, spricht man vom „Magischen Viereck" in der Wirtschaftspolitik. Die Ziele im „Magischen Viereck" stehen immer wieder miteinander im Konflikt. In der Wirtschaftspolitik konzentriert man sich insbesondere auf das Ziel, das zurzeit am wenigsten erreicht wird.

Wirtschaftskreislauf
Mithilfe des Wirtschaftskreislaufs können die wirtschaftlichen Beziehungen in einer Volkswirtschaft übersichtlich dargestellt werden. Zwischen den Haushalten, Unternehmen, Kreditinstituten und dem Staat werden die wirtschaftlichen Beziehungen durch ein Pfeilschema dargestellt. Die Pfeilrichtung gibt an, wohin der Strom fließt. Es gibt Güterströme und Geldströme. Addiert man den Wert aller Waren und Dienstleistungen, die in einer Volkswirtschaft in einem Jahr erstellt wurden, erhält man das Bruttoinlandsprodukt.

Märkte: Angebot und Nachfrage

1. Richte eine Tabelle mit folgenden vier Spalten ein: Was wird angeboten? / Wo wird es angeboten? / Wer bietet an (Anbieter)? / Wer fragt nach (Nachfrager)? Beantworte dann für jedes der Beispiele die Fragen.
2. Finde fünf weitere Beispiele für Märkte, bezeichne sie und notiere dafür ebenfalls Antworten in deiner Tabelle.

Wie Preise entstehen

Wenn der erste Spargel oder die ersten Erdbeeren auf den Markt kommen, aber zunächst nur wenige Händler sie anbieten und viele ___1___ sich mit Heißhunger auf die lang entbehrten Genüsse stürzen, haben die fixen Anbieter einen ___2___. Denn weil diese Produkte knapp und begehrt sind, lassen sie sich zu ___3___ Preisen verkaufen. Natürlich haben die ___4___ beobachtet, wie gut das Geschäft am Stand nebenan gelaufen ist. Deshalb werden sie versuchen, sich für den nächsten Tag ebenfalls Spargel und Erdbeeren zu beschaffen. Dadurch wird das ___5___ größer. Um die größere Menge zu verkaufen, müssen die ___6___ sinken. Denn nur so können mehr Käufer angelockt werden, also Kunden, denen der Spargel bisher noch zu teuer war. Das geht so lange weiter, bis die Händler merken, dass sie den vielen Spargel, den sie eingekauft haben, jetzt nur noch bei kräftigen ___7___ loswerden können. Damit können sie vielleicht noch einige von den Verbrauchern gewinnen, die nicht so scharf auf dieses Gemüse sind.

Kurz vor Geschäftsschluss verkaufen einige Händler den letzten Spargel oder die letzten Erdbeeren oft sogar unter dem ___8___, um nicht ganz darauf sitzen zu bleiben: Besser, wenn es schon sein muss, ein kleiner als ein großer ___9___. Das bedeutet: In einer Marktwirtschaft wird der Preis durch Angebot und ___10___ bestimmt. ___11___ Preise schränken die Zahl der Käufer ein, verlocken aber Hersteller und Händler, mehr davon auf den Markt zu bringen. Das steigende Angebot kann jedoch nur verkauft werden, wenn jetzt die Preise ___12___ und dadurch wieder mehr Kunden gewonnen werden können. So werden im Idealfall Produktion und Angebot nach den ___13___ des Marktes, also der Käufer, gesteuert. Preise haben aus diesem Grund eine ganz ähnliche Funktion wie rote und grüne Ampeln im Verkehr.

Begriffe am Rand: Käufer | Verlust | Wettbewerbsvorteil | Preise | Konkurrenten | Angebot | Hohe | guten | Preissenkungen | sinken | Nachfrage | Einkaufspreis | Bedürfnissen

„Preisbildungs-Automat"

Angebot	Nachfrage	Preis
	bleibt	sinkt
sinkt	sinkt	
sinkt		steigt
bleibt		steigt
	steigt	bleibt
steigt	sinkt	
	bleibt	bleibt
sinkt	bleibt	
bleibt		sinkt

„Begriffe-Box"

Angebot	Nachfrage	Preis
steigt	sinkt	sinkt
steigt	steigt	bleibt
bleibt	steigt	steigt

Marktmechanismus

... beeinflussen sich auf dem Markt gegenseitig

1. In dem Lückentext fehlen die am Rand aufgeführten Begriffe. Notiere von 1 bis 13 oder trage auf deinem Arbeitsblatt ein.
2. „Spiele" mit dem „Preisbildungs-Automat". Entnimm die Begriffe aus der „Begriffe-Box" und übertrage sie in den „Preisbildungs-Automaten". Es ergeben sich neun unterschiedliche Marktsituationen.
3. Für welche drei Begriffe stehen die Fragezeichen in der Darstellung „Marktmechanismus"?

Methode: Planspiel

Thema: Busunternehmen im Wettbewerb

Im folgenden Planspiel sollt ihr selbst die Rolle von Anbietern und Nachfragern übernehmen. In dem Spiel konkurrieren drei Busunternehmen, die Ausflugsfahrten für Reisegruppen anbieten. Durch das Planspiel werdet ihr einerseits erfahren, dass Anbieter und Nachfrager unterschiedliche Interessen haben, und andererseits, dass Anbieter untereinander im Wettbewerb stehen. Die Anbieter in diesem Planspiel müssen somit bei ihren Entscheidungen sowohl die Interessen der Nachfrager als auch die möglichen Entscheidungen ihrer Konkurrenten berücksichtigen.

1. Ausgangssituation

Nachfrager
- In einem Ferienort machen drei Reisegruppen 8 Tage Urlaub: Gruppe A: 35 ausländische Touristen (Alter: 25 bis 55 Jahre), Gruppe B: 37 Mitglieder eines Kegelclubs (Alter: 18 bis 40 Jahre), Gruppe C: 40 Pensionäre und Rentner (Alter: 60 bis 75 Jahre).
- Alle drei Reisegruppen wollen während ihres Urlaubs 5 Ausflugsfahrten unternehmen.
- Die Ausflugsziele richten sich nach dem Angebot der Busunternehmer.
- Jede Reisegruppe kann für den jeweiligen Ausflugstag höchstens eine Ausflugsfahrt (ganztägig oder halbtägig) buchen.

Anbieter
- In diesem Ferienort befinden sich die drei konkurrierenden Busunternehmen X, Y, Z.
- Jedes Busunternehmen hat für Ausflugsfahrten einen Bus mit 40 Plätzen.
- Alle drei Busunternehmen bieten die folgenden Ausflugsziele an:

Ziel	km	Dauer	Beschreibung
1	210	ganztägig	Besuch eines Wildparks und Bootsfahrt
2	60	halbtägig	Besichtigung eines alten Silberbergwerks
3	100	halbtägig	Besuch einer Höhle
4	290	ganztägig	Besichtigung verschiedener Schlösser und Burgen
5	180	ganztägig	Holiday-Park mit Tanzveranstaltung
6	140	ganztätig	Besuch eines Trachtenmuseums, Weinprobe
7	80	halbtägig	Besuch einer Glasbläserei
8	240	ganztägig	Besuch des Straßburger Münsters und des Europa-Parlaments

2. Spielperioden

Das Planspiel wird in 4 Spielperioden durchgeführt. Für die jeweilige Spielperiode legen die Busunternehmer und die Reiseleiter ihre Preise für die Ausflugsziele fest. Sie können sich dabei ihre Erfahrungen, die sie in der vorhergegangenen Spielperiode gemacht haben, zunutze machen.
1. Periode: Montag und Dienstag
2. Periode: Mittwoch und Donnerstag
3. Periode: Freitag und Samstag
4. Periode: Sonntag und Montag

Nach der 4. Spielperiode ermittelt der Spielleiter den Gesamtgewinn des jeweiligen Busunternehmens und stellt den Sieger fest.

3. Spielphasen

Planungsphase
Die Busunternehmer X, Y und Z (drei Schülergruppen) legen unabhängig voneinander ihre Ausflugsziele für die jeweilige Spielperiode fest. Dabei berücksichtigen sie, welche Reisegruppe mit dem Ausflugsprogramm angesprochen werden soll.
Für das jeweilige Ausflugsziel legt jedes Busunternehmen den Angebotspreis fest. Dabei orientieren sich die Busunternehmen an folgender Preistafel:

gefahrene km	Preis in €	Dauer
50–100	330–440	halbtägig
100–150	640–760	ganztägig
150–200	770–830	ganztägig
200–250	840–900	ganztägig
250–300	910–970	ganztägig

Der von den Busunternehmen festgelegte Angebotspreis muss eingehalten werden.

Die Reiseleiter der Reisegruppen A, B und C (drei Schülergruppen) legen gleichzeitig unabhängig voneinander ihre Ausflugsziele für die jeweilige Spielperiode fest. Dabei müssen sie sich jedoch noch nicht entscheiden, welches Ausflugsziel sie an welchem Ausflugstag buchen.

Für das jeweilige Ausflugsziel bestimmen die Reiseleiter unabhängig voneinander einen Preis, zu dem sie den Bus bestellen würden. Dabei orientieren sie sich auch an der auf der Seite 22 abgedruckten Preistafel. Der von den Reiseleitern festgelegte Preis ist ein Höchstpreis und kann bei der Buchung nicht überschritten werden.

Buchungsphase
Die Busunternehmen X, Y und Z veröffentlichen ihr Ausflugsprogramm für die jeweilige Spielperiode mit dem dazugehörigen Preis. Alle drei Reiseleiter erhalten die Angebote der drei Busunternehmen. Die Angebote werden auch jeweils den anderen Busunternehmen bekanntgegeben. Dies kann z. B. an der Tafel geschehen.

Die Reiseleiter A, B und C buchen bei den Busunternehmen. Dabei sind die Reiseleiter innerhalb der Spielperiode an ihre Ausflugsziele und ihre Höchstpreise gebunden, bei der Terminfestlegung jedoch flexibel. Die Reihenfolge, in der die Reiseleiter buchen dürfen, wird durch Würfeln ermittelt.

SPIELANWEISUNG

Bei einem Planspiel ist der Text umfangreicher. Dem Spielleiter wird deshalb empfohlen, wie folgt vorzugehen:

– Der Spielleiter erklärt den Schülern die Ausgangssituation.

– Nachdem sich die Schüler für eine der sechs Spielgruppen entschieden haben, erklärt der Spielleiter den Busunternehmen und den Reiseleitern ihre Aufgaben.

– Die Busunternehmen und die Reiseleiter planen für die 1. Spielperiode ihre Ausflugsziele mit entsprechender Preisvorstellung (Planungsphase).

– Die Busunternehmen veröffentlichen ihre Angebote, und die Reiseleiter nehmen ihre Buchungen vor (Buchungsphase).

– Nach jeder Spielperiode errechnet der Spielleiter den Gewinn bzw. den Verlust der Busunternehmen und gibt ihn bekannt.. Dabei berücksichtigt er, dass folgende Kosten anfallen: pro gefahrenen km 1,- €, 480,- € pro ganzen Tag zusätzlich. Diese Kosten werden mit den Fahrteinnahmen verrechnet. Nach der 4. Spielperiode ermittelt er den Sieger unter den Anbietern.

 Führt das Planspiel durch.

Das Kartellgesetz: Preisabsprachen verboten!

Dekorpapierkartell muss 62 Millionen Euro zahlen
Drei betroffene Unternehmen akzeptieren Geldbuße

BONN (wok/lud). Das Bundeskartellamt hat erneut ein Millionenbußgeld verhängt. Betroffen sind dieses Mal führende Hersteller von Dekorpapieren.

Insgesamt 62 Millionen Euro müssen drei Unternehmen als Bußgeld bezahlen, die Dekorpapier herstellen und sich bei Preiserhöhungen abgesprochen haben. Das ist nach dem Gesetz gegen Wettbewerbsbeschränkungen verboten. Die Unternehmen wollen nach Angaben des Kartellamts nicht gegen die Bußgelder klagen, sondern diese akzeptieren.

Bei den bestraften Unternehmen handelt es sich um Tochterfirmen der drei größten europäischen Hersteller von Dekorpapieren. (…)

Dekorpapiere sind spezielle Papiere, mit denen die Oberflächen von Holzwerkstoffen veredelt werden. Verwendet werden sie etwa für Tischplatten und Schranktüren oder Laminatfußböden. Mit Dekorpapieren können preisgünstig unterschiedliche Muster aufgebracht werden – von Ornamenten bis zu nachgeahmten Holzmaserungen, mit denen sich die teureren Furniere ersetzen lassen.

Das Kartellamt hatte die Dekorpapierhersteller im November durchsucht und umfangreiches Material in Deutschland sowie mit Hilfe der schwedischen Wettbewerbshüter auch in Schweden sicherstellen können. Den Mitgliedern des Kartells werden Preisabsprachen in der Zeit von August 2005 bis November 2007 vorgeworfen. Zudem sollen sie in der zweiten Jahreshälfte 2007 Produktionsanlagen koordiniert stillgelegt haben, um Überkapazitäten zu vermeiden, teilte das Bundeskartellamt mit. Amtschef Bernhard Heitzer wertete das Verfahren gestern als Beweis für das schnelle Vorgehen des Amtes gegen jede Form von Kartellen. Er lobte auch die Zusammenarbeit im Netzwerk der europäischen Wettbewerbsbehörden.

Gesetz gegen Wettbewerbsbeschränkungen (Kartellgesetz)

Nach dem Kartellgesetz sind Vereinbarungen bzw. Absprachen verboten, die den Wettbewerb verhindern oder einschränken. Das Bundeskartellamt in Berlin und die EU-Kommission in Brüssel überwachen die Einhaltung dieses Verbots. Können sie Absprachen nachweisen, haben sie das Recht, Geldbußen zu verhängen.

Laminatfußböden – hier bei einem deutschen Hersteller – sind nur eines von vielen Einsatzgebieten für Dekorpapiere

(aus: Stuttgarter Zeitung, 6.2.2008, S. 13)

1 Was haben die drei Dekorpapierhersteller gemacht? Wie sind sie dabei vorgegangen?
2 Warum ist ein solches Verhalten verboten?

Gesetze zum Schutz des Wettbewerbs

Nach verschiedenen Gesetzen zum Schutze des Wettbewerbs ist folgendes Verhalten unzulässig:

1. Aussagen über eine Ware zu machen, die unwahr oder irreführend sind oder missverstanden werden können;
2. übertriebenes Anlocken der Kunden mit Mitteln, die nicht branchenüblich sind und nichts mit der Ware zu tun haben;
3. Warenzeichen anderer Firmen zu verwenden;
4. die Verbreitung von geschäftsschädigenden Behauptungen über die Konkurrenz;
5. Erfindungen auszunützen, die ein anderer für sich durch Patent geschützt hat;
6. die Zusendung unbestellter Ware, außer Ware mit geringem Wert, z. B. Postkarten;
7. die Bestechung von Angestellten durch Geschenke, um im Wettbewerb bevorzugt zu werden;
8. das Absprechen von Preisen;
9. seine Marktmacht dazu zu benutzen, hohe Preise am Markt zu verlangen;

A In einem Landkreis gibt es nur einen Anbieter für den Empfang von Radio und Fernsehen mittels Kabel. Dieser Anbieter verdoppelt seinen Preis gegenüber einem anderen Anbieter in einem anderem Landkreis.

B Mehrere größere Baustoffhersteller sprechen sich ab, für eine Tonne Zement den gleichen Preis zu verlangen.

C Die Firma Kuma baut ein patentiertes Konkurrenzprodukt nach, da es sich auf dem Markt gut verkauft.

D Der Einzelhändler Bayer setzt folgende Anzeige in die Zeitung: „Wenn Sie bei uns einkaufen, holen wir Sie kostenlos von zu Hause ab."

E Das Elektrogeschäft Simchen möchte mehr Toaster verkaufen. Da Herr Simchen die Gewohnheiten und Einstellungen der Einwohner seiner Gemeinde gut kennt, sendet er Toaster an die Haushalte, von denen er annimmt, dass sie einen brauchen könnten.

F Die Gemeinde Burgstein möchte ein neues Rathaus bauen. Der Bauunternehmer Schoch schenkt dem Leiter des Bauamtes der Gemeinde eine Reise in die USA, damit die Firma Schoch den Bauauftrag erhält.

G Herr Wagner betreibt ein Dachdeckergeschäft. Über seine Mitarbeiter lässt Herr Wagner das Gerücht verbreiten, dass die von dem Konkurrenten gedeckten Häuser nicht regenfest und reparaturanfällig seien.

H Ein Sportschuhhersteller bringt einen neuen Turnschuh auf den Markt. Der Schuh trägt auffällig den Schriftzug „Mike".

I Firma Kurz stellt Kunstfaserdecken her. Sie wirbt auf einem Werbeplakat für diese Ware mit einem Kamel.

Ein funktionierender Wettbewerb zwischen den Anbietern ist das A und O in der sozialen Marktwirtschaft. Nur so wird eine optimale Versorgung der Konsumenten mit Waren und Dienstleistungen sichergestellt und der Kunde ist wirklich König.

Schutz des Wettbewerbs – wenn ich das schon höre! Die Anbieter machen doch sowieso, was sie wollen. Und wenn einmal Kartellsünder erwischt und bestraft werden, zahlen letztendlich die Konsumenten das Bußgeld, weil die Unternehmen es in die Preise ihrer Waren einrechnen.

1. Welcher Fall gehört zu welchem gesetzlichen Verbot?
2. Warum greift der Staat zum Schutz des Wettbewerbs durch Gesetze in das Marktgeschehen ein?

Aufbau eines Unternehmens

Die Firma AKA-GmbH ist ein Unternehmen der Metallbranche mit 220 Mitarbeiterinnen und Mitarbeitern. Die Firma stellt hochwertige Spezialmaschinen für die Metallbearbeitung her, die weltweit in vielen Ländern verkauft werden. Das Unternehmen wird von der Geschäftsleitung geführt, der vier Abteilungen unterstehen.

Geschäftsleitung
Sie legt die betrieblichen Ziele fest und trägt die Verantwortung für den Erfolg des Unternehmens.

Einkauf	Produktion	Vertrieb	Verwaltung
Diese Abteilung ist für die Beschaffung der benötigten Materialien zuständig.	Diese Abteilung ist für die kostengünstige und termingerechte Herstellung der Waren verwantwortlich.	Diese Abteilung soll von den hergestellten Waren möglichst viel zu einem guten Preis verkaufen.	Diese Abteilung ist für die Finanzen und das Personal zuständig.

Aufgaben

1. Es muss dafür gesorgt werden, dass die bestellten Waren bei den Kunden pünktlich ankommen.
2. Neue Produkte müssen entwickelt und erprobt werden.
3. Die benötigten Rohstoffe und Materialien müssen eingekauft und gelagert werden.
4. Die Qualität der Produkte muss ständig kontrolliert werden.
5. Die gesetzlich vorgeschriebene Buchhaltung muss geführt werden.
6. Der Ablauf des Herstellungsprozesses muss geplant werden.
7. Die Rechnungen für die gelieferten Materialien müssen bezahlt werden.
8. Es muss Werbung für die eigenen Produkte gemacht werden.
9. Neue Mitarbeiterinnen und Mitarbeiter müssen ausgewählt und eingestellt werden.
10. Es muss kontrolliert werden, ob die gelieferten Waren auch den betrieblichen Anforderungen genügen.
11. Der Kontakt mit den Kunden muss durch Mitarbeiterinnen und Mitarbeiter im Außendienst hergestellt und gepflegt werden.
12. Es muss dafür gesorgt werden, dass die für die Produktion benötigten Materialien stets in ausreichender Menge bereitliegen.

1. Welche Abteilung ist für welche der genannten Aufgaben zuständig? Ordne zu.
2. Kannst du für deinen Praktikumsbetrieb ein Aufbauschema zeichnen?

Methode: Erkundung

Thema: Wir erkunden ein Unternehmen

Wenn man wissen will, wie Unternehmen mit dem Wandel in der Arbeitswelt und den Veränderungen auf den Märkten fertig werden, sollte man mit Betroffenen darüber sprechen. Unternehmerinnen und Unternehmer sind grundsätzlich gerne bereit, Schülerinnen und Schülern Auskunft zu geben, weil sie interessiert daran sind, dass Jugendliche realistische Vorstellungen über die Wirtschaft bekommen. Am interessantesten ist es, sich über die Situation eines Unternehmens aus dem Heimatort oder der näheren Umgebung zu erkundigen. Dazu einige Hinweise:

▶ „Unternehmen" heißt nicht, dass nur Großbetriebe infrage kommen. Im Gegenteil: Auch das Gespräch mit dem Inhaber eines Geschäfts oder Handwerksbetriebs kann interessant sein. Es kommt darauf an, welche Möglichkeiten „vor Ort" bestehen. Die Fotos zeigen zum Beispiel eine Klasse, die einen Samenzuchtbetrieb am Ort besuchte, von dem man vorher nicht viel wusste. Dann erfuhren die Schüler zum Beispiel, dass dieser Betrieb mit seinen etwa 25 Mitarbeitern Teil eines internationalen Konzerns ist und weltweit begehrtes Saatgut für Bohnen, Möhren und andere Gemüsepflanzen produziert.

▶ Es ist sinnvoll, zuerst durch den Betrieb zu gehen, sich dort umzusehen und dann erst die Befragung durchzuführen.

▶ Es muss nicht der „Chef" persönlich sein, der die Klasse informiert. Betriebsinhaber, Geschäftsführer usw. haben meist wenig Zeit und müssen oft kurzfristig zu Besprechungen. Als Gesprächspartner reicht auch ein Mitarbeiter der Geschäftsleitung aus. So wurde die Klasse bei ihrer Erkundung von einer Assistentin des Geschäftsführers betreut. Entscheidend war, dass sie die Fragen der Klasse zum Betrieb und zur Geschäftslage beantworten konnte.

▶ Möchtet ihr jedem sagen, wie viel Taschengeld ihr bekommt und wofür ihr es in den letzten fünf Tagen verwendet habt? Bei Betrieben ist es ähnlich: Manche Geschäftsinhaber möchten nicht, dass die Konkurrenz ihre Geschäftsgeheimnisse erfährt. Sie halten sich daher bei Fragen nach Umsatz, Gewinn, Gehältern usw. zurück.

▶ In welchen Berufen bildet das Unternehmen aus?

Tipps zur Erkundung eines Unternehmens

- Welche Betriebe kommen infrage?
- Wer nimmt den Kontakt auf? (Klärung der Bereitschaft, des Zeitpunkts und der Durchführung)
- Was soll erkundet, erfragt werden?
- Wie hängen unsere Fragen mit dem Unterricht zusammen?
- Wer stellt die Fragen? Wie werden die Antworten festgehalten?
- Wie werden die Ergebnisse der Erkundung ausgewertet?

1. *Plant und führt eine Erkundung in einem Unternehmen durch.*
2. *Überlegt, wie ihr mithilfe von Lernplakaten, Fotos usw. die Ergebnisse präsentieren könnt.*

Eine Unternehmerin berichtet

Die Firma Fischer Maschinenbau stellt Mähgeräte, Laubbläser und Laubsaugwagen her. 1970 gründete der 35-jährige Helmut Fischer die Firma als Ein-Mann-Betrieb. In den ersten Jahren nach der Firmengründung wurden in den Niederlanden gefertigte Geräte für den Obst- und Gartenbau verkauft. Die Frau des Firmengründers arbeitete im Unternehmen mit. Sie brachte Pakete mit dem Fahrrad zum Bahnhof, erledigte Büroarbeiten und telefonierte mit den Kunden.

1977 wurde der erste Mitarbeiter eingestellt. 1980 begann die Produktion der ersten eigenen Geräte. Heute stellt die Firma eine Vielzahl von Geräten her und arbeitet mit Partnern in Italien, Frankreich und den Niederlanden zusammen. Das Unternehmen beschäftigt jetzt 25 Mitarbeiter und Mitarbeiterinnen. Frau Fischer, die Tochter des Firmengründers, arbeitet seit 1994 im Unternehmen mit und ist seit 2002 Geschäftsführerin.

Ein Interview mit der Geschäftsführerin Frau Fischer

Frau Fischer

Warum sind Sie Unternehmerin geworden?

Schon als kleines Mädchen habe ich im Unternehmen meiner Eltern „unternehmerische Luft" geschnuppert. So oft ich konnte, war ich im Büro, habe auf der Schreibmaschine geschrieben, Rundschreiben verschickt und auf internationalen Messen geholfen. Diese frühe Prägung durch meine Eltern, die immer sehr viel Freude an ihrer unternehmerischen Tätigkeit hatten, hat mich dann letztendlich dazu bewogen, Unternehmerin zu werden.
Schon immer hatte ich viel Spaß und Freude am Arbeiten. Es war mir immer wichtig, etwas zu bewegen, mich selbst zu verwirklichen, selbstbestimmt zu handeln und vor allen Dingen Verantwortung zu haben. Es war und ist mir sehr wichtig, etwas Nachhaltiges für die Gesellschaft zu tun. Das heißt für mich, Werte zu schaffen und zu erhalten.

Als Unternehmer steht man ständig im Wettbewerb mit anderen. Ist das nicht stressig?

Wettbewerb ist die Grundlage unserer Wirtschaft. Ohne Wettbewerb würde unsere Wirtschaft stagnieren. Selbstverständlich ist dies stressig!
Ich hätte ein viel ruhigeres Leben, wenn es unsere Wettbewerber nicht geben würde. Wir könnten die Preise festlegen, wie wir wollen, und wir müssten keine neuen Produkte entwickeln. Es ist wichtig, dass man lernt, Wettbewerb als etwas Normales, Nützliches anzusehen. Nur durch Wettbewerb erlangen wir Spitzenleistungen.

Geht es Unternehmern nur um das Geld?

Nein! Unternehmerische Tätigkeit muss in erster Linie Spaß und Freude machen. Aber selbstverständlich können Unternehmen nur dann langfristig existieren, wenn sie Gewinne erzielen. Daher ist das Geld natürlich ein wichtiger Faktor im Unternehmen.
Gewinne, die im Unternehmen erzielt werden, bleiben in der Regel im Unternehmen (das gilt für den Großteil der Wirtschaft). Gewinne werden nur zu einem geringen Teil für privaten Konsum genutzt. Wenn es Unternehmen nur um das Geld gehen würde, hätten in den letzten zwei Jahren fast alle Unternehmen geschlossen, da fast keine Gewinne erzielt wurden.

Können Sie einige Ziele nennen, die Ihnen als Unternehmerin wichtig sind?

Die Gewinnerzielung, denn sie ist die Voraussetzung für alles andere. Dann das Wachstum des Unternehmens und die Kunden- und Marktorientierung, denn der Kunde ist „König". Weitere wichtige Ziele sind die Verbesserung der Wettbewerbsposition und die langfristige Sicherung des Unternehmens und der Arbeitsplätze.

Wie ist das mit dem Umweltschutz? Ist das für Unternehmer nur eine Belastung?

Umweltschutz ist eine der wichtigsten Verantwortungen, da Umweltschutz für die Gesellschaft von besonderer Bedeutung ist. Unternehmen müssen auch in diesem Bereich für Nachhaltigkeit sorgen, indem sie mit Ressourcen sparsam umgehen und die Umwelt schonen.
Selbstverständlich macht Umweltschutz die Ablauforganisation im Unternehmen etwas komplizierter. Daneben entstehen den Unternehmen teilweise auch Mehrkosten (Umorganisation in bestimmten Bereichen, Kauf neuer Anlagen, Schulung von Mitarbeitern …). Wenn Umweltschutzfragen nur in Deutschland gelten, entstehen für die Unternehmen zum Teil Wettbewerbsnachteile durch höhere Produktionskosten und somit höhere Produktpreise.
Auf der anderen Seite darf man nicht vergessen, dass durch den Umweltschutz neue Produkte entstehen. In unserem Unternehmen werden z. B. Mähgeräte hergestellt, die für Biotope und Schilfgebiete geeignet sind. Dadurch schafft Umweltschutz neue Märkte.

Wir haben von einem „Unternehmensleitbild Nachhaltigkeit" und von einer „nachhaltigen Unternehmenskultur" gehört. Wir verstehen nicht, was damit gemeint ist. Können Sie uns das erklären?

Nachhaltige Unternehmenskultur heißt, dass die Unternehmen nach Leitbildern agieren, die darauf abzielen, Unternehmen langfristig überlebensfähig zu machen. Außerhalb des Unternehmens wird darauf geachtet, dass die Welt, in der wir leben, auch für die nachfolgenden Generationen lebenswert bleibt.
Was heißt das im Einzelnen? Unternehmen achten auf einen verantwortungsbewussten und sparsamen Umgang mit Ressourcen und versuchen die Umwelt bestmöglich zu schonen. Im Unternehmen selbst wird Gewinnerzielung angestrebt, um dadurch ein langfristiges Wachstum und eine langfristige Wertsteigerung des Unternehmens zu erreichen. Dieses Wachstum ermöglicht wiederum Sicherung und Schaffung von Arbeitsplätzen über Jahrzehnte und Generationen. Nicht der kurzfristige Profit, sondern das langfristige Wachstum steht im Vordergrund!

Vielen Dank für das Gespräch!

Beschäftigter der Firma Fischer bei der Arbeit

1. Was macht die Geschichte der Firma Fischer Maschinenbau deutlich?
2. Welche Bedeutung hat der Gewinn für ein Unternehmen?
3. „Umweltschutz und Gewinn – beides geht nicht!" – Was könntest du einer solchen Behauptung entgegenhalten?
4. Welche Eigenschaften muss eine Unternehmerin, ein Unternehmer haben? Welche Anforderungen werden an sie gestellt? Verfasst vor dem Hintergrund des Berichtes eine „Berufsbeschreibung Unternehmer/Unternehmerin".

Produktion im Ausland – warum?

HARIBO

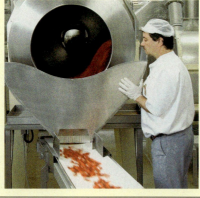

Die Gelatinebärchen kommen aus 18 Werken, fünf davon stehen in Deutschland.

PRODUKTION
Ein Mitarbeiter überwacht die Teigherstellung

Süßer Eurobär

Trotz vieler Fabriken im Ausland produziert Haribo auch noch in Deutschland Goldbären.

- **Das Familienunternehmen**
  kann längst nicht mehr den gesamten Bedarf von Deutschland aus decken – auch in deutschen Supermärkten liegen bisweilen Tüten mit Bärchen aus Spanien oder Frankreich.

- **An seinen fünf Produktionsanlagen**
  in Deutschland hält Haribo fest, auch wenn die Lohnkosten dort stark zu Buche schlagen. Die Goldbären-Rohstoffe beziehen die Bonner Süßwarenexperten um Firmenchef Hans Riegel inzwischen aber aus der gesamten EU.

Weltweit auf Tour

Sportartikelhersteller Adidas-Salomon lässt fast alle seine Produkte im Ausland fertigen.

- **95 Prozent aller Adidas-Sporttreter**
  werden in Asien hergestellt – von der Sohle bis zum Schnürsenkel, der Rest in Europa und den USA. Nur Teile der Entwicklung und des Designs beherbergt Adidas noch in der Zentrale im fränkischen Herzogenaurach. Aber auch in Portland, New York und Tokio feilen Spezialisten am Chic der Schuhe. Fast ein Drittel der Firma (28 Prozent) halten inzwischen US-Großanleger.

- **Die Internationalisierung**
  des Traditionskonzerns spiegelt sich auch im Vorstandsteam wider: Die Geschäfte der Franken führen zwei Deutsche, ein Amerikaner und ein Neuseeländer.

adidas

Von dem Clima-Cool-Schuh verkaufte Adidas 2003 weltweit drei Mio. Paar.

SCHRITT FÜR SCHRITT
In China, Indonesien und Vietnam produziert Adidas seine Schuhe

Beiersdorf

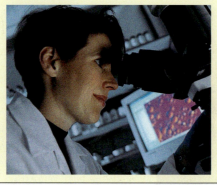

Der Hamburger Konzern produziert an 25 Standorten in der Welt. Fast nur für die Märkte vor Ort.

HAUTSACHE
Neue Cremes entwickeln 600 Forscher in Hamburg

Schönheit auch von außen

Nivea-Produkte in deutschen Regalen kommen aus dem Inland, Frankreich und Italien.

- **Gewachsene Globalisierung**
  „Wir gehen nicht ins Ausland, um Kosten zu drücken, sondern wenn dort der Markt so groß ist, dass sich ein weiteres Werk rechnet", erklärt Beiersdorfvorstand Thoma-Bernd Quaas.

- **Jobs in Deutschland sollen bleiben.**
  Nivea-Visage in Tiegelchen stammt aus Italien, Gesichtswasser aus Hamburg. Bei hohen Materialkosten und starker Technologisierung ist die Produktion auch in Deutschland effizient.

(S. Borst/S. Frank/J. Hirzel/S. Sammet/J. Schönstein/J. Schuster/B. Siedenburg: MARKEN Von wegen Made in Germany; in: Focus 19/2004, S. 200, 198, 203)

Zunächst profitiert Deutschland von der Globalisierung, denn die deutsche Wirtschaft ist exportstark. Je mehr Länder sich dem freien Weltmarkt öffnen, desto besser sind ihre Exportchancen. Und sie nutzt sie. (…)

Fast jeder vierte Arbeitsplatz hängt direkt oder indirekt am Export. Dies gilt vor allem für drei große Industriebranchen: für die Automobilindustrie, den Maschinenbau und die chemische Industrie. Die deutsche Wirtschaft profitiert von einem hohen technologischen Standard der Herstellungsverfahren, von einem ebenso hohen Qualifikationsstandard der Arbeitskräfte und von hohen Qualitätsstandards in der Produktion. Die Globalisierung sichert und schafft Arbeitsplätze in Deutschland.

Allerdings ist dies nur die eine Seite der Medaille. (…) Lange Zeit hielten sich in Deutschland die Schaffung neuer Arbeitsplätze durch steigende Exporte und die Verlagerung von Arbeitsplätzen in Niedrig-Kosten-Länder die Waage. Inzwischen drohen jedoch mehr Jobs durch Verlagerung verloren zu gehen. Der Grund: Zuwachs in der Exportindustrie schafft nicht so viele zusätzliche Arbeitsplätze, weil diese Industriezweige stark auf Technik setzen. Die Verlagerung bedroht dagegen die arbeitsintensiven Industriezweige. Dort gehen dann mehr Arbeitsplätze verloren, als in den Exportbranchen neu entstehen. (…)

Die Globalisierung verändert die Arbeits- und Lebensverhältnisse der Menschen rascher als andere wirtschaftliche Prozesse zuvor. (…) Inzwischen ist es möglich, fast jede Arbeit zu jeder Zeit und dies an fast jedem Ort der Welt abzuleisten – wenn Technologie und Qualifikation stimmen. Diese Folge der Globalisierung eröffnet bestimmten Arbeitnehmer-Gruppen völlig neue Möglichkeiten. (…)

Doch vielen Menschen machen diese Entwicklungen Angst. Sie fürchten um ihre Existenz. Und sie haben umso mehr Angst, je älter und je unflexibler sie sind, weil sie zum Beispiel Kinder haben. Sie haben noch mehr Angst, wenn sie – aus welchen Gründen auch immer – nicht die Qualifikationen vorweisen können, die die globale Wirtschaft fordert. Und am meisten fürchten sich jene, die in diesem Konkurrenzkampf besonders schlechte Karten haben: die Kranken, die Behinderten und all diejenigen mit einem Handicap, das ihre Marktfähigkeit verringert. Sie wissen, dass der globale Wettbewerb hart ist und dass sie diejenigen sein könnten, die am Ende als Verlierer dastehen.

(Auszüge aus: Wolfgang Kessler. Gesellschaften unter Globalisierungsdruck; in: Informationen zur politischen Bildung, Heft 280, Globalisierung. Hg.: Bundeszentrale für politische Bildung, Bonn 2003, S. 27–33, Auszüge: S. 28–30)

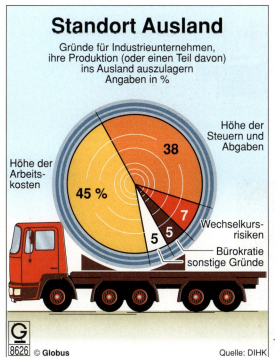

1. Produktion im Inland und im Ausland: Wie handhaben es die auf Seite 30 beschriebenen Firmen? Kennst du weitere Beispiele in deiner Umgebung?
2. Globalisierung und Arbeitsplätze: Werte unter diesem Aspekt den Text und die Grafik aus.
3. Globalisierung und Lebensverhältnisse: Was sagen Text und Karikatur dazu?

(Thomas Plaßmann)

Exportnation Deutschland

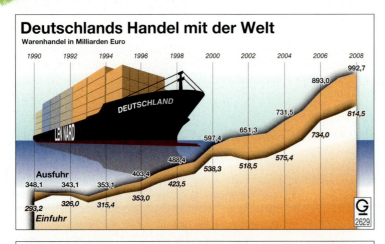

Die Bundesrepublik Deutschland ist eine der erfolgreichsten Exportnationen. Deutsche Produkte werden für den Export häufig mit „Made in Germany" gekennzeichnet. „Made in Germany" gilt in vielen Ländern als Merkmal für Qualität, Verlässlichkeit und Pünktlichkeit.

Mehr als 7 Millionen der fast 36 Millionen Beschäftigten in Deutschland stellen Waren für Auslandsmärkte her oder erbringen dafür Dienstleistungen. Dies bedeutet, dass etwa jeder fünfte Arbeitsplatz direkt oder indirekt (z. B. Zulieferungen an Exportgüter) vom Export abhängig ist. Die Exportabhängigkeit der deutschen Wirtschaft hat in den letzten Jahren zugenommen.

Erstelle zum Thema „Exportnation Deutschland" einen Stichwortaufschrieb als Vorbereitung für ein Kurzreferat. Beachte bei der Auswertung der Grafiken die Hinweise auf der Seite 154.

Das Wichtige in Kürze

Markt
Waren und Dienstleistungen werden von Verkäufern angeboten und von Käufern nachgefragt. Immer dann, wenn Angebot und Nachfrage zusammentreffen, entsteht ein Markt. Der „Ort" dieses Zusammentreffens kann ganz unterschiedlich sein, z.B. bei Gemüse der Wochenmarkt, bei Kleidern das Kaufhaus, beim Kauf am PC das Internet. Auf dem Markt haben Verkäufer und Käufer unterschiedliche Interessen. Die Verkäufer sind an einem hohen Preis interessiert, die Käufer an einem niedrigen.

Preisbildung
Der Preis bringt die unterschiedlichen Interessen von Verkäufer und Käufer zum Ausgleich. Er bildet sich durch Angebot und Nachfrage. In der Regel werden die Preise bei großem Angebot und geringer Nachfrage sinken, bei kleinem Angebot und großer Nachfrage steigen. Sinkende oder steigende Preise wiederum beeinflussen Angebot und Nachfrage.

Wettbewerb
Da die Anbieter nicht allein auf dem Markt sind, stehen sie miteinander im Wettbewerb. Der Wettbewerb zwingt sie, möglichst kostengünstig zu produzieren. Die Unternehmen müssen sich den Wünschen ihrer Kunden anpassen. Durch neue Produkte versuchen sie neue Kunden zu gewinnen. Gleichzeitig müssen die Unternehmen die Qualität ihrer Produkte sicherstellen.

Wettbewerbsschutz
Der Wettbewerb ist ein wichtiges Merkmal der sozialen Marktwirtschaft. Nun können aber Unternehmen ihre Macht am Markt missbrauchen und die Regeln eines „fairen" Wettbewerbs missachten. Damit dies nicht geschieht, greift der Staat durch Gesetze und Verordnungen ein. Das Gesetz gegen Wettbewerbsbeschränkung (Kartellgesetz) wird auch als das „Grundgesetz der Marktwirtschaft" bezeichnet. Es verbietet Preisabsprachen zwischen den Anbietern und lässt einen Zusammenschluss von größeren Unternehmen nur unter bestimmten Bedingungen zu. Andere Gesetze verbieten z.B. den Nachbau patentgeschützter Produkte und irreführende Werbung.

Unternehmer/Unternehmen
Unternehmerinnen und Unternehmer sind Menschen, die selbstständig sind. Sie sind Eigentümer eines Betriebes und meistens leiten sie diesen auch. Sie tragen das Risiko, dass sie ihr eingesetztes Geld bzw. Kapital verlieren, wenn ihr Unternehmen nicht erfolgreich ist. Unternehmen produzieren Güter, also Waren und Dienstleistungen, die auf dem Markt nachgefragt werden. Sie versorgen somit anderen Betriebe und Verbraucher mit den Gütern, die diese benötigen.

Exportnation Deutschland
Deutschland spielt eine führende Rolle im Welthandel und steht derzeit noch an erster Stelle der Exportnationen. Die weltweite wirtschaftliche Verflechtung bringt Chancen, birgt aber auch Risiken. Wenn zum Beispiel die Weltwirtschaft in eine Krise gerät, spürt dies die deutsche Exportindustrie besonders. Andererseits profitieren die deutschen Verbraucher von den billigen Einfuhren. Nachteilig ist, dass viele deutsche Unternehmen aus Kostengründen ihre Produktion oder Teile davon ins Ausland verlagern. Dadurch gehen in Deutschland Arbeitsplätze in der Fertigung verloren. Allerdings können so die deutschen Firmen qualifizierte Arbeitsplätze im Inland erhalten, zum Beispiel in der Forschung und Entwicklung, weil sie im Ausland kostengünstiger produzieren können und auf den Märkten präsent sind.

Gewerkschaften und Arbeitgeberverbände

Gewerkschafts-Demonstration in Berlin gegen Sozialdumping

Zu den großen Verbänden in Deutschland gehören die Organisationen der Arbeitnehmer und der Arbeitgeber. Das Grundgesetz garantiert in Artikel 9 ausdrücklich das Recht, zur Wahrung und Förderung der Arbeits- und Wirtschaftsbedingungen Vereinigungen zu bilden. Die Interessenvertretung der Arbeitnehmer sind die Gewerkschaften, die Arbeitgeber haben sich in Arbeitgeberverbänden organisiert. Man nennt die Gewerkschaften und die Arbeitgeberverbände auch Sozialpartner, da sie die Bedingungen in der Arbeitswelt weitgehend in eigener Verantwortung regeln. Für alle Wirtschaftszweige und Beschäftigungsgruppen treffen sie verbindliche Vereinbarungen über Löhne und Arbeitsbedingungen. Damit haben sie großen Einfluss auf die wirtschaftliche Entwicklung und auf die Wirtschaftspolitik.

Die Gewerkschaften entstanden in Deutschland in der Zeit um 1860, um die Lebensumstände der Arbeiterschaft zu verbessern. Die größte Arbeitnehmerorganisation ist heute der Deutsche Gewerkschaftsbund (DGB), der 1949 als Dachorganisation verschiedener Gewerkschaften gegründet wurde. Zum DGB gehören acht Einzelgewerkschaften, z. B. die IG Metall, wobei IG die Abkürzung für Industriegewerkschaft ist.

Bei den DGB-Gewerkschaften gilt das Prinzip: „Ein Betrieb, eine Gewerkschaft!". Das bedeutet z. B. dass in einem Unternehmen der Metallbranche alle gewerkschaftlich organisierten Arbeitnehmer in der IG Metall sind, auch der Pförtner am Werkstor oder die Köchin in der Kantine. Der DGB hat zurzeit etwa 6,5 Millionen Mitglieder. Daneben gibt es weitere Arbeitnehmerorganisationen, z. B. den Deutschen Beamtenbund mit etwa 1,3 Millionen, den Christlichen Gewerkschaftsbund mit knapp 300 000 und den Deutschen Bundeswehr-Verband mit etwas über 200 000 Mitgliedern.

Der DGB-Vorsitzende Michael Sommer und der SPD-Politiker Franz Müntefering bei einem Pressetermin in Berlin Ende 2008

Angela Merkel und Arbeitgeberpräsident Dieter Hundt auf dem Arbeitgebertag 2008 nach der Rede der Kanzlerin

Auf der Seite der Arbeitgeber gibt es je nach Wirtschaftszweig und Bundesland eine Vielzahl von Einzelverbänden. Sie alle sind in der Bundesvereinigung der Deutschen Arbeitgeberverbände (BDA) als Dachorganisation zusammengeschlossen. Die BDA vertritt die gemeinsamen, über den Bereich eines Landes oder Wirtschaftszweiges hinausgehenden Interessen der Arbeitgeber.

Zentrale Aufgabe von Gewerkschaften und Arbeitgeberverbänden ist das Aushandeln der Lohnhöhe und die Festlegung der Arbeitsbedingungen wie Arbeitszeit, Urlaubsdauer usw. Die Vereinbarungen werden in Tarifverträgen festgehalten, man spricht daher auch von Tarifverhandlungen und bezeichnet Gewerkschaften und Arbeitgeberverbände als Tarifpartner. Das Grundgesetz bestimmt, dass der Staat sich nicht in Tarifverhandlungen einmischen darf. Auf die Politik, vor allem auf die Wirtschaftspolitik, können die Verhandlungsergebnisse der Tarifpartner großen Einfluss haben. Bei hohen Lohnabschlüssen besteht z. B. die Gefahr, dass Unternehmen ihre Produktion in das kostengünstigere Ausland verlagern und damit die Arbeitslosigkeit in Deutschland wächst. Niedrige Lohnabschlüsse wiederum können dazu führen, dass weniger gekauft wird. So wird die Wirtschaftsentwicklung durch mangelnde Nachfrage gebremst.

Wie jeder Interessenverband versuchen auch Gewerkschaften und Arbeitgeberverbände, politische Entscheidungen in ihrem Sinne zu beeinflussen. Die Gewerkschaften haben dabei vor allem durch die große Zahl ihrer Mitglieder, die zugleich Wähler sind, Gewicht in der politischen Auseinandersetzung. Die Arbeitgeber wiederum führen wirtschaftliche Argumente ins Feld, weisen auf Schaden für die Wettbewerbsfähigkeit der deutschen Wirtschaft und einen Anstieg der Arbeitslosigkeit hin, um bestimmte politische Entscheidungen zu beeinflussen.

1. Beschreibe die Bedeutung der Gewerkschaften in der Politik.
2. Beschreibe die Bedeutung der Arbeitgeberverbände in der Politik.
3. Erkläre die Begriffe „Sozialpartner" und „Tarifpartner".
4. Nenne Beispiele, wie Gewerkschaften und Arbeitgeberverbände Einfluss auf politische Entscheidungen nehmen können.

Tarifparteien und Tarifvertrag

Nur durch die Leistung der Arbeitnehmer entstehen die Gewinne der Unternehmen. Für eine gute Arbeitsleistung müssen sie daher auch gut bezahlt werden. Daher fordern wir einen gerechten Anteil am Gewinn. In den letzten Jahren ist die Belastung am Arbeitsplatz ständig gestiegen. Die Herstellungstechniken werden immer komplizierter und der Arbeitsdruck nimmt zu. Wo früher drei Arbeiter eine Aufgabe erledigten, sind es heute zwei. Das geht nicht ohne Mehrbelastung und dafür wollen wir einen Ausgleich. Hinzu kommt, dass nur durch ein höheres Einkommen der Lebensstandard der Arbeitnehmer gesichert wird. Die Steuern und Abgaben sind in den letzten Jahren gestiegen. Auch die Preise für Waren und Dienstleistungen steigen. Die Arbeitnehmer brauchen einen Ausgleich. Es darf doch nicht sein, dass die Unternehmen mehr Gewinne machen und die Arbeitnehmer weniger Geld in ihrer Tasche haben als im Vorjahr.

Wir wissen doch alle: Höhere Löhne bedeuten höhere Kosten und höhere Kosten bedeuten weniger Gewinn. Wenn die Unternehmen weniger Gewinn machen, können sie auch nicht mehr so viel investieren, z. B. in neue Techniken und neue Produkte. Da Investitionen Arbeitsplätze schaffen, gibt es bei weniger Investitionen auch weniger Arbeitsplätze. Hinzu kommt, dass viele mittelständische und kleine Unternehmen keine weiteren Lohnerhöhungen verkraften. Sie können höhere Lohnkosten nicht durch höhere Verkaufspreise ausgleichen. Wir dürfen nicht teurer sein als die ausländische Konkurrenz. Wenn unsere Preise nicht konkurrenzfähig sind, bekommen wir weniger Aufträge. Und wenn wir Aufträge verlieren, müssen wir Arbeitnehmer entlassen. Zu hohe Lohnkosten führen auch dazu, dass immer mehr Unternehmen die Produktion ins Ausland verlagern, um kostengünstiger herzustellen. Dadurch gehen bei uns auch Arbeitsplätze verloren.

Ab Dienstag wird in der Stahlindustrie gestreikt

IG METALL FORDERT 6 %

Urabstimmung über Verhandlungskompromiss

Schlichter erfolglos – Stahlindustrie steht vor dem Streik

Arbeitgeber
2 % – mehr ist nicht drin

Tarifpartner kehren wieder an den Verhandlungstisch zurück

URABSTIMMUNG ÜBER STREIK

Arbeitgeber sperren aus – Stahl-Streik verschärft sich drastisch

Warnstreiks in der Stahlindustrie

Tarifverhandlungen gescheitert – Ruf nach dem Schlichter

70 % stimmen für Streik-Ende

Einigung: 4 % mehr

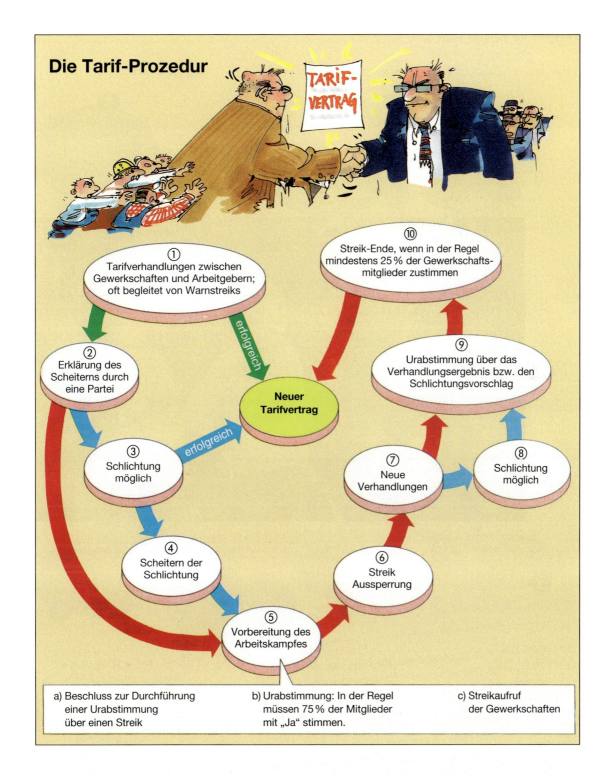

1. Welche Meinungsäußerung auf Seite 36 oben stammt von dem Vertreter einer Gewerkschaft, welche von dem Vertreter eines Arbeitgeberverbandes? Warum argumentieren beide so unterschiedlich?
2. Bringe die Schlagzeilen auf Seite 36 unten in die zeitlich richtige Reihenfolge. Stelle dabei fest, zu welcher Phase der „Tarif-Prozedur" die jeweilige Schlagzeile gehört.

Interview mit einem Betriebsrat

Saskia und Sebastian interviewen Herrn Kross, Betriebsrat in einer Werkzeugmaschinenfabrik.

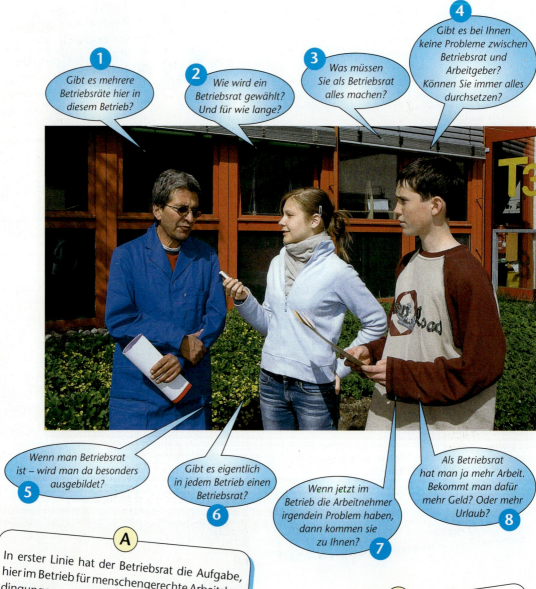

1. Gibt es mehrere Betriebsräte hier in diesem Betrieb?
2. Wie wird ein Betriebsrat gewählt? Und für wie lange?
3. Was müssen Sie als Betriebsrat alles machen?
4. Gibt es bei Ihnen keine Probleme zwischen Betriebsrat und Arbeitgeber? Können Sie immer alles durchsetzen?
5. Wenn man Betriebsrat ist – wird man da besonders ausgebildet?
6. Gibt es eigentlich in jedem Betrieb einen Betriebsrat?
7. Wenn jetzt im Betrieb die Arbeitnehmer irgendein Problem haben, dann kommen sie zu Ihnen?
8. Als Betriebsrat hat man ja mehr Arbeit. Bekommt man dafür mehr Geld? Oder mehr Urlaub?

A
In erster Linie hat der Betriebsrat die Aufgabe, hier im Betrieb für menschengerechte Arbeitsbedingungen zu sorgen. Wir haben darüber zu wachen, dass alle Gesetze eingehalten werden ... Da gibt es zum Beispiel die Arbeitszeitordnung, über die der Betriebsrat zu wachen hat, dann die Arbeitsstättenverordnung. Ja – und dann natürlich die Mitbestimmung! Wir haben da als Betriebsrat auch Mitbestimmungsrechte, also zum Beispiel bei der Betriebsordnung, bei der Regelung der Arbeitszeit.

B
Die kommen alle zu uns. Das Betriebsratszimmer ist ja täglich besetzt. Da gibt es so viele Sachen, z.B. Beschwerden. Der Betriebsangehörige kommt zu uns und trägt uns seine Sorgen vor – wir tragen sie dann dem Chef vor und beraten dann natürlich immer zugunsten des sozial Schwächeren – das ist ja klar!

Tarifparteien und Mitbestimmung

C
Nein, nicht in jedem. Wenn in einem Betrieb mindestens fünf Arbeitnehmer beschäftigt sind, die über 18 Jahre alt sind, können sie einen Betriebsrat wählen. Es gibt aber keinen Zwang, einen Betriebsrat zu bilden.

D
Alle Arbeitnehmer, die über 18 Jahre alt sind, wählen den Betriebsrat. Wir werden in geheimer und unmittelbarer Wahl gewählt. Und zwar für vier Jahre.

H
Probleme? Ich will es mal so sagen: Es kommt immer darauf an, wie gut ein Betriebsrat das Betriebsverfassungsgesetz kennt und damit arbeitet. Also bei uns, da hört der Direktor noch auf den Betriebsrat. Allerdings, wir müssen natürlich auch bereit sein, Kompromisse zu schließen. Es ist nicht so, dass wir bloß zu sagen brauchen: Das wollen wir, da steht's drin! Jedes Gesetz hat Gummiparagrafen, die kann man hin- und herziehen. Und wir versuchen natürlich immer, das Beste für unsere Leute herauszuholen. Es ist halt so wie überall: Auch wir müssen viele Kompromisse schließen.

E
Wir haben neun Betriebsräte. Die Zahl hängt von der Größe der Belegschaft ab: je mehr Arbeitnehmer, desto mehr Betriebsräte. Wir neun wählen dann einen Vorsitzenden und dessen Stellvertreter.

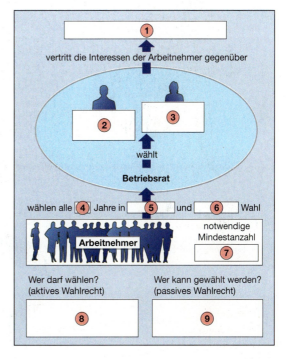

F
Ja! Wir machen sogar sehr viel Schulung für unsere Betriebsräte. Meine acht Kollegen im Betriebsrat waren zum Beispiel letzte Woche bei einem Lehrgang. Da ging es um das Führen von Betriebsratssitzungen, es ging um die Personalplanung und die Erstellung von Betriebsvereinbarungen und so.

G
Betriebsräte bekommen kein Entgelt für ihre Tätigkeit als Betriebsrat, obwohl da sehr viele Stunden anfallen. Also bei uns gibt es Zeiten, da kommt man kaum vor 10 Uhr abends nach Hause. Das wird nicht bezahlt. Wenn es geht, können wir die Zeit abfeiern, aber dazu kommt man kaum.

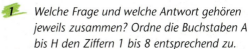

1 Welche Frage und welche Antwort gehören jeweils zusammen? Ordne die Buchstaben A bis H den Ziffern 1 bis 8 entsprechend zu.

2 Welche Aufgaben eines Betriebsrates werden in dem Interview genannt?

3 Ergänze in der Grafik die fehlenden Begriffe und Zahlen. Benutze dazu das Arbeitsblatt oder notiere von 1 bis 9.

Mitbestimmung und Mitwirkung

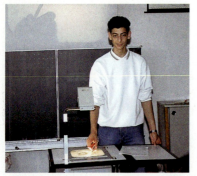

Daniel beim Halten eines Referates

Daniel soll ein Referat zum Thema „Mitbestimmung und Mitwirkung" halten. Dazu hat er eine Folie für den Tageslichtprojektor vorbereitet. Er muss jetzt noch diese Fachbegriffe in seine Folie eintragen:

Mitbestimmungsrecht · Mitbestimmung · Mitwirkung · Beratungsrecht · Anhörungsrecht · Unterrichtungsrecht · Zustimmungsrecht

Mitbestimmung und Mitwirkung: abgestufte Rechte

①

② Der Betriebsrat bestimmt mit.

Arbeitgeber und Betriebsrat können jeweils von sich aus die Regelung einer Angelegenheit anstreben. Sie können Entscheidungen jedoch nur gemeinsam treffen.

Beispiele: Arbeitszeit, Sozialplan, Lohngestaltung

③ Der Betriebsrat muss zustimmen.

Der Arbeitgeber darf eine Maßnahme nur mit Zustimmung des Betriebsrates durchführen.

Beispiele: Einstellungen, Versetzungen, Ein- und Umgruppierungen

④

⑤ Der Betriebsrat muss mitberaten.

Arbeitgeber und Betriebsrat erörtern eine Angelegenheit in einem gemeinsamen Gespräch.

Beispiele: Gestaltung von Arbeitsplatz, Arbeitsablauf und Arbeitsumfang

⑥ Der Betriebsrat muss angehört werden.

Der Arbeitgeber teilt dem Betriebsrat seine Absicht mit und fordert ihn zu einer Stellungnahme auf.

Beispiel: Entlassungen

⑦ Der Betriebsrat muss informiert werden.

Der Arbeitgeber teilt dem Betriebsrat anhand von Unterlagen seine Pläne mit.

Beispiel: Personalplanung

Daniels Folie

Betriebsverfassungsgesetz

§ 87 (1) Der Betriebsrat hat, soweit eine gesetzliche oder tarifliche Regelung nicht besteht, in folgenden Angelegenheiten mitzubestimmen:
1. Fragen der Ordnung des Betriebs und des Verhaltens der Arbeitnehmer im Betrieb;
2. Beginn und Ende der täglichen Arbeitszeit einschließlich der Pausen sowie Verteilung der Arbeitszeit auf die einzelnen Wochentage;
3. vorübergehende Verkürzung oder Verlängerung der betriebsüblichen Arbeitszeit;
(…)
10. Fragen der betrieblichen Lohngestaltung, insbesondere die Aufstellung von Entlohnungsgrundsätzen und die Einführung und Anwendung von neuen Entlohnungsmethoden sowie deren Änderung;
(…)

§ 90 (1) Der Arbeitgeber hat den Betriebsrat über die Planung
1. von Neu-, Um- und Erweiterungsbauten von Fabrikations-, Verwaltungs- und sonstigen betrieblichen Räumen,
2. von technischen Anlagen,
3. von Arbeitsverfahren und Arbeitsabläufen oder
4. der Arbeitsplätze

rechtzeitig unter Vorlage der erforderlichen Unterlagen zu unterrichten. (…)

§ 102 (1) Der Betriebsrat ist vor jeder Kündigung zu hören. Der Arbeitgeber hat ihm die Gründe für die Kündigung mitzuteilen. Eine ohne Anhörung des Betriebsrats ausgesprochene Kündigung ist unwirksam.

Fall 1 Seit drei Monaten steigen die bei einer Firma eingehenden Bestellungen. Daher hat die Firma bei der Einhaltung ihrer Lieferungstermine große Schwierigkeiten. Der Geschäftsführer der Firma möchte, dass die Arbeiter an den nächsten vier Samstagen jeweils fünf Stunden zusätzlich arbeiten – natürlich gegen Bezahlung.

Fall 2 Eine Firma plant den Neubau einer Fabrikationshalle. In ihr sollen die neuen Mitarbeiter ihren Arbeitsplatz haben und neue Maschinen aufgestellt werden.

Fall 3 Der Geschäftsführer möchte in der Abteilung Produktion die Entlohnung nach dem Zeitlohn auf den Akkordlohn umstellen. Er möchte den Anreiz nach mehr Leistung verstärken.

Fall 4 In der Lackiererei einer Firma soll eine neue Technik eingeführt werden. Bei dieser neuen Technik werden die Arbeiter viel weniger durch Dämpfe belastet.

Fall 5 Der Geschäftsführer möchte einem Mitarbeiter unter Einhaltung der gesetzlichen Kündigungsfrist kündigen. Er ist mit der Leistung des Mitarbeiters nicht zufrieden. Außerdem ist der Mitarbeiter im letzten halben Jahr häufig zu spät zur Arbeit gekommen.

---

1 Ordne die noch fehlenden sieben Begriffe den Platzhaltern in Daniels Folie zu.

2 Notiere in einer Tabelle nach dem nebenstehenden Muster in Stichworten deine Überlegungen zu den fünf Fällen.

Fall	Welche Stelle im Betriebsverfassungsgesetz ist in diesem Fall wichtig?	Um welches Recht, welche Rechte des Betriebsrates geht es in dem Fall?
1		
2		
3		
4		
5		

Methode: Rollenspiel

Thema: Interessenkonflikt im Betrieb

Bei der Einführung neuer Techniken oder Veränderungen in der Arbeitsorganisation stoßen häufig die unterschiedlichen Interessen von Geschäftsleitung und Arbeitnehmern aufeinander. Solche Interessenkonflikte könnt ihr – natürlich sehr vereinfacht – zum Inhalt eines Rollenspiels machen.

1. Gemeinsam wird die **Ausgangslage** festgelegt. Die Lage eurer Firma ist so, dass der Gewinn in den letzten Jahren zurückgegangen ist. Die ausländische Konkurrenz, die kostengünstiger ist, hat einige Marktanteile gewonnen. Durch neue Techniken oder Veränderungen in der Arbeitsorganisation soll nun billiger produziert werden, es sollen Arbeitskräfte eingespart werden. Die für das Spiel notwendigen Einzelheiten legt ihr gemeinsam fest und notiert sie an der Tafel: Name eurer Firma, Zahl der Mitarbeiter, Produkte, vorgesehene neue Technik (z. B. Industrieroboter) oder Arbeitsorganisation, betroffene Abteilung usw.

2. Bildet dann zwei Gruppen: **Geschäftsleitung** und **Betriebsrat**. Jede Gruppe bespricht ihre Interessenlage und ihre Argumente. Jede Gruppe legt fest, was sie erreichen will, und wählt zwei Vertreter für das Rollenspiel aus.

3. Beim **Rollenspiel** wird eine Zeit für die Diskussion festgesetzt. Das Ergebnis der Diskussion ist offen – es kann ein Kompromiss sein, eine Seite kann sich durchsetzen, es kann aber auch zu keinem konkreten Ergebnis kommen.

4. Bei Interessenkonflikten ist es sinnvoll, sich auch in die Lage des anderen zu versetzen. Ihr könnt dies dadurch erfahren, dass ihr die Gruppen wechselt und die Diskussion noch einmal spielt.

Die Vorgehensweise wird besprochen.

Beim Rollenspiel setzen sich die Vertreter der Gruppen „Betriebsrat" und „Geschäftsführung" gegenüber.

 Führt das Rollenspiel durch.

Tarifparteien und Mitbestimmung — 43

Die Jugendvertretung

Eine Klasse hatte einen Jugend- und Auszubildendenvertreter in den Unterricht zu einer Befragung eingeladen. Danach schrieb eine Schülerin diesen Bericht:

Ein Jugendvertreter hat folgende ____1____: Er muss die ____2____ der Jugendlichen vertreten und dafür sorgen, dass die ____3____ und Verordnungen eingehalten werden, die für Jugendliche gedacht sind.

Ein Jugendvertreter wird auf ____4____ Jahre gewählt. Zum Jugendvertreter kann jeder gewählt werden, der nicht älter als ____5____ Jahre ist. Bei der Wahl der Jugendvertreter dürfen alle Jugendlichen unter 18 Jahren wählen. Auch ____6____ dürfen wählen oder gewählt werden.

Die ____7____ der Jugendvertreter in einem Betrieb hängt von der Anzahl der ____8____ im Betrieb ab. Ab fünf Jugendlichen gibt es einen, ab 21 drei Jugendvertreter.

Ein Jugendvertreter hat nicht nur seinen „Job" als Jugendvertreter, er muss genauso arbeiten wie alle anderen auch. Er hat keinen zusätzlichen ____9____. Während seiner Amtszeit kann er aber insgesamt drei Wochen ____10____ bekommen. Er besucht dann Lehrgänge.

Ein Jugendvertreter hat einen besonderen ____11____. Er darf während seiner Amtszeit und im darauf folgenden ____12____ nicht entlassen werden.

Die Jugendvertretung kann bis zu viermal im Jahr eine ____13____ einberufen. Dann kommen die Jugendlichen des Betriebes zusammen und besprechen ____14____, die alle angehen. Wenn es z. B. Probleme mit den Ausbildern gibt, kann der Jugendvertreter auch den ____15____ zur Jugendversammlung einladen.

Bei den Jugendversammlungen und den Sitzungen der Jugendvertretung ist meistens ein ____16____ anwesend: Jugendvertreter und Betriebsrat arbeiten zusammen. Es kommt aber auch vor, dass Betriebsrat und Jugendvertretung einmal verschiedener ____17____ sind. Die ____18____ mit dem Betriebsrat ist wichtig, weil der Jugendvertreter ____19____ nichts erreichen kann, sondern sich immer mit dem Betriebsrat absprechen muss.

**Jugend-
versammlung
allein
Aufgaben
zwei
Anzahl
24 Jahre
Meinung
Betriebsrat
Jugendlichen
Ausländer
Verdienst
Ausbildungsleiter
Jahr
Zusammenarbeit
Kündigungsschutz
Bildungsurlaub
Gesetze
Probleme
Interessen**

(Zeichnung aus: Arbeitshilfen für Jugendvertreter. Hg.: DGB-Bundesvorstand, Düsseldorf)

1. Ergänze den Lückentext. Benutze dazu das Arbeitsblatt oder notiere von ① bis ⑲ auf einem Blatt.
2. Die Zeichnung stammt aus einem Gewerkschaftsheft für Jugend- und Auszubildenvertreter. Was will sie deutlich machen?
3. Wenn ihr eine Jugendvertreterin oder einen Jugendvertreter in den Unterricht einladen könnt: Was möchtest du wissen? Notiere entsprechende Fragen.

Das Wichtige in Kürze

Tarifpartner

Die Gewerkschaften sind die Interessenvertretung der Arbeitnehmer, die Arbeitgeberverbände die Interessenvertretung der Arbeitgeber. Der Deutsche Gewerkschaftsbund (DGB) ist die mitgliederstärkste Gewerkschaftsorganisation. In der Bundesvereinigung der Arbeitgeberverbände (BDA) sind die Verbände der Arbeitgeber zusammengeschlossen. In Tarifverträgen regeln die Gewerkschaften und die Arbeitgeberverbände Fragen des Lohnes und der Arbeitsbedingungen. Das Grundgesetz garantiert die Tarifautonomie. Dies bedeutet, dass Gewerkschaften und Arbeitgeberverbände völlige Selbstständigkeit bei den Tarifverhandlungen haben. Der Staat, z. B. die Regierung, mischt sich in die Tarifverhandlungen nicht ein.

Aufgaben des Betriebsrats

Der Betriebsrat ist die Interessenvertretung der Arbeitnehmer im Betrieb. Er überwacht die Einhaltung der Gesetze, z. B. des Kündigungsschutzgesetzes, und der Unfallverhütungsvorschriften. Er kümmert sich auch um die Eingliederung Schwerbehinderter und ausländischer Arbeitnehmer und kann Verbesserungen vorschlagen. Der Betriebsrat hat die Aufgabe, die Mitwirkung und Mitbestimmung im Betrieb wahrzunehmen.

Mitbestimmung

In sozialen Angelegenheiten, z. B. bei der Regelung der Arbeitszeit, bei der Lohngestaltung, bei der Aufstellung von Geräten zur Überwachung des Verhaltens oder der Leistung der Arbeitnehmer, können Arbeitgeber und Betriebsrat die Entscheidung nur gemeinsam treffen. Bei Einstellung und Versetzung muss der Betriebsrat zustimmen (Zustimmungsrecht). In diesen Fällen hat der Betriebsrat Mitbestimmungsrechte.

Mitwirkung

Der Arbeitgeber hat den Betriebsrat z. B. über die Personalplanung zu informieren (Unterrichtungsrecht). Vor jeder Kündigung ist der Betriebsrat zu hören (Anhörungsrecht). Der Arbeitgeber hat mit dem Betriebsrat die Planung von Neubauten und neuen Techniken zu beraten (Beratungsrecht). Alle diese Rechte sind Mitwirkungsrechte des Betriebsrats.

Aufgaben der Jugend- und Auszubildendenvertretung (JAV)

Die Jugend- und Auszubildendenvertretung (JAV) ist die Interessenvertretung der Jugendlichen und Auszubildenden im Betrieb. Sie wacht darüber, dass die für Jugendliche gemachten Gesetze eingehalten werden, z. B. das Jugendarbeitsschutzgesetz und das Berufsbildungsgesetz. Die JAV kann Maßnahmen zur Berufsbildung beim Betriebsrat beantragen und hat berechtigte Anregungen von Jugendlichen an den Betriebsrat weiterzuleiten. Zu den Sitzungen des Betriebsrats kann die JAV einen Vertreter entsenden. Werden auf einer Betriebsratssitzung Angelegenheiten der Jugendlichen und Auszubildenden behandelt, so hat die JAV Teilnahmerecht und Stimmrecht.

Jugend- und Auszubildendenvertreter im Gespräch

Weißt du Bescheid?

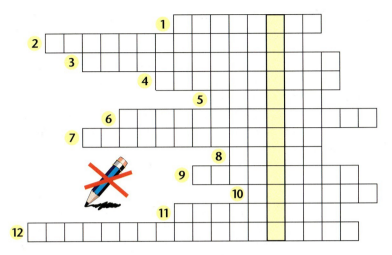

Löse das Rätsel.
Benutze dazu das Arbeitsblatt oder notiere die gesuchten Begriffe untereinander und markiere anschließend die gelb unterlegten Buchstaben. Sie ergeben von oben nach unten gelesen den Namen eines bedeutenden Wirtschaftspolitikers der Nachkriegszeit.

1. Das Prinzip des … Ausgleichs ist ein Prinzip unserer Wirtschaftsordnung.
2. In der Marktwirtschaft befinden sich die Unternehmen in … .
3. Unternehmer bezeichnet man auch als … .
4. In der Marktwirtschaft stehen die Unternehmen im gegenseitigen … .
5. Es ist gesetzlich verboten, dass Unternehmen ihre … absprechen.
6. In der Planwirtschaft befinden sich die Unternehmen in … .
7. Unser Sozialstaat ist darauf ausgerichtet, die soziale … zu fördern.
8. Auf dem … treffen Angebot und Nachfrage zusammen.
9. Im Wirtschaftskreislauf sind die privaten … einer von vier Sektoren.
10. Wenn Unternehmen ein … bilden, wollen sie durch Preisabsprachen den Wettbewerb ausschalten.
11. Der Preis bildet sich aufgrund von Angebot und … .
12. Die soziale Marktwirtschaft ist die … der Bundesrepublik Deutschland.

Was bringt die jeweilige Karikatur zum Ausdruck?

(Gerhard Mester)   (Reiner Schwalme)

Weißt du Bescheid?

Löse das Rätsel. Bilde aus den Silben im Wortspeicher die fehlenden Wörter. Benutze dazu das Arbeitsblatt oder notiere auf einem gesonderten Blatt. Die Buchstaben in den gelb unterlegten Kästchen ergeben von oben nach unten gelesen das Lösungswort. Es ist die Bezeichnung für eine Einrichtung im Betrieb, die die Interessen der Arbeitnehmer vertritt.

> AR – AR – AR - BE – BE – BER – BEIT – BEIT – BEITS – EIN – EX – GE – GE – GE – GEND –
> GEND – JU – JU – KAUF – KREIS – LAUF – MEN – MER – MIT – MUNG – NA – NEH – NEH –
> ON – PORT – SETZ – SCHAF – SCHAFTS – SCHUTZ – STIM – TEN – TER – TI – TRE –
> TUNG – UN – VER – WERB – WERK – WETT – WIRT

1 Der ☐☐☐☐☐☐☐☐☐ zahlt Lohn für eine Arbeitsleistung.

2 Von ☐☐☐☐☐☐☐☐☐☐☐ werden Waren produziert und Dienstleistungen bereitgestellt.

3 Das ☐☐☐☐☐☐☐☐☐☐☐☐☐☐☐☐☐☐ soll Jugendliche in der Arbeitswelt schützen.

4 Der ☐☐☐☐☐☐☐☐☐☐ zwingt die Unternehmen, kostengünstig zu produzieren.

5 Eine ☐☐☐☐☐☐☐☐☐ ist ein Land, das viele Waren an das Ausland verkauft.

6 Die ☐☐☐☐☐☐☐☐☐☐☐ ist ein wichtiges Recht des Betriebsrates.

7 Der ☐☐☐☐☐☐☐☐☐☐☐ erhält für seine Arbeitsleistung Lohn.

8 Die ☐☐☐☐☐☐☐☐☐☐☐ sind einer der beiden Tarifpartner.

9 Die ☐☐☐☐☐☐☐☐☐☐☐ vertritt die Interessen der jugendlichen Arbeitnehmer im Betrieb.

10 Der ☐☐☐☐☐☐ ist eine der vier Abteilungen, die jeder Betrieb hat.

11 Der ☐☐☐☐☐☐☐☐☐☐☐☐☐☐ ist eine grafische Darstellung der Wirtschaftsbeziehungen in einer Volkswirtschaft.

(Jürgen Tomicek)

Warnung mit durchschlagendem Erfolg

Was will der Zeichner mit seiner Karikatur ausdrücken?

Friedenssicherung

Jeder möchte gerne in Frieden leben. Aber dennoch gibt es immer wieder Streit – in der Klasse, in der Familie, zwischen Nachbarn. Auch zwischen Staaten kann es zu Konflikten kommen, die dann oft mit militärischer Gewalt ausgetragen werden. Internationale Konflikte erfordern eine weltweite Zusammenarbeit, wenn Frieden und Sicherheit für möglichst viele Menschen erreicht werden sollen.

Auf den folgenden Seiten geht es darum, wie in der Welt versucht wird, Kriege zu vermeiden und den Frieden zu sichern. Dabei erhältst du zum Beispiel Antworten auf diese Fragen:

- Wie kann durch internationale Zusammenarbeit der Frieden sicherer gemacht werden?

- Was hat zur Gründung der Vereinten Nationen geführt? Welche Möglichkeiten hat diese Organisation, Konflikte zwischen Staaten zu verhindern oder zu beenden?

- Welchen Auftrag hat die Bundeswehr? Wie ist das mit der Wehrpflicht? Was versteht man unter Zivildienst?

- Warum werden deutsche Soldaten im Ausland eingesetzt? Welchem Bündnis gehört die Bundesrepublik Deutschland an?

- Welche Gefahren bedrohen die Sicherheit in der Welt? Was will der internationale Terrorismus erreichen?

Kriege

Eine Journalistin hat einen Konfliktforscher zum Thema „Kriege und Konfliktursachen" interviewt. Während des Interviews notiert sie diese Stichwörter auf ihrem Notizblock.

- „Krieg" → zwischen Staaten
- Höhepunkt der Kriegshäufigkeit 1992 mit 52 Kriegen
- überwältigende Mehrheit aller Kriege außerhalb der Industriestaaten
- nur ein Viertel waren zwischenstaatliche Kriege
- die meisten Kriege in Afrika (44%)
- organisierte Massenkonflikte, die mit Waffen ausgetragen werden
- Auflösung Sowjetunion und Jugoslawien → mehr gewaltsame Konflikte
- „Krieg" → Kämpfe innerhalb eines Staates
- 28% aller Kriege bisher fanden in Asien statt
- 40% aller Kriege innerstaatliche Anti-Regime-Kriege
- seit Ende des 2. Weltkrieges bisher nur 26 Tage ohne Krieg
- Vorderer und Mittlerer Orient: 19% aller Kriege
- ein Drittel aller Kriege Unabhängigkeitskriege
- Anteil Lateinamerika (6%) und Europa (3%) statistisch geringfügig
- Kämpfe vor allem zwischen Regierungstruppen und bewaffneten Gruppen
- seit Ende des Ost-West-Konflikts mehr Kriege als vorher

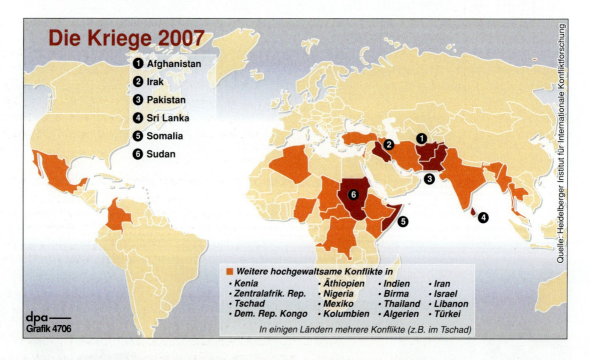

1 Die Stichwortnotizen sind ungeordnet. Ordne sie den folgenden drei Fragen zu:
– Was kann man alles unter einem „Krieg" verstehen?
– Wie hat sich die Anzahl der Kriege entwickelt?
– Wo auf der Erde werden viele Kriege geführt?

2 Kriege 2007: Was fällt dir an der Karte besonders auf?

3 Kriege in der Dritten Welt: Was sagt der Text auf Seite 49 dazu? Notiere stichwortartig.

Bürgerkrieg in Burundi 2003

Ein im Südsudan verhungertes Flüchtlingskind wird begraben

Ohne Frieden keine Entwicklung – ohne Entwicklung kein Frieden

Frieden und Entwicklung bedingen sich gegenseitig. Nur wo Frieden herrscht, können Menschen ihre Lebensbedingungen verbessern, verspricht der Kampf gegen Armut Erfolg. Entwicklungspolitik ist daher auch Friedenspolitik. Sie verringert Armut und Ungleichheit – wichtige Auslöser vieler kriegerischer Auseinandersetzungen.

Kriege und bewaffnete Konflikte machen Entwicklungserfolge zunichte, werfen Länder um Jahrzehnte zurück und verursachen unsägliches Leid. Schon allein ein Klima der Gewalt verhindert, dass die Menschen ihre Lebenssituation verbessern können. „Frieden" bedeutet also nicht nur die Abwesenheit von Krieg. (…)

Gerade in armen Regionen herrschen oftmals Instabilität und Gewalt, gibt es Diktaturen, versagen Regierungen oder zerfallen Staaten. Die meisten der rund 200 Kriege seit 1945 haben in Entwicklungsländern stattgefunden, zwölf der weltweit 35 kriegerischen Konflikte im Jahr 2003 allein in Afrika. Über 20 Millionen Menschen sind auf der Flucht vor Krieg und Verfolgung – ebenfalls überwiegend in den armen Ländern. Häufig schwelen dort Kriege „auf kleiner Flamme" als Bürgerkriege und gewaltsame innerstaatliche Konflikte. (…)

Der akute Anlass für einen Krieg spiegelt nicht unbedingt die wahren Ursachen wider. Hinter religiös oder ethnisch motivierten Kriegen stehen zum Beispiel oft wirtschaftliche oder soziale Interessen. Entwicklungspolitik trägt zum friedlichen Interessenausgleich bei. (…)

Das wachsende soziale Gefälle zwischen Nord und Süd, aber auch innerhalb vieler Gesellschaften des Südens birgt Zündstoff. In den letzten 30 Jahren fiel der Anteil des ärmsten Fünftels der Weltbevölkerung am globalen Einkommen von 2,3 auf 1,4 Prozent; der Anteil des reichsten Fünftels stieg von 70 auf 85 Prozent. (…)

Menschen konkurrieren um Land, Rohstoffe oder Trinkwasser. Umweltzerstörung und Ressourcenknappheit können bereits vorhandenes Konfliktpotenzial verstärken. (…)

Defizite bei Menschenrechten, Demokratie, Rechtsstaatlichkeit und „Good Governance" gefährden den inneren Frieden und die Stabilität eines Staates. Das gilt auch, wenn Minderheiten benachteiligt oder verfolgt werden oder Presse- und Meinungsfreiheit unterdrückt wird. (…)

Der leichte Zugang zu Waffen und Rüstungsgütern fördert gewaltsame Konflikte. Für Rüstung wurden weltweit im Jahr 2002 rund 794 Milliarden US-Dollar ausgegeben, für Entwicklungszusammenarbeit dagegen nur etwa 53 Milliarden US-Dollar – obwohl sie manchen Krieg wirksamer verhindern könnte als riesige Waffenarsenale.

(aus: Wirtschaft – Soziales – Entwicklung, hrsg. vom BMZ, 2004, S. 29 f.)

„Neue Kriege"

Rebellen im Sudan auf einem Pick-up

Kindersoldaten in Asien

Seit dem Ende der 1990er-Jahre werden innerstaatliche Konflikte zunehmend als „neue Kriege" bezeichnet. Damit soll deutlich gemacht werden, dass ein grundsätzlicher Wandel des Krieges stattgefunden hat. Eine neue Form bewaffneter Konflikte habe sich herausgebildet. Die „neuen" Kriege sind durch die Privatisierung der Gewaltmittel gekennzeichnet. „Neue Kriege" werden primär aufgrund wirtschaftlicher Ziele begonnen; das Handeln der Akteure wird nicht durch eine Ideologie angeleitet. Charakteristisch für „neue Kriege" ist die Figur des Kriegsfürsten bzw. Gewaltunternehmers (Warlord), der sich als lokaler Herrscher etabliert, um daraus ökonomischen Vorteil zu ziehen.

Solche Konflikte sind „asymmetrisch": Zwischen den Kriegsparteien herrscht ein großes Ungleichgewicht der Kräfte. Sie werden von irregulären Kräften geführt, Gewalt richtet sich vorrangig gegen Zivilisten, und Kämpfer der verschiedenen Seiten kooperieren nicht selten zum gegenseitigen Nutzen miteinander. Auf diese Weise verwischt die Grenze zwischen Krieg und Frieden (…). Dazu gehört auch, dass „neue Kriege" nicht offiziell erklärt und auch nicht auf dem Schlachtfeld entschieden werden. (…)

Ein wichtiger Unterschied gegenüber früheren Konflikten besteht darin, wie sich Rebellengruppen mittlerweile finanzieren. Konnten sie während des Ost-West-Konflikts noch darauf hoffen, durch einen der beiden Blöcke Unterstützung für ihren Kampf zu erhalten, sind sie heute darauf angewiesen, die Mittel zur Fortsetzung ihres Kampfes selbst zu erwirtschaften. Sie tun das zumeist durch Handel mit Konfliktgütern: Diamanten, Drogen, Öl, Edelhölzern, Mineralien, etc. Der liberianische Warlord Charles Taylor nahm beispielsweise zwischen 1990 und 1994 jährlich rund 450 Millionen US-$ aus dem Verkauf von Diamanten und anderen Rohstoffen ein. Die liberianische Regierung hatte in diesem Zeitraum ein Jahresbudget von nur rund 20 Millionen US-$.

In vielen Kriegen sind auch staatliche Akteure an derartigen Praktiken beteiligt. Unter Umständen können so mehr oder weniger alle Konfliktparteien ein ökonomisches Interesse an der Fortsetzung des Konfliktes entwickeln, sodass sich dieser verstetigt. Ein Beispiel für eine derartige Institutionalisierung des Krieges war lange Zeit Angola: Während die Zentralregierung und der Generalstab der regulären Streitkräfte von der staatlichen Ölförderung profitierten, kontrollierten die UNITA-Rebellen die Diamantenfelder. Das Resultat war, dass beide Seiten sich darauf beschränkten, ihre Stellungen zu verteidigen und keinen Versuch unternahmen, den Krieg zu einem Ende zu bringen.

Die „neuen Kriege" sind nicht zuletzt durch einen Wandel der militärischen Taktik gekennzeichnet: Anstelle offener Feldschlachten verwenden die Kriegsparteien Techniken des Guerilla- oder Partisanenkampfes. Ein Mittel dieser „asymmetrischen Kriegsführung" ist Terrorismus. Dabei handelt es sich meist um Gewalt gegen ausgewählte militärische und infrastrukturelle Ziele oder gegen Zivilisten zum Zweck der Einschüchterung der Bevölkerung und der Beeinflussung der Politik der Gegenpartei. (…)

International herrscht die Befürchtung, dass politisch schwer kontrollierbare Konfliktgebiete zu Rückzugsgebieten und Aktionsräumen transnational agierender Terroristengruppen werden können. Ein anschauliches Beispiel hierfür war Afghanistan (bis 2001), wo Al Qaida unter dem Schutz der Taliban Ausbildungslager unterhielt und starken Einfluss auf die innere Entwicklung des Landes gewinnen konnte. Heute sind transnationale Terroristengruppen vor allem im Irak aktiv. Auch von Somalia und Sudan wird vermutet, dass dort Führern und Kämpfern islamistischer Terrornetzwerke Unterschlupf gewährt wird. Das Ziel, derartige Rückzugsräume („sichere Häfen") auszutrocknen, veranlasst viele Staaten dazu, bereitwilliger in innerstaatliche Konflikte zu intervenieren. Das bewies zuletzt Äthiopien, als es mit seinen Truppen in Somalia einmarschierte, um die Milizen der Scharia-Gerichte zu vertreiben – und damit die Übergangsregierung zu stabilisieren.

(Daniel Limbach: Das veränderte Gesicht innerstaatlicher Konflikte: „Neue Kriege", Gewaltökonomien und Terrorismus, 15. 2. 2007. http://www.bpb.de/themen/GMQLOX.html 18. 07. 2007)

„Neue Kriege" erobern das 21. Jahrhundert

Alte Kriege sind ein Auslaufmodell: Heute schicken Warlords Kindersoldaten in den Krieg, kaufen billig Waffen und fangen Hilfslieferungen ab. Herfried Münkler spricht im Interview über die Auswirkungen der neuen Kriege. (…)

Rafael Bujotzek: Wie kommen die Kriegsführer zu ihren Waffen? Sind das hauptsächlich Restbestände des Kalten Krieges?

Herfried Münkler: Es gibt überall noch ein paar veraltete Panzer oder Jagdflugzeuge, aber wichtiger ist die Unverwüstlichkeit der Erfindung des genialen Konstrukteurs Michael Kalaschnikow: Die Maschinenpistole geht auch aus den Beständen der 50er Jahre nicht kaputt und ist sehr billig. Wenn man für 50 Dollar eine Kalaschnikow auf den Märkten bekommen kann, heißt das für Warlords, dass sie relativ billig Truppen aufstellen können.

Aus welchen Altersgruppen oder gesellschaftlichen Gruppen kommen die Söldner?

Das ist von Land zu Land verschieden. Man weiß aber, dass in einer Reihe von Konflikten, zum Beispiel in Uganda, häufig Kinder rekrutiert werden, die sehr billig sind und die man leicht ersetzen kann, wenn sie zu Tode kommen.

Wie sieht es mit den internationalen Hilfslieferungen aus? Werden die abgefangen?

Ja, die internationalen Hilfslieferungen sind ein wirklich großes Problem, weil solche Kriege einerseits Flüchtlingslager, Hunger, Krankheit und Tod mit sich bringen, was die Weltgemeinschaft – zumindest die Menschen, die ein Herz im Leibe haben – zu Spenden und Hilfslieferungen nötigt. Andererseits organisieren die örtlichen Bürgerkriegsparteien entweder die Verteilung im Lager oder sie errichten vorher Kontrollpunkte, an denen sie die Kolonnen „besteuern". So bekommen die Warlords kostenlos Nahrung und Medikamente geliefert. Oder wenn man es zuspitzen will: Unsere Barmherzigkeit und unser schlechtes Gewissen wird eine Ressource der Kriegsausweitung und Verlängerung.

Wie wirkt bei dieser Sache das mediale Interesse?

Es ist ein zusätzliches Merkmal der neuen Kriege, dass Bilder und Nachrichten ein Bestandteil der Kriegsführung geworden sind. Man kann nicht ausschließen, dass ein Warlord, der Logistikprobleme hat, nachrichtenhungrige Journalisten und Kamerateams einlädt und ihnen Elend zeigt, um auf diese Weise Versorgungsströme in Gang zu setzen und so seine Handlungsfähigkeit zu vergrößern. Dann entstehen Bilder von Frauen und Kindern mit aufgeblähten Bäuchen, Hungerödemen und derlei mehr, die gewissermaßen ein Stimuli bei der Erzeugung von Hilfsbereitschaft und Spendenströmen geworden sind.

Wie sind die Aussichten? Werden wir in Zukunft mehr mit diesen Konflikten zu tun haben?

Also ich denke, dass der klassische zwischenstaatliche Krieg ein historisches Auslaufmodell ist. Die neuen, diffusen Kriege, in denen sich Bürgerkrieg und zwischenstaatlicher Krieg vermischen, in denen private Akteure – im übrigen nicht nur Warlords, sondern auch private militärische Dienstleistungsanbieter – eine zentrale Rolle spielen, die werden wohl in der ersten Hälfte des 21. Jahrhunderts das Erscheinungsbild des Krieges in hohem Maße bestimmen.

(Auszug aus einem Interview mit Dr. Herfried Münkler, Professor für Theorie der Politik an der Humbold Universität in Berlin und Autor des Buches „Neue Kriege". Die Fragen stellte Rafael Bujotzek. http://www.dw-world.de 18. 07. 2007 / © Deutsche Welle)

 Was kennzeichnet „neue Kriege"? Werte die Texte nach diesen Gesichtspunkten aus: Beteiligte, Finanzierung, Waffen, Ursachen, Konfliktgebiete.
 Worin liegt der entscheidende Unterschied zwischen früheren und den „neuen" Kriegen?
3. Berichterstattung in den Medien – internationale Hilfslieferungen – „neue Kriege": Wo liegen die Probleme?

Methode: Kartenabfrage

Thema: Verletzung der Menschenrechte ....

Mit der Methode der Kartenabfrage kann die Vielfalt der Meinungen, Eindrücke, Empfindungen in einer Klasse zusammengefasst, geordnet und dargestellt werden.

Vorbereitung: Jede Schülerin, jeder Schüler erhält die gleiche Anzahl Kärtchen und einen dicken Filzstift. Jede Gruppe benötigt zur Präsentation ihrer Ergebnisse einen Klebestift und ein Leerplakat.

Durchführung: Zuerst notiert jede Schülerin und jeder Schüler in Stichworten das auf die Kärtchen, was ihr bzw. ihm zum Thema einfällt. Danach beginnt die Gruppenarbeit. In der Gruppe werden die Aussagen bzw. Stichworte auf den Kärtchen vorgestellt, wobei Verständnisfragen, nicht jedoch Bewertungen zulässig sind. Anschließend ordnet die Gruppe die verschiedenen Stichworte nach Gemeinsamkeiten, klebt die geordneten Kärtchen entsprechend auf das Leerplakat und versucht, die gewählte Gliederung durch Oberbegriffe, Symbole, Pfeile, farbliche Gestaltung usw. zu visualisieren.

Auswertung: Die Gruppenergebnisse werden der Klasse vorgestellt. Dazu erläutert jeweils ein Schüler, wie die Gruppe beim Ordnen der Kärtchen vorgegangen ist und welche Überlegungen bei der Gestaltung des Plakates ausschlaggebend waren.

Präambel der Allgemeinen Erklärung der Menschenrechte der Vereinten Nationen vom 10. Dezember 1948

Da die Anerkennung der allen Mitgliedern der menschlichen Familie innewohnenden Würde und ihrer gleichen und unveräußerlichen Rechte die Grundlage der Freiheit, der Gerechtigkeit und des Friedens in der Welt bildet, da Verkennung und Missachtung der Menschenrechte zu Akten der Barbarei führten ... proklamiert die Generalversammlung diese Allgemeine Erklärung der Menschenrechte als das von allen Völkern und Nationen zu erreichende gemeinsame Ideal ...

Weltweite Konflikte **53**

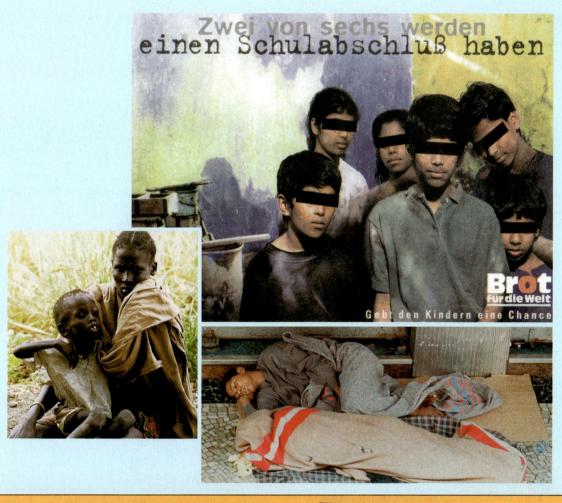

Meldungen in deutschen Tageszeitungen

Steinbruch statt Schule
Millionen Kinder in aller Welt werden als billige Arbeitskräfte ausgebeutet. Gesetzliche Verbote werden missachtet, auch deshalb, weil viele Familien ohne den Verdienst der Kinder nicht überleben könnten.

Tatort Wohnzimmer
Studie belegt hohes Maß von Gewalt gegen Frauen in Deutschland. Jede zweite Türkin beklagt Misshandlungen.

Neuer Haftbefehl
Der türkischen Menschenrechtlerin Eren Keskin soll der Prozess wegen Beleidigung des Militärs gemacht werden.

Menschenrechte in Fesseln
Die Zahl der Exekutionen und die Zensur haben in China deutlich zugenommen.

Polizeiverhöre mit tödlichem Ausgang
In Russland werden Festgenommene auf Polizeistationen systematisch gefoltert und misshandelt. Oft sind Jugendliche, Obdachlose und Kaukasier betroffen. Kommen die Fälle überhaupt vor Gericht, können die Beamten auf Nachsicht hoffen.

UN-Report dokumentiert brutale Massaker
Regierungstruppen und Rebellen in Elfenbeinküste wegen „Verbrechen gegen die Menschlichkeit" am Pranger.

(aus: Politik & Unterricht 2-2005 / Zeitschrift für die Praxis der politischen Bildung. Menschenrechte. Rechte für dich – Rechte für alle! Hg.: Landeszentrale für politische Bildung Baden-Württemberg, S. 30)

 Führt nach Betrachten der Materialien auf dieser Doppelseite die Kartenabfrage zum Thema „Verletzung der Menschenrechte" durch.

Terrorismus

Definitions-Dilemma

Was ist Terrorismus? Selbst die Vereinten Nationen konnten sich bisher auf keine gemeinsame Definition des Begriffs einigen. Vor allem einige arabische Staaten wollen „Terroristen" von „Freiheitskämpfern" unterscheiden, die sich gegen eine fremde Besatzungsmacht zur Wehr setzen – aus ihrer Sicht gilt dies insbesondere im Nahost-Konflikt beim Kampf der Palästinenser gegen Israel. „Der in diesem Zusammenhang oft zitierte Satz ‚Des einen Terrorist ist des anderen Freiheitskämpfer' umreißt dieses Problem und wirft zugleich eine ethische Frage auf, an deren Antwort sich die Geister scheiden: Rechtfertigt der Einsatz für eine als gerecht empfundene Sache, zu entsetzlichen Mitteln zu greifen?"

(Jan Olsmann: Definitions-Dilemma: Was ist Terrorismus? www.tagesschau.de, 18. 06. 2004)

„Allgemein schätzen sich Terroristen anders ein, als die Bevölkerung und Gesellschaft das tun. Terroristen halten sich grundsätzlich für Freiheitskämpfer oder Kämpfer für die Rechte der Unterdrückten. Diese Sichtweise ist generell abzulehnen."

(Kai Hirschmann: Internationaler Terrorismus als sicherheitspolitische Herausforderung, in: Woyke/Rinke (Hg.): Frieden und Sicherheit im 21. Jahrhundert. Eine Einführung. Opladen 1994, S. 84)

Zwei Erklärungsversuche

„Terrorismus ist „die Anwendung von Gewalt oder die Androhung von Gewalt, beabsichtigt, um Panik in einer Gesellschaft zu säen, die Regierenden zu schwächen oder zu stürzen oder einen politischen Wechsel herbeizuführen."

(Walter Laqueur, seit 1971 am Center for Strategic and International Studies in Washington tätig; zit. nach Kai Hirschmann: Internationaler Terrorismus, in: Reader Sicherheitspolitik 2002.www.reader-sipo.de)

„Terroristen versuchen, selbstdefinierte höhere Ziele mit Gewalt durchzusetzen. Die Taten sind systematisch geplant und sie werden – als privatisierte Form der Gewalt – von außerstaatlichen Gruppen begangen. Diese sind gemessen an der Stärke des Staates schwach, sodass sie keine offene Konfrontation mit ihm suchen können. Terroristische Gewalt ist eine Provokation der Macht: Sie soll den Staat zu einer Überreaktion verleiten. Sie kommt unerwartet und richtet sich gegen Unbeteiligte. Nicht so sehr ein Anschlag selbst, sondern seine vermeintliche Willkür und Brutalität erzeugen ein Klima der Furcht. ‚Es kann jeden von euch jederzeit und überall treffen', lautet die Botschaft der Terroristen."

(Jan Olsmann: Transformation des Terrors. www.tagesschau.de, 18. 06. 2004)

New York und Washington, 11. September 2001
+++ fast 3.000 Tote +++ Al-Qaida-Terroristen steuern entführte Passagierflugzeuge auf die beiden Türme des World Trade Centers in New York und das Pentagon in Washington. Eine vierte Maschine stürzt in Pennsylvania ab. +++

Djerba, 11. April 2002
+++ 21 Tote +++ Anschlag auf eine Synagoge auf der tunesischen Ferieninsel Djerba. Die Opfer sind vor allem Touristen, darunter 14 Deutsche. +++

Bali, 12. Oktober 2002
+++ 202 Tote +++ Bombenanschlag auf einen Nachtclub, der vor allem von Australiern besucht wird. +++

Casablanca, 16. Mai 2003
+++ 32 Tote +++ Anschläge auf westliche und jüdische Einrichtungen in der marokkanischen Hafenstadt. +++

Riad, 12. Mai und 8. November 2003
+++ 53 Tote +++ Anschläge auf Ausländerwohnbereiche in der Hauptstadt von Saudi-Arabien. +++

Istanbul, 15. und 20. November 2003
+++ 57 Tote +++ Ziele der Selbstmordattentäter sind jüdische Synagogen und britische Einrichtungen. +++

Madrid, 11. März 2004
+++ ca. 200 Tote +++ Anschläge auf mehrere Nahverkehrszüge +++

Beslan, 1. bis 3. September 2004
+++ Fast 400 Menschen sterben +++ Mehr als 1.300 Kinder und Erwachsene werden von vermutlich tschetschenischen Terroristen in einer Schule im Kaukasus als Geiseln gehalten. +++

(aus: Frieden & Sicherheit. Ein Heft für die Schule 2005, S. 7. Hg.: Arbeitsgemeinschaft Jugend und Bildung e. V., Berlin. Universum Verlag, Wiesbaden)

> Ein weiterer schwerer Terroranschlag wurde am 7. Juli 2005 in der britischen Hauptstadt London verübt – siehe Foto Seite 55.

Nach dem blutigen Ende der Geiselnahme in Beslan trägt ein Vater seine gerettete Tochter in die Freiheit

Weltweite Konflikte

Attentat auf das World Trade Center in New York, 11. 09. 2001

Potenzieller Selbstmordattentäter

Terrorismus begegnet uns heute häufig als religiös motivierter, derzeit zumeist islamistischer Terror. In den Augen islamistischer Fundamentalistenchefs sind die USA der „Hort des Satans", die westlichen Staaten die Lakaien einer Großmacht, die ihren schädlichen Einfluss auf die ganze Welt ausdehnen möchte, und die islamischen Staaten das Bollwerk Allahs. Bei vielen jungen, in materiell und sozial schwierigen Verhältnissen lebenden Menschen in der arabischen Welt zündet eine solche Argumentation: Sie fühlen sich durch die politische und wirtschaftliche Macht des Westens gedemütigt. Gleichzeitig empfinden sie die westliche Kultur als moralisch verwerflich. Diese Stimmung nutzen die terroristischen Führer für ihre Zwecke. „Die ganze jüngere Geschichte der Araber ist eine Folge von Demütigungen, an deren Anfang der Schock der Kolonialisierung stand und die heute im israelisch-palästinensischen Konflikt ihren Höhepunkt erreicht hat. Die Araber sehen sich wie die Palästinenser als ewige Opfer. Armut, Unterdrückung, Ungerechtigkeit, Analphabetentum sind der Nährboden für religiösen Extremismus."

(aus einem Interview mit dem marokkanischen Schriftsteller Tahar Ben Jelloun, in: Der Spiegel, Nr. 13/2004, S. 187)

Im Gegensatz zu stereotypen Terrorgruppen der Vergangenheit sind heutige Terroristen zumeist Teil verschwommener Organisationen, die nicht hierarchisch organisiert sind. Das gilt vor allem für den islamistischen Terrorismus. Während bei klassischen politisch motivierten Terrorgruppen wie etwa der irischen IRA, der baskischen ETA oder der PLO die von ihnen ausgehende Gefahr räumlich eng begrenzt war und Operationsgebiete somit voraussehbar waren, arbeiten islamistische Terrorgruppen international. Und während eine jede „klassische" Terrorgruppe traditionelle Taktiken hatte (etwa Kidnapping, Flugzeugentführungen oder Erpressungen), nutzen islamistische Terrorgruppen alle Waffen und Taktiken gemeinsam.

(aus: Udo Ulfkotte: Internationaler islamistischer Terrorismus; in: Informationen zur politischen Bildung Nr. 274/2002, S. 57. Hg.: Bundeszentrale für politische Bildung, Bonn)

Bei von islamistischen Selbstmordattentätern verübten Anschlägen auf die Londoner U-Bahn und einen öffentlichen Bus sterben am 7. Juli 2005 über 50 Menschen.

1. Warum gibt es bei dem Versuch, Terrorismus zu definieren, ein Dilemma?
2. Motive, Ziele, Vorgehensweise: Werte unter diesen Gesichtspunkten die Texte aus.
3. Verfolge in den Medien die Berichterstattung über Terrorismus und terroristische Anschläge.

Methode: Analyse eines Konfliktes

- Kämpfe im Gaza-Streifen
- Handelskonflikt zwischen den USA und der EU
- Einsatz von Bundeswehr-Tornados in Afghanistan umstritten
- USA und Russland wegen Raketenabwehr zerstritten
- Nordkorea bleibt im Atomstreit hart
- Gefechte im Sudan weiten sich aus
- Droht ein Bürgerkrieg in der Ukraine?

Unter einem Konflikt versteht man eine Auseinandersetzung zwischen einzelnen Personen oder Gruppen. Bei den Gruppen kann es sich zum Beispiel um Cliquen, Vereine, Parteien, Volksgruppen oder auch Staaten handeln.

Der Kern jedes Konfliktes ist das Ringen um die Lösung einer Streitfrage. Diese Lösung kann auf friedlichem Weg durch eine Verständigung zwischen den Konfliktparteien oder durch die Vermittlung Außenstehender erreicht werden. Politische Konflikte, z. B. innerhalb eines Staates oder zwischen Staaten, werden oft durch Gewaltanwendung ausgetragen.

Bei der Konfliktanalyse geht es darum, ein möglichst klares Bild über Ursachen, Verlauf und Struktur eines Konfliktes zu erhalten. Dies ist die Grundlage für eine begründete eigene Stellungnahme. Die Vorgehensweise bei der Konfliktanalyse ist prinzipiell gleich, egal ob sich einzelne Personen oder Staaten streiten. Da über politische Konflikte viel in den Medien berichtet wird, ist es für Schulklassen eher möglich, solche Konflikte zu analysieren.

Vorbereitung

Zunächst müssen möglichst viele Informationen über den Konflikt gesammelt werden. Bei einem internationalen politischen Konflikt bieten sich diese Informationsquellen an:
- Auswertung der Berichterstattung in den Medien
- Recherchen im Internet und in Bibliotheken
- Auskünfte von Organisationen (z. B. amnesty international) oder Fachleuten (z. B. Jugendoffizier der Bundeswehr, Entwicklungshelfer, Abgeordneter)

Durchführung

Das gesammelte Informationsmaterial wird – am besten in Gruppenarbeit – nach diesen Fragestellungen ausgewertet:
1. Welche Ursachen, welche Vorgeschichte hat der Konflikt?
2. Um welche Streitfrage bzw. Streitfragen geht es?
3. Wer sind die Gegner in dem Konflikt?
4. Welche Interessen vertreten die gegnerischen Gruppen jeweils?
5. Welche Machtmittel werden zur Durchsetzung der jeweiligen Interessen eingesetzt?
6. Welche Vorstellungen zur Lösung des Konfliktes haben die gegnerischen Gruppen?

Auswertung

Die Gruppen stellen vor, was sie bei der Auswertung ihrer Materialien erarbeitet haben und vergleichen ihre Ergebnisse mit denen der anderen. Dann werden die Gesamtergebnisse der Konfliktanalyse gemeinsam übersichtlich dargestellt, am besten in einer Wandzeitung. Vor diesem Hintergrund erarbeitet dann jede Schülerin, jeder Schüler die eigene Stellungnahme. Dabei können diese Fragen helfen:
- Was ist meine Überzeugung? Warum habe ich diese Überzeugung?
- Werden meine Interessen von diesem Konflikt berührt?
- Welchen Lösungsvorschlag bevorzuge ich? Aus welchem Grund?
- Kann ich möglicherweise selbst aktiv werden, z. B. an Aktionen teilnehmen?

1. Einigt euch in der Klasse, welchen politischen Konflikt ihr untersuchen wollt.
2. Führt die Konfliktanalyse wie beschrieben durch.

Das Wichtige in Kürze

Kriege

Die häufigsten Ursachen für Konflikte sind politische, gesellschaftliche und religiöse Unterschiede, Gebietsstreitigkeiten, wirtschaftliche Interessen, soziale Ungerechtigkeiten und Unterdrückung. Solche Konflikte werden auf der Welt immer wieder gewaltsam ausgetragen. Kriegerische Auseinandersetzungen kann es zwischen Staaten, aber auch innerhalb eines Staates, z. B. zwischen der Regierung und bewaffneten Gruppen, geben. Beide Arten von organisierten, mit Waffen ausgetragenen Massenkonflikten bezeichnet man als Krieg. Seit dem Ende des Zweiten Weltkrieges hat weltweit die Zahl der Kriege zugenommen. Drei Viertel davon waren innerstaatliche Kriege. Die meisten Kriege fanden in Afrika statt.

„Neue Kriege"

Im Vergleich zu den früheren Kriegen hat sich in den letzten Jahren eine andere Form der innerstaatlichen Konfliktaustragung entwickelt. Bei diesen „neuen Kriegen" spielen private Kriegsherren eine zentrale Rolle. Sie nutzen die Schwäche des Staates aus, um bestimmte Gebiete in ihre Gewalt zu bekommen. Dort terrorisieren sie die Zivilbevölkerung und beuten die Bodenschätze zu ihrem Vorteil aus. Sie setzen Kindersoldaten ein, vermeiden die offene Auseinandersetzung mit der Armee und verüben Anschläge aus dem Hinterhalt. Daher spricht man von einer „asymmetrischen" Kriegsführung.

Kindersoldat in Sierra Leone (Afrika)

Kindersoldaten

Trotz des Verbotes durch die Vereinten Nationen gibt es noch immer Kindersoldaten. Vor allem in Bürgerkriegen werden Kinder und Jugendliche dazu missbraucht, als Soldaten zu kämpfen und zu töten. Für ihre Kriegsherren sind Kinder billige und leicht beeinflussbare Kämpfer, die sie jederzeit einsetzen können und die leicht zu ersetzen sind, wenn sie zu Tode kommen.

Menschenrechtsverletzungen

Die Wirklichkeit zeigt, dass in vielen Staaten die Menschenrechte missachtet werden. Politisch Andersdenkende werden in Diktaturen verfolgt, gefoltert und eingekerkert. Millionen von Menschen werden durch Vertreibung, Hunger, Armut oder mangelnde Bildung in ihren Menschenrechten verletzt. Internationale Organisationen machen auf Menschenrechtsverletzungen aufmerksam.

Terrorismus

Bei Terroristen handelt es sich um extremistische Gruppen oder Einzelpersonen, die aus politischen bzw. religiösen Gründen Gewalt vor allem gegen unbeteiligte Zivilpersonen anwenden. Sie wollen damit Angst und Schrecken verbreiten und so dem Staat, den sie bekämpfen, Schaden zufügen. Islamistische Terroristen verüben Selbstmordattentate wie z. B. den Anschlag auf das World Trade Center in New York im Jahr 2001, weil sie die westliche Lebensweise hassen und die USA in ihren Augen der „Hort des Satans" ist.

Vereinte Nationen: Entstehung und Völkerrecht

Emblem der Vereinten Nationen

Am Beginn der Vereinten Nationen stand die Idee, durch einen Zusammenschluss gleichberechtigter Staaten die Menschheit von der Geißel des Krieges zu befreien. Zunächst allerdings war mit dem Etikett „Vereinte Nationen" eine Kriegsallianz versehen. Ein Bündnis von 26 Staaten, die sich im Krieg gegen Hitler-Deutschland und seine Verbündeten befanden, bezeichneten sich seit Anfang 1942 als „Vereinte Nationen".

Das Entstehen der Vereinten Nationen ist nicht denkbar ohne die Erfahrung zweier Weltkriege. Die Vorgängerorganisation, der Völkerbund, wurde 1919 gegründet und war die erste Organisation zur Sicherung des Weltfriedens. Allerdings hatte der Völkerbund den Geburtsfehler, dass ihm die USA nicht beitraten und daher keine Rolle als Garant für die kollektive Sicherheit spielten. Im Zweiten Weltkrieg entschlossen sich die USA unter der Führung von Präsident Franklin D. Roosevelt, zur Durchsetzung einer internationalen Friedensordnung beizutragen. Die Großmächte USA, Großbritannien, China und die Sowjetunion bereiteten die Gründung der Vereinten Nationen vor.

Am 26. Juni 1945 unterzeichneten 50 Gründungsmitglieder in San Francisco die Charta der Vereinten Nationen. Diese Charta ist sozusagen das Grundgesetz der Weltorganisation. Ihr erster Artikel legt den Zweck der Staatengemeinschaft fest: die Sicherung des Weltfriedens durch Vermittlung und schiedsgerichtliche Entscheidung, Schutz der Menschenrechte und die Besserung des allgemeinen Lebensstandards in der Welt. In Kraft trat die Charta am 24. Oktober 1945. Als völkerrechtlicher Vertrag bindet sie alle Mitglieder aufgrund der Bestimmungen des Völkerrechts.

Schlanker, schneller, preiswerter

Der neue UN-Chef Ban Ki-Moon versucht, die Weltorganisation wieder auf Vordermann zu bringen

(…) Da der UN-Generalsekretär keine formale Macht besitzt, muss auch Ban versuchen, für seine politischen Ziele geschickt bei den 192 meist zerstrittenen UN-Mitgliedern zu werben. Er kann, so formuliert es der Oxford-Professor Adam Roberts, zum „Gewissen der Welt" werden. Vorgänger Kofi Annan kam diesem Ideal nahe – und erhielt 2001 den Friedensnobelpreis.

Doch hinterlässt der abtretende UN-Chef seinem Nachfolger ein schweres Erbe. Vor allem der Umbau der UN bleibt Stückwerk (…). Zunächst muss der bescheiden wirkende Ban das zerrüttete Verhältnis der UN zu den USA kitten. Denn die Weltorganisation braucht die einzige Weltmacht, will sie dauerhaft erfolgreich sein. Seit der Irakinvasion stehen sich die globale Institution und ihr mächtigs-

UN-Generalsekretär Ban Ki-Moon

tes Mitglied misstrauisch gegenüber. Wiederholt drohte Washington, den klammen UN die Gelder zu sperren. Immerhin bestreiten die USA fast ein Viertel des UN-Budgets.

Diplomaten trauen Ban zu, die Partnerschaft zwischen den USA und den UN wiederzubeleben. Der Südkoreaner gilt als proamerikanisch. Er erlebte selbst, wie die US-Armee seine Heimat gegen Nordkorea verteidigte, er studierte in den USA, er war auf Posten in Washington und bei den UN in New York. (…)

Doch die USA verlangen von Ban Resultate – besonders bei der Reform der schwerfälligen UN. Tatsächlich hat Ban schon mehrfach angekündigt, er wolle die UN modernisieren: schlanker, schneller, preiswerter. Annan scheiterte mit seinem Konzept für eine Verwaltungsreform. Annan konnte sich auch nicht mit seinem kühnen Plan durchsetzen, den Sicherheitsrat zu erweitern. Erfolgreich wehrten die ständigen Mitglieder USA, Russland, Frankreich, Großbritannien und China alle Versuche ab, die anachronistische Machtverteilung in dem Gremium zu ändern. Diplomaten betonen: Beharrt Ban auf einem Umbau des Rates, bringt er die mächtigen fünf gegen sich auf. (…)

(Jan Dirk Herbermann, Genf, in: Stuttgarter Zeitung, 4. 1. 2007, S. 4)

Generalversammlung der Vereinten Nationen in New York

1945 wurden die Vereinten Nationen als Nachfolgeorganisation des Völkerbundes gegründet. Die ..... **1** ..... der Vereinten Nationen verpflichtet die Unterzeichnerstaaten, jede Anwendung oder Androhung von ..... **2** ..... gegen andere Staaten zu unterlassen. Und in schmerzlicher Erinnerung an die Ohnmacht des ..... **3** ..... schufen die Vereinten Nationen erstmals im Völkerrecht die Möglichkeit, wirksame Maßnahmen gegen Staaten ergreifen zu können, die gegen die UN-Charta verstoßen und den Frieden gefährden. Dazu zählen in erster Linie politische Maßnahmen (z. B. ..... **4** .....) und Zwangsmaßnahmen (z. B. eine ..... **5** ..... , ein ..... **6** .....), im äußersten Fall aber auch ..... **7** ..... Eingreifen.

Damit ist eine neue Bewertung von Krieg und militärischer Gewalt in das Völkerrecht gekommen: Zum einen ist ..... **8** ..... zwischen Staaten als Mittel der Politik endlich verboten und geächtet, zum anderen aber wird die Anwendung militärischer Gewalt unter zwei Voraussetzungen erlaubt:

– zur ..... **9** ..... gegen einen Angreifer, allein oder gemeinsam mit Verbündeten;

– zur ..... **10** ..... des Friedens, wenn der ..... **11** ..... der Vereinten Nationen, also das entscheidende Gremium der Völkergemeinschaft der Erde, einhellig die ..... **12** ..... beschließt, um gegen einen Staat vorzugehen, der einen Krieg angefangen hat und als ..... **13** ..... entlarvt worden ist.

Den Vereinten Nationen wurde also von allen Mitgliedstaaten die ..... **14** ..... übertragen, den Weltfrieden zu sichern, und es wurde ihnen zugleich das ..... **15** ..... erteilt, diese Aufgabe notfalls mit Gewalt zu erfüllen. Zum ersten Mal in der Geschichte der Menschheit ist nun völkerrechtlich anerkannt worden, dass militärische Maßnahmen der Völkergemeinschaft gegen einen Angreifer ..... **16** ..... , also gewissermaßen ein „gerechter" Krieg sind. Die von den Vereinten Nationen legitimierten und in ihrem Auftrag durchgeführten ..... **17** ..... gegen einen Friedensbrecher werden ihrem Zweck nach „ ..... **18** ..... Maßnahmen" genannt.

Begriffe am Rand: Blockade, Charta, Sicherheitsrat, legitim, Krieg, Völkerbundes, Recht, Gewalt, Pflicht, Wirtschaftsembargo, friedensschaffende, Selbstverteidigung, Verhandlungen, militärisches, Wiederherstellung, Militäraktion, Angreifer, Zwangsmaßnahmen

1. Warum wurden die Vereinten Nationen gegründet? Welche Erfahrungen wurden dabei berücksichtigt?
2. Man überlegt, die UN zu reformieren. Informiere dich über den derzeitigen Stand (www.unric.org).
3. Ergänze den Lückentext mit den am Rand aufgeführten Begriffen. Benutze dazu das Arbeitsblatt oder notiere von **1** bis **18** auf einem Blatt.
4. Militärische Gewalt zwischen Staaten: Was sagt das Völkerrecht dazu?

Der Sicherheitsrat

Der Sicherheitsrat der Vereinten Nationen

Sein Zweck:
Der Sicherheitsrat ist der **Friedenswärter** der Vereinten Nationen.

Seine Mitglieder:
Der Sicherheitsrat hat **fünf ständige Mitglieder** (USA, Russland, Frankreich, Großbritannien, China) und **zehn nicht ständige Mitglieder**.

Seine Beschlüsse:
Zur Beschlussfassung sind mindestens 9 der 15 Stimmen erforderlich; die fünf ständigen Mitglieder haben ein Vetorecht.

Seine Mittel:
- Vermittlungen
- Entsendung von UN-Friedenstruppen
- gewaltlose Sanktionen
- militärische Sanktionen

A Damit ist das Recht gemeint, einen Beschluss durch Einspruch zu verhindern.

B Diese Mitgliedstaaten sind immer vertreten.

C Der Sicherheitsrat kann als „Blauhelme" bezeichnete Soldaten in Krisengebiete entsenden, wenn die Konfliktparteien damit einverstanden sind. Die „Blauhelme" dürfen keine Waffen einsetzen, außer zur Selbstverteidigung. Sie dienen meist als „Puffer" zwischen den Gegnern und überwachen z. B. einen Waffenstillstand.

D Als letztes Mittel kann der Sicherheitsrat gegen einen Staat, der den Frieden verletzt hat, militärische Gewalt einsetzen. Da die Vereinten Nationen keine eigenen Soldaten haben, erteilt der Sicherheitsrat einem Mitgliedstaat oder mehreren Mitgliedstaaten den Auftrag, den aggressiven Staat zu bekämpfen. Ein solcher Auftrag wird auch als „Mandat" bezeichnet.

E Diese Staaten werden von der UN-Generalversammlung jeweils für zwei Jahre in den Sicherheitsrat gewählt.

F Durch Maßnahmen, die für einen Staat unangenehm sind, soll dieser gezwungen werden, Beschlüsse des UN-Sicherheitsrates zu befolgen. Solche Maßnahmen können z. B. die Unterbrechung des Handels, der Verkehrsverbindungen oder der Abbruch der diplomatischen Beziehungen sein.

G Den Konfliktparteien werden von den Vereinten Nationen Vorschläge zur Beilegung ihres Streites gemacht.

Beispiel 1
Seit 1964 überwachen von den UN entsandte Soldaten auf Zypern die Waffenstillstandslinien zwischen den Griechen und Türken.

Beispiel 2
Im Bürgerkrieg zwischen Serben, Kroaten und Bosniern hatte der UN-Sicherheitsrat seit 1992 in Bosnien-Herzegowina verschiedene Städte zu Schutzzonen erklärt, was aber von den bosnischen Serben nicht beachtet wurde. Als die Serben im Sommer 1995 bosnische Städte überrannten und Tausende von Gefangenen ermordeten, flog die NATO im Auftrag der Vereinten Nationen massive Luftangriffe gegen serbische Stellungen. Diese Angriffe führten dann dazu, dass die serbische Seite im Herbst 1995 zu Friedensverhandlungen bereit war.

Beispiel 3
Dem damaligen UN-Generalsekretär Perez de Cuellar gelang es 1988, durch Verhandlungen den irakisch-iranischen Krieg zu beenden.

Beispiel 4
Um Lybien zur Auslieferung von Terroristen zu zwingen, stellten die Mitgliedstaaten der Vereinten Nationen jahrelang den Flugverkehr in dieses Land ein.

1 Welche Erklärung (A bis G) gehört zu welchem der in der Grafik gelb unterlegten Begriff?
2 Zu jedem der vier Mittel des Sicherheitsrates gehört eines der Beispiele. Ordne entsprechend zu.

Internationale Zusammenarbeit | **61**

Methode: Internetrecherche

Thema: UN-Friedenseinsätze

Mitte 2008 waren rund 88 000 Soldaten und zivile Polizisten aus 119 Ländern in friedenssichernden Einsätzen der Vereinten Nationen in 17 Ländern der Erde aktiv. Wer mehr über diese Einsätze erfahren will, kann sich durch eine Internetrecherche informieren.

1 Die offizielle Website der Vereinten Nationen (www.un.org) verwendet verschiedene Sprachen, z. B. Englisch, Französisch, Spanisch, jedoch nicht Deutsch. Deutschsprachige Informationen über die Vereinten Nationen gibt es auf der Homepage des Regionalen Informationszentrums der UNO (www.unric.org). Die Startseite enthält viele Stichwörter, die man anklicken kann, um genauere Informationen über bestimmte Sachverhalte zu bekommen. Um etwas über Friedenseinsätze zu erfahren, klickt man oben den Link „Frieden und Sicherheit" an.

2 Es erscheint dann eine Seite mit allgemeinen Informationen und weiteren Links, die im unteren Teil der Seite aufgeführt sind. Hier klickt man „Friedenssicherungseinsätze" an.

3 Die nun folgende Seite enthält viele Stichwörter, die nach drei Gruppen gegliedert sind. Blau unterlegt sind dabei die Stellen, die als Links zu weiteren Informationen führen. So gibt es z. B. beim Stichwort „laufende Friedenssicherungseinsätze der Vereinten Nationen (Fakten & Zahlen)" die Möglichkeit, diese Informationen als PDF-Datei aufzurufen.

4 Ruft man diese Datei auf, erscheint auf dem Bildschirm ein zwei Seiten umfassendes Dokument: Die erste Seite enthält eine Karte zu den laufenden Einsätzen, die zweite Seite listet alle Einsätze mit Angaben über Beginn, Truppenstärke, Finanzierung usw. auf. Jeder Einsatz hat einen Namen, dessen Anfangsbuchstaben ein bestimmtes Kürzel ergeben. So erfährt man z. B., dass es unter dem Kürzel UNMIS einen Friedenseinsatz der Vereinten Nationen in dem afrikanischen Staat Sudan gibt.

5 Will man mehr über den Einsatz im Sudan erfahren, kann man in eine Suchmaschine den Begriff „UNMIS" eingeben. So bietet beispielsweise Google zahlreiche Seiten mit Hinweisen auf den UN-Einsatz im Sudan in deutscher Sprache, darunter z. B. Informationen der Bundeswehr und des Auswärtigen Amtes.

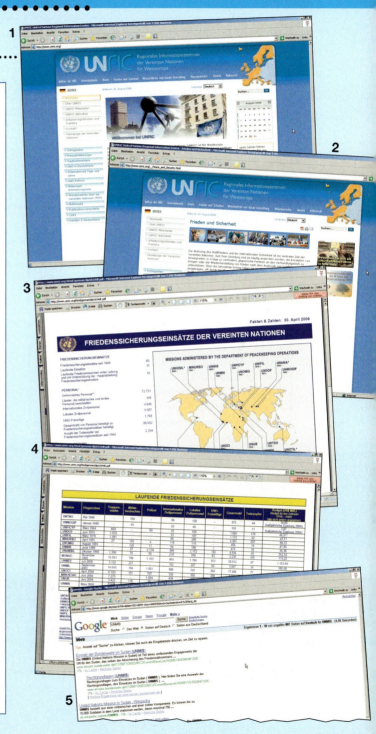

1 Recherchiert wie beschrieben, welche Friedenseinsätze die Vereinten Nationen zurzeit durchführen.
2 Informiert euch dann in Kleingruppen genauer über diese Einsätze. Präsentiert die Ergebnisse eurer Recherche der Klasse, z. B. durch Kurzreferate oder mittels einer Wandzeitung.

Die NATO

NATO ist die Abkürzung für den englischen Begriff „North Atlantic Treaty Organization", ins Deutsche übersetzt: Nordatlantisches Verteidigungsbündnis. Meist spricht man verkürzt von „Nordatlantikpakt". Es ist der Name eines politisch-militärischen Bündnisses, das wenige Jahre nach dem Zweiten Weltkrieg im April 1949 von den USA, Kanada und neun europäischen Staaten gegründet wurde. Als wichtiges Ziel der NATO galt, die kommunistische Sowjetunion und ihre Verbündeten davon abzuhalten, gegen die westlichen Staaten Krieg zu führen. Die kommunistischen Staaten schlossen sich 1955 unter Führung der Sowjetunion zum sogenannten „Warschauer Pakt" zusammen, 1991 zerfiel dieses Militärbündnis, daraufhin änderten sich die Ziele der NATO. Der Einsatz für Frieden und Freiheit ist heute das wichtigste Ziel. Die NATO-Mitgliedstaaten sind zudem verpflichtet, sich im Falle einer militärischen Bedrohung gegenseitig Beistand zu leisten. Mit den ehemaligen Mitgliedern des Warschauer Paktes wurde 1994 ein Vertrag „Partnerschaft für den Frieden" geschlossen. Viele europäische Staaten, die früher kommunistisch waren, sind inzwischen NATO-Mitglieder. Seit 1999 gehören Polen, Ungarn und Tschechien, seit 2004 Estland, Lettland, Litauen, die Slowakei, Slowenien, Rumänien und Bulgarien zur NATO, 2009 sind Albanien und Kroatien beigetreten.

DIE NATO FRÜHER

(Jupp Wolter)

DIE NATO HEUTE

(Egon Kaiser)

North
Atlantic
Treaty
Organization

Fernsehgespräch zwischen einem Journalisten und einem Sicherheitsexperten

Wie sehen Sie als Sicherheitsexperte die Zukunft der NATO, Herr Jungmann?
Spannend!

Wie meinen Sie das?
Nun, da muss einiges geklärt werden, z. B. das Verhältnis zwischen EU und NATO.

Warum?
Die Europäer wollen bei Krisen und Konflikten militärisch handlungsfähig sein, auch dann, wenn beispielsweise die Interessen der Amerikaner oder Kanadier nicht betroffen sind – der Konflikt also keine Angelegenheit der NATO insgesamt ist. Daher haben sie im Rahmen ihrer „Europäischen Sicherheits- und Verteidigungspolitik" europäische Eingreiftruppen geschaffen.

Und wo liegt das Problem?
Die Europäer verfügen über keine eigene militärische Planungs- und Kommandostruktur. Da muss die NATO aushelfen.

Klingt kompliziert…
Man hat verabredet: Wenn in einem Konflikt die NATO als Ganzes nichts tun will, können die Europäer eigene militärische Operationen durchführen und dabei die Mittel der NATO nutzen.

Und wie ist es mit den USA?
Den Terroranschlag auf die USA vom 11. September 2001 hat die NATO als Angriff auf ein Mitglied angesehen und zum ersten Mal in ihrer Geschichte den Bündnisfall erklärt. Aber den Krieg gegen Al Qaida und die Taliban in Afghanistan haben die USA dann in eigener Regie geführt, mit Verbündeten zwar, aber nicht mit der NATO.

Warum denn das?
Ich denke, die USA als Supermacht wollten sich nichts von einem Bündnis vorschreiben lassen. Im Fall des Irak haben es die Amerikaner 2003 ebenso gemacht.

Moment: In Afghanistan sind doch Bundeswehrsoldaten stationiert.
Ja, das ist der ISAF-Einsatz unter UN-Mandat. Er wird von der NATO ausgeführt. Diese Soldaten, auch die unserer Bundeswehr, sollen im Land die Sicherheit gewährleisten und beim Wiederaufbau helfen. Der Kampfeinsatz der Amerikaner und ihrer Verbündeten gegen die Taliban und Al Qaida ist eine davon getrennte Operation.

NATO in Afghanistan? Ich denke, der NATO-Auftrag ist die Verteidigung ihrer Mitglieder im Nordatlantikgebiet…
Das ist ja das Spannende: Einerseits bekräftigt die NATO, dass ihr fortdauernder Zweck die Verteidigung ihrer Mitglieder ist. Andererseits hat die NATO 2002 eine neue Strategie beschlossen, die auch weltweite Einsätze bei Krisen aller Art vorsieht. Die Zukunftsfrage ist also, ob die NATO ein Verteidigungsbündnis bleibt oder ein Instrument globaler Intervention wird. Zudem ist abzuwarten, wie sich das Verhältnis zwischen NATO und EU einerseits und zu den USA andererseits entwickeln wird.

Vielen Dank für das Gespräch, Herr Jungmann.

---

1. Wie hat sich die NATO hinsichtlich ihrer Mitglieder und ihres Bündniszweckes verändert?
2. Was sollen die beiden Karikaturen deutlich machen?
3. Fasse die Kernpunkte des Gesprächs in kurzen Sätzen oder Fragen zusammen.

Der Auftrag der Bundeswehr

Auslandseinsätze der Bundeswehr (Stand: 02/2010)

Afghanistan/Usbekistan: 4350 Soldaten, im Auftrag der UNO. Herstellung der inneren Sicherheit.

Balkan: 1610 Soldaten. Entmilitarisierung und Friedenssicherung im Kosovo, Bosnien und Herzegowina. Einsatz im Rahmen der NATO-Sicherheitstruppe Kosovo Force (KFOR) bzw. der European Union Force (EUFOR).

Libanon: 240 Soldaten. Überwachung der libanesischen Küste im Rahmen einer UNO-Mission.

Horn von Afrika: 270 Soldaten. Überwachung des Schiffsverkehrs. Einsatz im Rahmen der US-Mission Enduring Freedom.

Vor der Küste Somalias: 230 Soldaten zur Piratenbekämpfung im Rahmen der EU-Mission Atalanta.

Sudan: 39 Soldaten. Überwachung und Sicherung des Waffenstillstandes zwischen den Bürgerkriegsparteien im Auftrag der UNO.

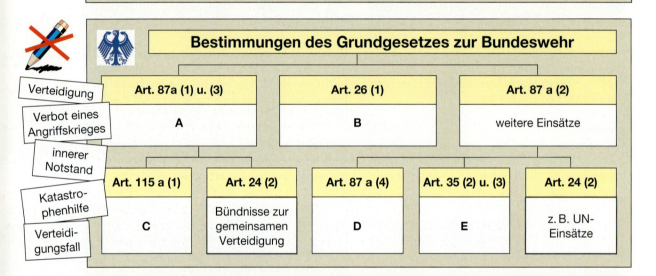

Auftrag und Aufgaben der Bundeswehr

Die Bundeswehr als Instrument einer umfassend angelegten, vorausschauenden Sicherheits- und Verteidigungspolitik hat den **Auftrag**,
- die außenpolitische Handlungsfähigkeit Deutschlands zu sichern,
- einen Beitrag zur Stabilität im europäischen und globalen Rahmen zu leisten,
- die nationale Sicherheit und Verteidigung zu gewährleisten und zur Verteidigung der Verbündeten beizutragen,
- multinationale Zusammenarbeit und Integration zu fördern.

Daraus leitet sich das **Aufgabenspektrum der Bundeswehr** ab:
- Internationale Konfliktverhütung und Krisenbewältigung, einschließlich des Kampfes gegen den internationalen Terrorismus,
- Unterstützung von Bündnispartnern,
- Schutz Deutschlands und seiner Bürgerinnen und Bürger,
- Rettung und Evakuierung,
- Partnerschaft und Kooperation,
- Hilfeleistungen, (Amtshilfe, Naturkatastrophen, besonders schwere Unglücksfälle)

(aus: Bundesministerium der Verteidigung (Hg.): Grundzüge der Konzeption der Bundeswehr, Berlin 2004, S. 11)

 Schlage im Grundgesetz die angegebenen Artikel nach und ordne die Stichwörter zu.

 Beschreibe die vier Punkte des Auftrags der Bundeswehr mit deinen Worten genauer. Überlege dir zu jedem Punkt ein erklärendes Beispiel.

 Zeige auf einer Weltkarte, wo die Bundeswehr 2008 im Einsatz war. Informiere dich im Internet (www.einsatz.bundeswehr.de), ob diese Einsätze noch andauern und ob neue hinzugekommen sind.

Internationale Zusammenarbeit **65**

Fallbeispiel: Libanon-Einsatz

Die „Niedersachsen" kreuzt vor dem Libanon

Der Auftrag ist nicht ohne Risiko, aber auch ein bisschen langweilig: Die Fregatte soll Waffenschmuggler im Mittelmeer aufspüren.

(Hannoversche Allgemeine Zeitung, 25.6.2007, S. 7)

(...) Am 12. Juli war die Lage an der libanesisch-israelischen Grenze eskaliert. Die libanesische Hisbollah-Miliz hatte eine israelische Grenzpatrouille überfallen, zwei israelische Soldaten waren entführt, acht weitere getötet worden. Es folgten 34 Tage Krieg.
Erst die Resolution 1701 des Sicherheitsrates der Vereinten Nationen vom 11. August brachte die Waffen zum Schweigen. Die Resolution stockte die Libanon-Friedenstruppe UNIFIL (United Nations Interim Force in Lebanon) auf knapp 13 000 Mann auf. Und sie richtete eine Maritime Task Force (MTF) ein. Auftrag der MTF: die seeseitige Überwachung und Abriegelung, um den Waffenschmuggel über See wirksam zu verhindern. Das übergeordnete Ziel ist die Stärkung der Souveränität des Libanon. Am 20. September 2006 beschloss eine breite Mehrheit des Deutschen Bundestages, dass Deutschland sich mit einem signifikanten Beitrag an UNIFIL beteiligt. (...)

(aus: Daniel Auwermann: UNIFIL. Wachen auf See, in: Y. 07/2007, S. 28)

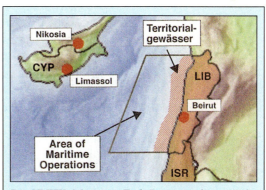

Die UNIFIL Maritime Task Force, in dessen Rahmen das deutsche Einsatzkontingent eingesetzt ist, unterstützt die libanesische Regierung bei der Sicherung ihrer Seegrenze. Zum Aufgabenspektrum gehören die Führung der maritimen Operation, Aufklärung und Überwachung des Seegebiets innerhalb des durch die Vereinten Nationen festgelegten maritimen Einsatzraums, die seewärtige Sicherung der libanesischen Grenze, die Kontrolle des Seeverkehrs – inklusive Kontrolle der Ladung bzw. Personen von Schiffen gemäß der durch die VN festgelegten Einsatzregeln –, Umleitung von Schiffen im Verdachtsfall, maritime Abriegelungsoperationen, Unterstützung der humanitären Hilfe, Lufttransport in das Operationsgebiet, Eigensicherung und Nothilfe, technische Ausrüstungshilfe, militärische Beratung sowie Ausbildungshilfe für die libanesischen Streitkräfte. Deutschland hat die Führung der UNIFIL Maritime Task Force bis August 2007 übernommen. Das deutsche Kontingent umfasst derzeit zwei Fregatten, vier Schnellboote und zwei Versorgungsschiffe.

(aus: Einsätze der Bundeswehr im Ausland, S. 22 f. Hg.: Bundesministerium der Verteidigung, 2007)

Was haben wir vor der Küste des Libanon zu suchen? Die Bundeswehr soll Deutschland verteidigen – das reicht!

Es ist schon gut, dass die UN sich um den Libanon kümmern. Aber warum deutsche Schiffe? Sollen das doch andere machen.

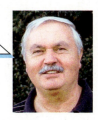

Deutsche Kriegsschiffe fast vor der Küste Israels? Bei unserer Vergangenheit? Das sollten wir lieber lassen!

1 Wie kam es zum Einsatz deutscher Kriegsschiffe vor der Küste des Libanon?
2 Nimm zu jeder der drei Aussagen Stellung. Begründe jeweils deine Meinung.

Bundeswehr – „Armee der Demokratie"

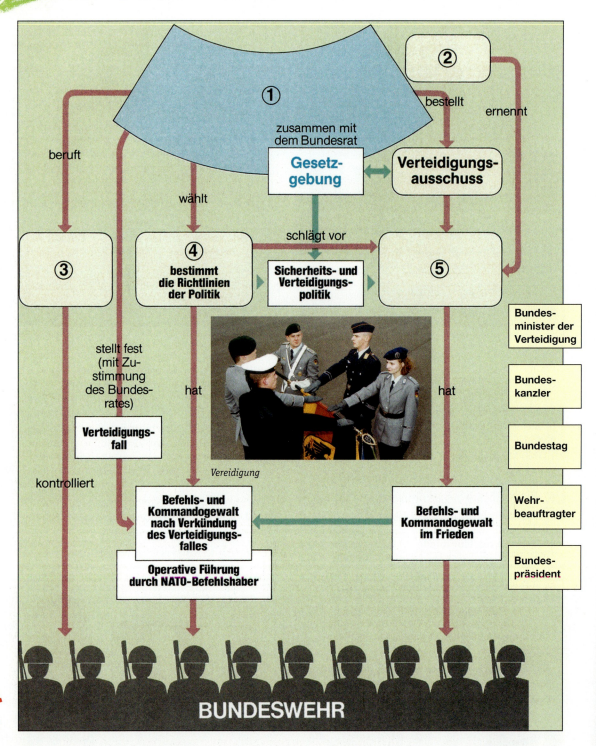

Vereidigung

1. Die Grafik zeigt die Stellung der Bundeswehr in unserer parlamentarischen Demokratie: Ordne die Begriffe am Rand der Grafik zu. Benutze dazu das Arbeitsblatt oder notiere von ① bis ⑤.
2. Bei wem liegt die Entscheidungsgewalt über die Bundeswehr?

Wehrdienst – Zivildienst

Hallo, ich heiße **Jens**. Ich bin 19 Jahre alt und leiste seit vier Monaten meinen Grundwehrdienst. Warum? Nun, bei uns in der Bundesrepublik Deutschland bestimmt das .....(1)....., dass Männer vom vollendeten 18. Lebensjahr an .....(2)..... sind. Ich finde das in Ordnung, denn unser Land muss gegen mögliche Angriffe von außen verteidigt werden.

Bei der .....(3)..... war klar, dass ich gesundheitlich geeignet, also .....(4)..... bin. Und dann kam die .....(5)..... . In dem Schreiben wurde mir mitgeteilt, wann ich wo meinen Wehrdienst antreten muss. Meinen .....(6)..... verliere ich deswegen nicht, denn mein Arbeitsverhältnis ruht während des Wehrdienstes. Das bedeutet, mein Arbeitgeber kann mir nicht kündigen und ich bekomme später meinen Arbeitsplatz wieder.

Wie der Anfang war? Na ja, es ist schon ungewohnt, mit anderen auf engem Raum zusammenzuleben. Das erfordert Rücksichtnahme. Andererseits empfinde ich die Kameradschaft mit anderen als positiv. Der Sport und der Gefechtsdienst in der .....(7)..... waren manchmal körperlich anstrengend. Jetzt werde ich als Richtschütze im Panzer ausgebildet. Ich finde die Waffentechnik sehr interessant. Mein .....(8)..... dauert neun Monate. Er soll auf sechs Monate verkürzt werden. Vielleicht werde ich später mal als Reservist noch zu .....(9)..... herangezogen.

Ob mein jüngerer Bruder später einmal Wehrdienst leisten muss, ist fraglich. Viele meinen, man solle die Wehrpflicht abschaffen und die Bundeswehr zu einer Freiwilligenarmee machen.

Hallo, ich heiße **Arne**. Ich leiste zurzeit meinen .....(A)..... ab. Warum? Mein .....(B)..... verbietet es mir, Menschen zu töten. Deswegen habe ich den Kriegsdienst .....(C)..... . Diese Möglichkeit gibt mir unser .....(D)..... .

Zurzeit arbeite ich als zweiter Mann in einem .....(E)..... . Da habe ich die Möglichkeit, Menschen zu helfen und Leben zu retten. Nur noch wenige denken, der Zivildienst sei eine bequeme Sache. Wenn wir mit Blaulicht zu einem Unfall fahren müssen und dann das .....(F)..... in unserem Wagen an seinen Verletzungen stirbt – das ansehen zu müssen geht an die Nerven.

Andere .....(G)..... versorgen und füttern Alte in .....(H)..... oder kümmern sich um Schwerstbehinderte. Auch nicht jedermanns Sache und sicher keine Drückebergerei. Ohne uns Zivildienstleistende kämen viele .....(I)..... Einrichtungen in große Personalschwierigkeiten. Das wäre vor allem dann der Fall, wenn die Wehrpflicht abgeschafft wird, denn dann fällt für Kriegsdienstverweigerer auch die Pflicht zum Zivildienst weg.

Arbeitsplatz / Einberufung / Gewissen / Grundausbildung / Grundgesetz / Grundgesetz / Grundwehrdienst / Musterung / Pflegeheimen / Rettungswagen / soziale / Unfallopfer / verweigert / wehrdienstfähig / wehrpflichtig / Wehrübungen / Zivildienst / „Zivis"

1. Von den 18 Wörtern im Kasten gehören neun zu dem Bericht von Jens und neun zu dem von Arne. Welcher Begriff gehört wohin? Trage auf dem Arbeitsblatt ein oder notiere auf einem Blatt.
2. Informiert euch im Internet (www.bundeswehr.de / www.zivildienst.de) über die Diskussion um die Wehrpflicht.

Methode: Pro-Kontra-Diskussion

Thema: Wehrpflicht – ja oder nein?

Im Leben gibt es viele Dinge, zu denen man eine unterschiedliche Meinung haben kann. In einer Pro-Kontra-Diskussion versucht jeder, den anderen durch Argumente von der Richtigkeit seines Standpunktes zu überzeugen. Argumente sind verständliche und stichhaltige Begründungen für die eigene Meinung. Man sollte auch bereit sein, die Argumente anderer anzunehmen, wenn man von ihrer Richtigkeit überzeugt wird. Argumentieren kann man auch durch eine Pro-Kontra-Diskussion üben.

Vorbereitung

Die Klasse teilt sich in zwei Gruppen, die eine Gruppe vertritt in der Streitfrage das Pro, ist also dafür oder sagt „Ja". Die andere Gruppe ist dagegen, vertritt das Kontra oder „Nein". Die Gruppen bereiten sich auch auf die zu erwartenden Argumente der anderen Seite vor. Dann wird von jeder Seite eine Spielerin oder ein Spieler für das Gespräch ausgewählt. Die Diskussion soll geordnet ablaufen. Bestimmt deshalb einen Gesprächsleiter.

Durchführung

Die beiden ausgewählten Spieler führen die Pro-Kontra-Diskussion durch. Der Gesprächsleiter oder die Gesprächsleiterin nennt am Anfang nochmals die Frage, um die es geht, und erteilt dann abwechselnd das Wort. Die Gesprächsleitung achtet darauf, dass jeder der beiden Spieler etwa die gleiche Zeit zum Argumentieren bekommt. Die übrigen Schüler und Schülerinnen beobachten die Diskussion und machen sich Notizen.

„Die Wehrpflicht … ist das letzte Bindeglied zwischen Staat und Bürger … Wenn das wegfällt, entfernen sich Bundeswehr und Gesellschaft voneinander. Nicht weil die Soldaten in einer Freiwilligenarmee ihr staatsbürgerliches Selbstbewusstsein am Garderobenhaken abhängen würden, sondern weil ich die Gefahr sehe, dass … die Bundeswehr behandelt wird wie die Feuerwehr. Nach dem Motto: Für Brände haben wir die Feuerwehr, für die Kriminaldelikte die Polizei und für Bürgerkriege, wo auch immer auf der Welt, haben wir Profis, die wir dahin schicken."

(aus einem Interview mit Oberst Bernhard Gertz, Bundesvorsitzender des Bundeswehrverbandes [DBwV], 5. 5. 2004, www.bundeswehr.de)

„Bündnis 90 / DIE GRÜNEN lehnen das Festhalten an der Wehrpflicht ab. Der mit ihr verbundene Grundrechtseingriff ist nicht mehr legitimierbar. Wir fordern die Abschaffung der Wehrpflicht auf dem Weg zu einer verkleinerten, modernisierten Bundeswehr aus Freiwilligen- und BerufssoldatInnen. Eine konsequent auf die neuen Aufgaben ausgerichtete Bundeswehr braucht nicht große Aufwuchsstärken*, sondern vor allem Professionalität, moderne Ausstattung und schnelle Einsatzbereitschaft. … Zweifellos erleichtert die Wehrpflicht die Nachwuchsgewinnung der Bundeswehr und trägt zur Integration der Streitkräfte in die Gesellschaft bei. Allerdings wird die Bedeutung der Wehrpflicht für diese zentralen Ziele oft überschätzt, zumal nur noch eine – nicht einmal repräsentative – Minderheit eines Jahrganges über den Wehrdienst mit der Armee in Berührung kommt. Sinnvoll wäre ein attraktiver und flexibler Einstiegsdienst von kürzerer Dauer, vergleichbar dem der jetzigen freiwillig länger Wehrdienstleistenden (FWDL). Nicht die Wehrpflichtigen sind Garanten der Integration der Streitkräfte in die Gesellschaft und eine militärische Zurückhaltung. In Verantwortung für diese Errungenschaft der deutschen Demokratie stehen als erstes die Politiker und ein Offiziers- und Unteroffizierskorps aus Staatsbürgern in Uniform.

*Möglichkeit, aus über die Wehrpflicht gewonnenen Reservisten im Verteidigungsfall eine größere Truppe zusammenzustellen
(Bündnis 90/DIE GRÜNEN, Beschluss zur Wehrpflicht vom 2. 6. 2003, www.gruene-partei.de)

Auswertung

Nach der Diskussion berichten zunächst die beiden Spieler, wie sie sich gefühlt haben und was sie zum Verlauf sagen möchten. Dann bespricht die Klasse den Verlauf. Dabei geht es zum Beispiel um diese Fragen:
• Wer hat besonders geschickt argumentiert?
• Wer ist auf den anderen eingegangen?
• Wer ist sachlich geblieben?
Wenn die Zeit reicht, kann es interessant sein, die Diskussion mit anderen Spielern zu wiederholen.

Internationale Zusammenarbeit 69

„Wer freiwillig seinen Dienst leistet, egal ob an der Waffe oder am Rollstuhl, ist einfach motivierter. Denn die Aufgaben, zivil oder militärisch, werden immer komplexer und verlangen dem Einzelnen immer mehr ab. Dafür braucht man Profis und keine Amateure."

(Junge Liberale, Schwerpunktthema Freiwilligenarmee, www.julis.de)

„Der durch die Wehrpflicht gewährleistete ständige Austausch zwischen Gesellschaft und Bundeswehr garantiert auf hervorragende Weise die demokratische Kontrolle von außen, z.B. durch Familie und Freunde der Grundwehrdienstleistenden … Die Wehrpflichtarmee sichert zudem auch das Interesse der Öffentlichkeit und der politischen Entscheidungsträger an der Bundeswehr und deren Auftrag.

Die allgemeine Wehrpflicht sichert, dass die gesamte Bandbreite der schulischen und beruflichen Qualifikationen in den Streitkräften genutzt werden kann. Somit garantiert sie die Qualität der Bundeswehr …, weil die Wehrpflichtigen
▶ ein großes Potenzial allgemeiner und fachlicher Bildung,
▶ ein breites Berufsspektrum,
▶ praktische und theoretische Intelligenz und
▶ Fachkenntnisse aus zahlreichen Wissensgebieten
  einbringen …"

(Empfehlung des 11. Beirats für Fragen der Inneren Führung zur Wehrpflicht, Endfassung, Juni 2003, www.bundeswehr.de)

„Man sollte sich darüber klar sein, dass die Wehrpflicht ein großer Eingriff in die Freiheitsrechte eines jeden jungen Mannes ist. Und dieser Eingriff muss gut und nachvollziehbar begründet werden … Begründet werden muss auch, warum nur Männer zum Dienst herangezogen werden, warum Frauen nicht davon betroffen sind …"

(Ute Frevert, Historikerin aus Bielefeld, am 9. 4. 2002 im Interview mit sueddeutsche.de: „Wehrpflicht ist nicht mehr notwendig", www.sueddeutsche.de)

„Wehrpflicht und Zivildienst hängen zusammen… Die Abschaffung der Wehrpflicht hätte erhebliche finanzielle Folgen für den sozialen Bereich."

(Verteidigungsminister Dr. Peter Struck im Gespräch mit der „Neue Ruhr Zeitung", 9. 10. 2003, www.bundeswehr.de)

1 Notiere zu jedem Argument und zur Karikatur die Kernaussage.
2 Führt eine Pro-Kontra-Diskussion zum Thema „Wehrpflicht – ja oder nein"? durch.

(Gerhard Mester)

Das Wichtige in Kürze

Vereinte Nationen

Unmittelbar nach dem Zweiten Weltkrieg wurden die Vereinten Nationen gegründet. Wichtigstes Ziel dieser Organisation, der inzwischen fast alle Staaten der Erde angehören, ist die Sicherung des Weltfriedens. Für Maßnahmen zur Einhaltung des Weltfriedens ist der Sicherheitsrat zuständig. Die fünf ständigen Mitglieder im Sicherheitsrat (China, Großbritannien, Frankreich, USA, Russland) können durch ihr „Veto"-Recht Aktionen verhindern. Nur wenn diese fünf Staaten sich einig sind, können die Vereinten Nationen wirksame Maßnahmen ergreifen.

Maßnahmen des Sicherheitsrates

Der Sicherheitsrat kann bei Konflikten zunächst versuchen, durch Vermittlung eine Beilegung des Streites zu erreichen. Er kann auch UN-Friedenstruppen („Blauhelme") entsenden, wenn die Konfliktparteien damit einverstanden sind. Diese Truppen dürfen jedoch keine militärische Gewalt anwenden, sondern sollen friedenserhaltende Maßnahmen durchführen, z. B. die Überwachung eines Waffenstillstandes. Neu im Völkerrecht ist, dass die Vereinten Nationen gegen Staaten, die den Frieden brechen, auch Zwangsmaßnahmen durchführen dürfen. Zunächst sind das Druckmittel wie eine Blockade oder ein Embargo (Abbruch der Wirtschaftsbeziehungen), im äußersten Fall auch militärische Aktionen. Da die Vereinten Nationen keine eigenen Kampftruppen haben, müssen sie Mitgliedstaaten damit beauftragen.

NATO

Seit dem Ende der Ost-West-Konfrontation hat die NATO ihr militärisches Konzept verändert. Da Krisenbewältigung und Konfliktverhütung immer wichtiger werden, will die NATO mit weniger Truppen auskommen, die jedoch ständig einsatzbereit sind. 1999 führte die NATO einen Krieg gegen Serbien, um die Vertreibung und Ermordung der Kosovo-Albaner zu beenden. Im Auftrag der Vereinten Nationen sind NATO-Truppen auf dem Balkan stationiert, um neue Bürgerkriege zu verhindern. Den Terroranschlag am 11. September 2001 betrachtete die NATO als Angriff auf das Bündnis insgesamt. Erstmals in ihrer Geschichte wurde daher der gemeinsame Verteidigungsfall erklärt.

Auftrag der Bundeswehr

Die Bundeswehr ist eine Verteidigungsarmee. Das Grundgesetz verbietet ausdrücklich die Vorbereitung eines Angriffskrieges. Auftrag der Bundeswehr ist es, die Sicherheit der Bundesrepublik Deutschland zu gewährleisten und sie gegen jeden Angriff von außen zu schützen. Darüber hinaus kann sie sich im Einklang mit der Charta der Vereinten Nationen an Maßnahmen beteiligen, die dem Weltfrieden und der internationalen Sicherheit dienen.

Wehrdienst

Grundsätzlich hat jeder deutsche Mann vom vollendeten 18. Lebensjahr an die Pflicht, Wehrdienst zu leisten. Zum Grundwehrdienst wird man in der Regel mit 19 Jahren eingezogen; er dauert derzeit neun Monate. Dazu kommen noch die späteren Wehrübungen als Reservist. Frauen dürfen freiwillig Dienst in der Bundeswehr leisten; seit 2001 auch Waffendienst in Kampfverbänden.

Zivildienst

Im Grundgesetz ist das Recht auf Kriegsdienstverweigerung verankert. Niemand darf gegen sein Gewissen zum Kriegsdienst mit der Waffe gezwungen werden. Voraussetzung für eine Anerkennung als Kriegsdienstverweigerer ist eine Gewissensentscheidung. Verweigerer müssen einen zivilen Ersatzdienst leisten. Er wird vorrangig im sozialen Bereich abgeleistet, z. B. in Krankenhäusern.

Weißt du Bescheid?

1. Nenne einige Gefahren, die die internationale Sicherheit bedrohen.
2. In welchen Teilen der Erde finden viele Kriege statt?
3. Nenne einige Ursachen für Kriege.
4. Was versteht man unter „neuen Kriegen"?
5. Was ist mit dem Begriff „asymmetrische Kriegsführung" gemeint?
6. Welches Hauptziel verfolgen Terroristen?
7. Nenne die wichtigsten Gremien der Vereinten Nationen.
8. Was ist mit „Veto-Recht" gemeint?
9. Welche Mittel können die Vereinten Nationen zur Wahrung des Friedens in der Welt einsetzen?
10. Was sind „Blauhelme"?
11. Welche fünf ständigen Mitglieder hat der Sicherheitsrat der Vereinten Nationen?
12. Erläutere, was unter dem Begriff „Embargo" zu verstehen ist.
13. Was ist die NATO?
14. Nenne mindestens zwölf Mitgliedsländer der NATO.
15. Wie hat sich der Bündniszweck der NATO verändert?
16. Nenne zwei Bestimmungen des Grundgesetzes zur Bundeswehr.
17. An welche Auslandseinsätzen ist die Bundeswehr beteiligt? Nenne drei Beispiele.
18. Wer hat im Frieden, wer im Verteidigungsfall die oberste Befehlsgewalt über die Bundeswehr?

Was will die Karikatur zum Ausdruck bringen?

(Gerhard Mester)

Weißt du Bescheid?

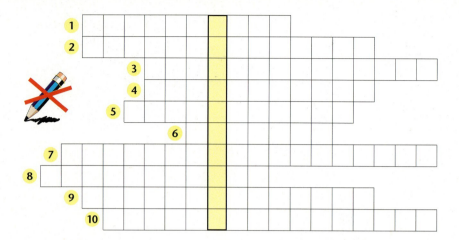

Löse das Rätsel. Benutze dazu das Arbeitsblatt oder notiere die gesuchten Begriffe untereinander auf einem Blatt und markiere die gelb hervorgehobenen Buchstaben. Sie ergeben von oben nach unten gelesen das Lösungswort.

1. Die ... ist die Armee der Bundesrepublik Deutschland.
2. Die Vereinten Nationen setzen sich für die weltweite Beachtung der ... ein.
3. Der ... ist der Friedenswächter der Vereinten Nationen.
4. Der internationale ... ist eine neue Bedrohung für den Weltfrieden.
5. Das ... verbietet ausdrücklich die Vorbereitung eines Angriffskrieges.
6. Vor der Küste des ... ist die Bundeswehr im Auftrag der Vereinten Nationen im Einsatz.
7. Die UN-Charta lässt militärische Gewalt zur ... gegen einen Angreifer zu.
8. Kriegsdienstverweigerer müssen einen ... leisten.
9. Bei Bürgerkriegen in der Dritten Welt werden häufig ... eingesetzt.
10. Die NATO wird auch als ... bezeichnet.

(Wolfgang Horsch)

Was bringt die jeweilige Karikatur zum Ausdruck?

(Luis Murschetz)

Europa

Noch im letzten Jahrhundert tobten auf europäischem Boden vernichtende Kriege. Deutsche und Franzosen kämpften gegeneinander, Polen wurde von Deutschland überfallen und unterdrückt. Heute sind Deutschland, Frankreich, Polen und viele andere Staaten Partner in einem vereinten Europa. Die europäische Einigung ist inzwischen für viele so selbstverständlich geworden, dass sie den Blick dafür verloren haben, welche Fortschritte im Vergleich zu früher erreicht wurden.

Die Europäische Union beeinflusst zunehmend den Alltag der Menschen. Wer sich über die europäische Einigung nicht informiert, ist häufig gefühlsmäßig dagegen. Er lehnt es ab, dass unser Staat immer mehr Rechte an die EU abgibt und weitere Staaten in die Gemeinschaft aufgenommen werden. Nur wer informiert ist, kann sich eine begründete Meinung bilden. Das Kapitel vermittelt Informationen für die Meinungsbildung.

- Warum und wie ist es zur europäischen Einigung gekommen?
- Welche Mitgliedstaaten gehören heute der Europäischen Union an? Welche Länder wollen noch hinzukommen?
- Welche wirtschaftlichen Gründe sprechen für die europäische Einigung?
- Worin besteht die Einigung eigentlich? Was haben die Bürgerinnen und Bürger davon?
- Welche Aufgaben haben die verschiedenen Organe der EU? Wie wirken sie zusammen?
- Was soll der Vertrag von Lissabon an Änderungen bringen? Vor welchen Herausforderungen steht die Europäische Union in der nächsten Zeit?

Europa – ein vielfältiger Kontinent

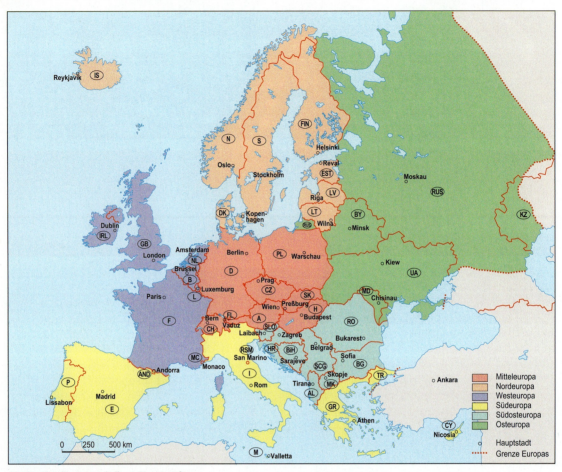

Die Staaten Europas mit ihren Hauptstädten

Feste und Feiern gehören in allen Ländern der Erde und allen Kulturen zum menschlichen Leben. Es gibt viele Anlässe, Feste zu feiern. Gefeiert wird in der Familie, mit Freunden, in der Schule, in der Kirche und in der Gemeinde.

Kirmes, Kirchweih, Messe, Jahrmarkt

Früher wurde zum Beispiel durch den König einer Stadt das Recht verliehen, einen Markt abzuhalten. So kam die Stadt durch den Handel zu Zoll- und Münzeinnahmen. Bald gesellte sich zum Markttreiben ein Vergnügungsmarkt hinzu. Da bei solchen Veranstaltungen das kirchliche Fest ein wichtiger Bestandteil war, entstand auch der Name „Messe". Traditionelle Volksfeste sind Kirmes und Kirchweih, da man jährlich die Weihe einer Kirche feierte. Heute gibt es alljährlich stattfindende Jahrmärkte oder „Messen" mit vielen Attraktionen wie Achterbahn, Riesenrad. An manchen Orten Europas gibt es fest eingerichtete Vergnügungsparks mit allerlei Attraktionen (Europapark, Eurodisney, u. a.).

Weihnachten

Man weiß nicht, an welchem Tag Jesus geboren wurde. Die Christen einigten sich auf folgende Festtage: Heiliger Abend am 24., Weihnachtsfeiertage am 25./26. Dezember. (Die orthodoxen Christen im Osten Europas begehen allerdings erst Anfang Januar Weihnachten.) Am Heiligen Abend feiern die Christen die Geburt von Jesus, der in einem Stall bei der Stadt Bethlehem geboren sein soll. Dennoch wird in Europa unterschiedlich Weihnachten gefeiert. In Deutschland haben die Bescherung am Heiligen Abend, der Weihnachtsbaum, die Krippe und das Weihnachtsessen eine lange Tradition. In Frankreich bekommen die Kinder keine Weihnachtsbescherung, sie findet zu Neujahr statt. In Spanien und Italien stellt man keinen Weihnachtsbaum, sondern eine Krippe auf. Dazu findet am Abend ein großes Familienessen statt.

Europäische Union: Entstehung und Institutionen 75

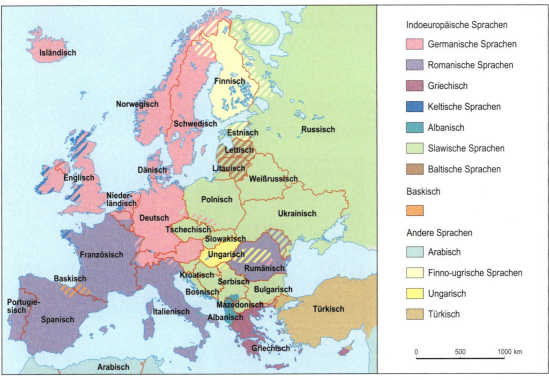

Sprachenvielfalt in Europa

Heute leben viele Menschen aus unterschiedlichen Kulturkreisen in Europa. Sie haben auch unterschiedliche Essgewohnheiten mitgebracht. So kennen wir heute eine Vielfalt an verschiedenen Speisen. „Gehen wir zum Italiener?" – „Bei Ali gibt es den besten Döner!" – „Um die Ecke hat ein neuer Grieche aufgemacht."

1 FRANKREICH	2 DEUTSCHLAND	3 TÜRKEI	4 GRIECHENLAND	5 SERBIEN
KAVIAR	MOZZARELLA	GYROS	CHAMPAGNER	TOASTSANDWICH
SAUERBRATEN	DÖNER	GULASCHSUPPE	LACHS	CEVAPCICI
6 ITALIEN	7 ENGLAND	8 RUSSLAND	9 NORWEGEN	10 UNGARN

Spezialitätenrätsel

Karneval, Fasching, Fasnet, Fastnacht
Je nach örtlicher Lage hat man für dasselbe wilde Narrentreiben eine andere Bezeichnung. In der Zeit vom 11. November bis Aschermittwoch wird in ehemals vorwiegend katholischen Gebieten Mitteleuropas dieses Ereignis gefeiert. Gründe für die vielen alten Fastnachtsbräuche war zum einen der Wunsch, den Winter zu vertreiben, zum anderen wollte man vor der langen Fastenzeit noch einmal kräftig feiern.

1. Werte die Karte auf Seite 74 aus: Welche europäischen Staaten gehören zwei Erdteilen an?
2. Benenne mithilfe der Kfz-Kennzeichen die Staaten Europas.
3. Welche Feste feierst du? Welche Feste sind dir besonders wichtig? Wertet eure Angaben gemeinsam in der Klasse aus.
4. Notiere zu jeder Sprachfamilie Staaten.
5. Löse das „Spezialitätenrätsel". Zu jedem Land gehört eine der genannten Spezialitäten. Wenn du sie von 1 bis 10 zuordnest, ergeben die roten Buchstaben das Lösungswort.

Europäische Union: Entstehung und Institutionen

Methode: Erkundung

Thema: Europa im Alltag

Wo begegnet uns „Europa" im Alltag? Mit einer Erkundung könnt ihr dieser Frage auf den Grund gehen.

1

2

3

4

5

6

7

> Bei uns leben sicher Menschen aus anderen europäischen Staaten. Ich werde im Rathaus nachfragen, ob die etwas darüber wissen.

> Europa im Alltag? Das sieht man doch in erster Linie an der tagtäglichen Berichterstattung in den Medien. Wir sollten eine Zeit lang in Zeitungen nach Meldungen suchen, die mit Europa zu tun haben.

> Im Fernsehen sollten wir auch nachschauen, wann Sendungen oder Berichte über Europa kommen.

> In welche europäischen Länder reisen die Menschen aus unserem Ort eigentlich am liebsten? Ich werde in einem Reisebüro nachfragen, welche europäischen Urlaubsziele besonders gefragt sind.

> Ich finde, wir sollten einmal in einem Supermarkt nachschauen, welche Waren aus den Staaten Europas bei uns angeboten werden.

> Das ist eine gute Idee! Besonders in der Obst- und Gemüseabteilung wird es bestimmt vieles aus anderen europäischen Ländern geben.

> Mich interessiert, was die Älteren über Europa denken. Viele von ihnen haben das Ende des Zweiten Weltkrieges noch miterlebt. Wie denken sie über die europäische Einigung? Dazu werde ich eine Umfrage machen.

1 „Europa im Alltag": Was fällt dir dazu ein? Notiere.
2 Auf welche Gesichtspunkte für eine Erkundung „Europa im Alltag" weisen die Materialien hin? Gibt es noch weitere Gesichtspunkte?
3 Führt die Erkundung durch.

Der Weg der Europäischen Union

Aus einer Rede des britischen Politikers Winston S. Churchill am 19. 9. 1946 in Zürich:

„In welcher Lage befindet sich Europa heute? Einige der kleineren Staaten haben sich bereits recht gut erholt, aber in weiten Gebieten starrt eine riesige, geängstigte Menge geschundener, hungriger, sorgenvoller und bestürzter Menschen die Ruinen ihrer Städte und Wohnungen an und sucht am dunklen Horizont nach einer neuen Gefahr, einer neuen Tyrannei, einem neuen Schrecknis ... Doch es gibt ein Heilmittel, das ... wie durch ein Wunder die ganze Szene verwandeln und innerhalb weniger Jahre ganz Europa, oder wenigstens dessen größeren Teil, ebenso frei und glücklich machen könnte, wie es die Schweiz heute ist. Worin besteht dieses Allheilmittel? Darin, dass man die europäische Familie, oder doch einen möglichst großen Teil davon, wieder aufrichtet und ihr eine Ordnung gibt, unter der sie in Frieden, Sicherheit und Freiheit leben kann. Wir müssen eine Art Vereinigte Staaten von Europa schaffen."

Winston S. Churchill

(aus: Hagen Schulze, Ina Ulrike Paul (Hg.): Europäische Geschichte. Dokumente und Materialien. München 1994, S. 398 f.)

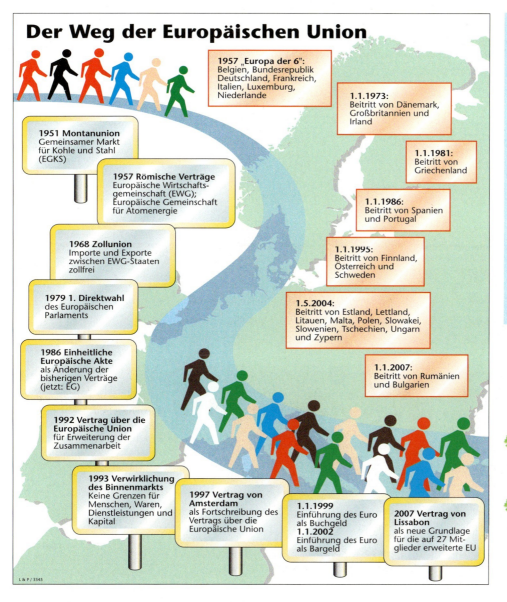

Die **Europaflagge** ist das Symbol der Europäischen Union, aber auch der Einheit und der Identität Europas im weiteren Sinn. Der Kreis der zwölf goldenen Sterne steht für die Solidarität und Harmonie zwischen den Völkern Europas. Die Anzahl der Sterne hat nichts mit der Anzahl der Mitgliedstaaten zu tun. Es gibt zwölf Sterne, da die Zahl Zwölf seit jeher Vollendung, Vollkommenheit und Einheit verkörpert. Die Flagge bleibt daher auch bei künftigen Erweiterungen der Europäischen Union unverändert bestehen.

1 Warum wollte Churchill die europäische Einigung?

2 Was macht die Übersicht „Der Weg der Europäischen Union" deutlich?

Die Staaten der Europäischen Union

Die Europäische Union
Einwohner: 497,4 Mio.
Stand: 2008

Länder auf der Karte: Norwegen, Finnland, Russland, Schweden, Estland, Lettland, Großbritannien, Dänemark, Litauen, Irland, Weißrussland, Niederlande, Polen, Belgien, Deutschland, Ukraine, Luxemburg, Tschechien, Slowakei, Frankreich, Schweiz, Österreich, Ungarn, Moldawien, Slowenien, Rumänien, Kroat., Bosn., Serb. Monten., Bulgarien, Portugal, Spanien, Italien, Mazed., Alban., Türkei, Griechenland, Malta, Zypern

Legende: 27 EU-Länder | mit Beitrittskandidat Türkei wird noch verhandelt | Sonstige Staaten

A Das Land, in dem ich lebe, ist eine konstitutionelle Monarchie mit parlamentarischem Regierungssystem. Das Staatsoberhaupt ist der König, die Königin stammt aus Deutschland. Die Hauptstadt ist Sitz der Königlichen Akademie der Wissenschaften, die alljährlich die Nobelpreise vergibt.

B Mein Land war einst ein bedeutendes Kolonialreich, für das berühmte Entdecker den Grundstein legten. 1976 führte eine Revolution zu einer demokratischen Staatsordnung anstelle der vorangegangenen Militärdiktatur.

C Bei der Entwicklung des Vertrages über die Europäische Union spielten zwei Städte in meinem Heimatland eine bedeutende Rolle. In unserer Hauptstadt befindet sich der Internationale Gerichtshof.

D Ich lebe in einem Land der Gegensätze, mit reichen Regionen im Norden und armen Gegenden im Süden. In unserer Hauptstadt wurde die Europäische Wirtschaftsgemeinschaft beschlossen.

E Das Land, in dem ich lebe, wird auch als „grüne Insel" bezeichnet. Ein Teil dieser Insel gehört zu einem anderen Mitgliedstaat der EU. Mitte des vorletzten Jahrhunderts zwangen Hungersnöte viele Staatsbürger zur Auswanderung. Die meisten Auswanderer gingen in die USA.

F Die freundschaftliche Zusammenarbeit zwischen meinem Heimatland und der Bundesrepublik Deutschland ist eine wichtige Grundlage für die europäische Einigung. Eine Stadt ganz im Osten ist Hauptsitz des Europäischen Parlaments.

G In meinem Land begann vor 2500 Jahren die Demokratie. Ruinen zeugen von frühen Hochkulturen. Die zahlreichen Sehenswürdigkeiten, herrliche Inseln und Strände locken jedes Jahr viele Besucher in mein Heimatland.

H In unserer Hauptstadt haben wichtige Organe der Europäischen Union ihren Sitz. Die beiden Volksgruppen der Flamen und Wallonen bilden den Hauptteil der Bevölkerung.

I Der Staat, in dem ich lebe, grenzt im Süden an Deutschland. Er besteht aus einer Halbinsel und rund 400 Inseln. Auf einer dieser Inseln liegt die Hauptstadt.

J Hoch im Norden gelegen, ist mein Heimatland der am dünnsten besiedelte Staat der EU.

Europäische Union: Entstehung und Institutionen

Die Flaggen der 27 EU-Staaten

Die 27 Mitgliedstaaten der Europäischen Union

(rechts die jeweilige Einwohnerzahl in Mio., Stand 2008)

Land	Einw.
Belgien	10,7
Bulgarien	7,6
Dänemark	5,5
Deutschland	82,2
Estland	1,3
Finnland	5,3
Frankreich	63,8
Griechenland	11,2
Großbritannien	61,2
Irland	4,4
Italien	59,6
Lettland	2,3
Litauen	3,4
Luxemburg	0,5
Malta	0,4
Niederlande	16,4
Österreich	8,3
Polen	38,1
Portugal	10,6
Rumänien	21,5
Schweden	9,2
Slowakei	5,4
Slowenien	2,0
Spanien	45,3
Tschechien	10,4
Ungarn	10,0
Zypern	0,8

Ä Mein Land liegt am Schwarzen Meer; im Norden bildet die Donau die Grenze zu einem anderen EU-Staat.

Z Ich komme aus einem Land im Osten Europas, in dem eine Sprache gesprochen wird, die auf die Römer zurückgeht.

Y Mein Heimatland bildete früher mit Tschechien zusammen einen Staat. Seit 1993 sind wir selbstständig.

X Die Hauptstadt meines Landes ist als „goldene Stadt" bekannt und wird von vielen Touristen besucht.

W Der Staat, aus dem ich stamme, grenzt an die Ostsee und an Deutschland. Bei uns gibt es viele Katholiken.

V Mein Land ist das südlichste der drei baltischen Staaten.

U Ich lebe in einem Land, das zum Baltikum gehört. Unsere Hauptstadt war früher eine Hansestadt.

T Mein Land gehörte früher zum kommunistischen Ostblock. 1956 gab es bei uns einen Aufstand, der von sowjetischen Truppen blutig niedergeschlagen wurde.

S Ich komme von einer Insel, deren nördlicher Teil seit 1974 von einem anderen Staat besetzt ist.

R Ich lebe in dem nördlichsten der drei baltischen Staaten.

Q Mein Land wurde ein eigener Staat, als das frühere kommunistische Jugoslawien zerfiel.

P Ich komme von einer kleinen Insel, die früher eine englische Kolonie war. Wir sind der kleinste EU-Staat.

O Flächenmäßig ist mein Heimatland der zweitgrößte Staat der EU. Als beliebtes Urlaubsland wird es jedes Jahr von vielen Millionen Touristen besucht.

N Bei uns haben verschiedene Institutionen der EU ihren Sitz, z. B. auch der Europäische Gerichtshof. Unser Land ist klein und über dreißig Prozent seiner Einwohner sind Ausländer.

M Ich lebe in einem Land mit großer und langer Tradition. Hier wurden schon im Jahre 1215 die Freiheitsrechte des Einzelnen und die Menschenrechte schriftlich niedergelegt.

L Ich stamme aus einem Land im Herzen Europas, in dessen neun Bundesländern deutsch gesprochen wird und das insbesondere auch als Urlaubsland bekannt ist.

K Der Einwohnerzahl nach ist mein Heimatland das größte Land der EU, der Fläche nach das viertgrößte. Es hat die meisten Grenznachbarn, nämlich neun.

1. Wertet die Sprechblasentexte in Partnerarbeit aus: Um welchen Mitgliedstaat der EU handelt es sich jeweils?
2. Ordne die Flaggen den EU-Staaten zu.

Die drei Säulen der EU

Drei Säulen stellen die Politikbereiche der EU dar. Die mittlere Säule steht für die Europäischen Gemeinschaften, also EG und Euratom. In diesen Politikbereichen wird die Zusammenarbeit vom Grundsatz der überstaatlichen Befugnis bestimmt. Der EG-Vertrag ist das Kernelement der supranational ausgerichteten europäischen Einigung. Die Mitgliedstaaten haben Hoheitsrechte auf Organe der Gemeinschaft (Kommission, Rat, Parlament, Gerichtshof) übertragen. Die Mitgliedstaaten sind an Entscheidungen dieser Organe gebunden.

Für die Politikbereiche in den beiden flankierenden Säulen gilt der Grundsatz der Regierungszusammenarbeit. Die Regierungen der Mitgliedstaaten sind für diese Politikfelder, die noch nicht vergemeinschaftet wurden, weiterhin verantwortlich. Sie verpflichten sich jedoch zur zwischenstaatlichen Zusammenarbeit bzw. gegenseitigen Abstimmung auf Regierungsebene. Diese Art der Zusammenarbeit wird auch als „intergouvernementale" Zusammenarbeit bezeichnet. Die Mitgliedstaaten haben hier ihre Hoheitsrechte nicht an die EU übertragen.

A Bei Gemeinderatswahlen in Hessen dürfen auch hier wohnhafte Ausländer aus EU-Staaten wählen.

B Im Jahr 1995 wurde die Verwendung von Land- und Seeminen geächtet.

C Die Kriminalpolizei Wiesbaden ruft in Den Haag an, ob im Computer Informationen über zwei Festgenommene vorliegen, die einer gesuchten Dealer-Bande angehören könnten.

D Landwirte erhalten Geld dafür, dass sie einen Teil ihrer Ackerflächen stilllegen.

E Die Europäische Kommission verbietet den Zusammenschluss eines deutschen mit einem französischen Großunternehmen, da diese Fusion dem neuen Unternehmen eine so starke Stellung im europäischen Markt einräumen würde, dass kleine Unternehmen nicht mehr konkurrenzfähig wären.

1. Begründe, warum die mittlere Säule grafisch breiter dargestellt ist als die anderen beiden.
2. Zu welcher Säule und zu welchen Stichwörtern dort gehören die Beispiele A bis E jeweils?
3. Sollte in Zukunft auch in Politikbereichen der ersten und dritten Säule supranational entschieden werden? Begründe deine Meinung.

Europäischer Binnenmarkt

Die vier Freiheiten im Binnenmarkt

Freier Personenverkehr
- Abschaffung der Personenkontrollen an den Binnengrenzen
- Niederlassungs- und Beschäftigungsfreiheit für EU-Bürgerinnen und -Bürger
- gegenseitige Anerkennung von Diplomen und Prüfungszeugnissen

Freier Dienstleistungsverkehr
- Dienstleistungen können EU-weit angeboten werden
- Öffnung der Transport- und Telekommunikationsmärkte
- freier Markt für Banken und Versicherungen

Freier Warenverkehr
- Wegfall der Grenzkontrollen für Waren
- Schaffung von Vergleichbarkeit und gegenseitige Anerkennung von Normen und Vorschriften bei Waren
- Angleichung der Mehrwert- und Verbrauchssteuern

Freier Kapitalverkehr
- Geld kann EU-weit ungehindert investiert und angelegt werden
- keine Beschränkung im Zahlungsverkehr
- Liberalisierung des Wertpapierverkehrs

Seit 1993 ist die Europäische Union ein Binnenmarkt, also ein Raum ohne Grenzen für das wirtschaftliche Geschehen. Der Handel zwischen den Staaten der EU gilt nicht mehr als Ein- und Ausfuhr, sondern als Binnenhandel.

Wenn Waren im Binnenmarkt an jeden Ort gebracht werden dürfen, darf es auch keine Beschränkungen bei Dienstleistungen und im grenzüberschreitenden Personen- und Kapitalverkehr geben. Daher spricht man von den „vier Freiheiten", die im Binnenmarkt gelten.

Für die neuen Mitgliedstaaten wurde eine Reihe von Sonderregelungen vereinbart, durch die sie nach und nach an die Freiheiten des Binnenmarktes herangeführt werden. So wird ihnen z. B. die Niederlassungs- und Beschäftigungsfreiheit noch nicht in vollem Umfang gewährt. Dadurch soll verhindert werden, dass in der Zeit des Übergangs zu viele Arbeitskräfte aus den neuen Beitrittsländern den einheimischen Arbeitskräften Konkurrenz machen.

1 Frau Schneider aus Fulda sieht bei ihrem Aufenthalt in Mailand eine Espresso-Maschine, die ihr besonders gut gefällt. Deshalb kauft sie sie. Sie kann guten Gewissens an der Grenze mit der Maschine im Kofferraum durchfahren. Früher hätte sie an der Grenze anhalten, die Espresso-Maschine anmelden und dafür Zoll bezahlen müssen.

2 Mister Livington in Liverpool ist im Internet auf die Bedingungen der deutschen Corola-Lebensversicherung gestoßen. Er hält sie für besonders günstig. Ohne jegliche Genehmigung einer britischen Behörde kann die deutsche Versicherung mit dem Engländer einen Versicherungsvertrag abschließen, auch wenn sie keine Zweigniederlassung in England hat.

3 Herr Mädler aus Kassel erhält ein attraktives Angebot, bei einer Firma in Dublin (Irland) zu arbeiten. Die Tätigkeit im Ausland reizt ihn sehr. Er kann den Arbeitsvertrag unterschreiben, ohne eine Behörde in Deutschland oder Irland fragen zu müssen. Auf die Aufenthaltserlaubnis, die er dann in Irland beantragen muss, hat er einen Rechtsanspruch.

4 Herr Dr. Beck aus Frankfurt hat bei einem Ärztekongress den Italiener Guiseppe Gucci kennen gelernt. Er will in dessen Arzneimittelunternehmen 200 000 Euro investieren. Dies kann er tun – ohne jegliche staatliche Genehmigung, die früher notwendig gewesen wäre.

1 Mit welcher der vier Freiheiten hat das jeweilige Beispiel zu tun? Notiere auch den entsprechenden Unterpunkt.
2 Die Freiheiten des Binnenmarktes bieten viele Vorteile. Welche Nachteile könnte es geben?
3 „Jetzt nehmen uns die Osteuropäer die Arbeitsplätze weg!" – Was meinst du zu dieser Aussage?

Der Europäische Rat

„Der Europäische Rat gibt der Union die für ihre Entwicklung erforderlichen Impulse und legt die allgemeinen politischen Zielvorstellungen für diese Entwicklung fest."

(Artikel 4 des Vertrags über die Europäische Union)

Der Europäische Rat besteht aus den Staats- und Regierungschefs der 27 EU-Staaten sowie dem Präsidenten der Europäischen Kommission. Der Europäische Rat wurde 1974 eingerichtet und 1986 in der Einheitlichen Europäischen Akte rechtlich festgeschrieben. Da er das oberste Entscheidungsgremium in der Europäischen Union ist, werden seine Tagungen oft als „Gipfeltreffen" bezeichnet. Der Europäische Rat kommt mindestens zweimal jährlich zusammen. In der Praxis hat sich allerdings eingebürgert, dass er viermal jährlich tagt. Die Gipfeltreffen finden regelmäßig in Brüssel statt.

Weil die Europäische Union kein Staat, sondern eine besondere Art von Staatenverbindung ist, haben die 27 Staats- und Regierungschefs die Aufgabe, Grundsatzentscheidungen für die europäische Entwicklung zu treffen. Sie müssen die Impulse für die Weiterentwicklung der EU geben und die Leitlinien der europäischen Politik festlegen. Manchmal versuchen die Staats- und Regierungschefs auch, schwierige Probleme zu lösen, mit denen der Ministerrat (siehe Seite 85) nicht fertig geworden ist. Zu Beginn jeder Tagung bespricht sich der Europäische Rat mit dem Präsidenten des Europäischen Parlaments.

Der Vorsitz im Europäischen Rat wechselt halbjährlich. Im ersten Halbjahr 2010 hat ihn Spanien inne, im zweiten Halbjahr wird ihn Belgien übernehmen. 2011 folgen Ungarn und Polen, 2012 Dänemark und Zypern. 2013 sind Irland und Litauen an der Reihe, bevor 2014 Griechenland und Italien den Vorsitz übernehmen werden.

Seit 2009 wählt der Europäische Rat für jeweils $2\frac{1}{2}$ Jahre einen Präsidenten oder eine Präsidentin. Während seiner Amtszeit darf der Präsident kein nationales politisches Amt ausüben. Er legt die Termine und die Themen für die Sitzungen des Rates fest. Dabei stimmt er sich eng mit dem Mitgliedsland ab, das jeweils den Vorsitz im Rat innehat. Der Präsident hat bei den Sitzungen kein Stimmrecht. Zum ersten Präsidenten des Europäischen Rates wurde der Belgier Herman Van Rompuy gewählt, der das Amt am 1. Dezember 2009 antrat.

Teilnehmer an der Tagung des Europäischen Rates am 29./30. Oktober 2009 in Brüssel

1 Warum kann der Europäische Rat auch Probleme lösen, bei denen der Ministerrat nicht weitergekommen ist?

2 „Der Europäische Rat kann wichtige Impulse für die Entwicklung der EU geben." Begründe warum.

Europäische Union: Entstehung und Institutionen   83

Die Europäische Kommission

Beschreibungen

A Die Kommission ist die „Hüterin der Verträge". Das bedeutet, dass sie gemeinsam mit dem Gerichtshof über die ordnungsgemäße Anwendung des EU-Rechts in allen Mitgliedstaaten wacht. Wenn die Kommission feststellt, dass ein EU-Staat europäische Rechtsvorschriften nicht anwendet und somit seine rechtlichen Verpflichtungen nicht erfüllt, ergreift sie Schritte, um diesen Verstoß abzustellen.

B Die Kommission ist das Exekutivorgan der EU, d. h. sie führt die vom Parlament und vom Ministerrat beschlossenen Maßnahmen durch und verwaltet die EU-Gelder. Ein Beispiel für einen Politikbereich, den die Kommission aktiv verwaltet, sind die Wettbewerbsregeln. Die Kommission überwacht Kartelle und Fusionen und stellt sicher, dass die EU-Staaten ihren Industriebetrieben keine Subventionen gewähren, die den Wettbewerb verfälschen.

C Der Vertrag räumt der Kommission das „Initiativrecht" ein. Mit anderen Worten: Sie allein ist für die Ausarbeitung von Vorschlägen für neue europäische Rechtsvorschriften verantwortlich, die sie dem Parlament und dem Ministerrat vorlegt.

D Die Kommission ist für das Aushandeln völkerrechtlicher Verträge im Namen der EU verantwortlich.

E Die Kommission schlägt nur dann etwas vor, wenn sie der Ansicht ist, dass ein Problem dadurch wirksamer gelöst werden kann als durch nationale, regionale oder lokale Maßnahmen.

F Unter den wachsamen Augen des Rechnungshofes verwaltet die Kommission den Haushalt. Das Europäische Parlament erteilt der Kommission nur dann die Entlastung für die Durchführung des Haushaltsplans, wenn es mit dem Jahresbericht des Rechnungshofes zufrieden ist.

G Die Kommission ist eine wichtige Sprecherin der EU auf internationaler Ebene. Dadurch können die 27 Mitgliedstaaten in internationalen Foren wie der Welthandelsorganisation „mit einer Stimme" sprechen.

H Wenn der Verstoß eines Staates gegen EU-Verträge nicht abgestellt wird, muss die Kommission die Angelegenheit dem Gerichtshof übergeben, der Strafen verhängen kann. Die Urteile des Gerichtshofes sind für die Mitgliedstaaten und die Organe der EU bindend.

1. Jeweils zwei Beschreibungen gehören zu einer Aufgabe der Kommission. Ordne zu.
2. Warum bezeichnet man die Kommission wohl als „Motor der Europäischen Union"?
3. Die Kommission wird oft auch als „Regierung der EU" bezeichnet. Was spricht dafür, was dagegen?

Das Europäische Parlament

Das Europäische Parlament in Straßburg

(Gerhard Mester)

Die Abgeordneten des Europäischen Parlaments werden alle ..... **1** ..... Jahre direkt gewählt. Sie schließen sich übernational zu ..... **2** ..... zusammen. Derzeit besteht das Europäische Parlament aus 751 Abgeordneten. Die Plenartagungen finden in ..... **3** ..... statt.

Das Europäische Parlament hat drei wesentliche Aufgaben:

1. Es teilt sich die ..... **4** ..... Gewalt mit dem Ministerrat. Bei etwa 80 Prozent der Verordnungen und Richtlinien entscheidet es ..... **5** ..... mit dem Ministerrat. Das Parlament kann die ..... **6** ..... auffordern, Gesetzesvorlagen einzubringen.

2. Es übt die demokratische ..... **7** ..... über alle Organe der EU und insbesondere über die Kommission aus. Es bestätigt zum Beispiel die Kommission oder kann sie zum ..... **8** ..... zwingen. Nach dem Vertrag von Lissabon ist das Parlament künftig für die ..... **9** ..... des Kommissionspräsidenten zuständig.

3. Das Parlament teilt sich das Haushaltsrecht mit dem Ministerrat und kann daher Einfluss auf die ..... **10** ..... der Europäischen Union nehmen. Die Abgeordneten haben das „letzte Wort" über den Gesamthaushalt: Das Parlament kann ihn ..... **11** ..... oder ablehnen.

Kontrolle – fünf – annehmen – Fraktionen – Rücktritt – Ausgaben – gesetzgebende – gleichberechtigt – Wahl – Kommission – Straßburg

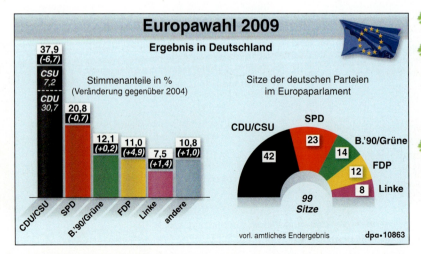

1. Ergänze den Lückentext.

2. Werte die Übersicht mit den Ergebnissen der Europawahl für Deutschland aus und notiere einige Beobachtungen.

3. Was will die Karikatur zum Ausdruck bringen?

Der Rat der Europäischen Union (Ministerrat)

Der Rat der Europäischen Union – kurz Ministerrat genannt – beschließt die Verordnungen und Richtlinien, also die Gesetze der EU. An seinen Tagungen nimmt je ein Minister aus den nationalen Regierungen der EU-Staaten teil. Je nach anstehender Entscheidung sind es die Landwirtschaftsminister, die Umweltminister, die Finanzminister usw.

Der Ministerrat hat sechs zentrale Aufgaben:

1. Er beschließt europäische Rechtsvorschriften. In vielen Bereichen kann der Rat die Gesetze nur unter gleichberechtigter Mitwirkung des Europäischen Parlaments verabschieden. In anderen Bereichen muss das Parlament nur angehört werden.
2. Er sorgt für die Abstimmung der Grundzüge der Wirtschaftspolitik in den Mitgliedstaaten.
3. Er schließt internationale Übereinkünfte zwischen der EU und einem oder mehreren Staaten oder internationalen Organisationen ab.
4. Gemeinsam mit dem Europäischen Parlament genehmigt er den Haushaltsplan der EU.
5. Auf der Grundlage der vom Europäischen Rat festgelegten allgemeinen Richtlinien entwickelt er die Gemeinsame Außen- und Sicherheitspolitik der EU (GASP).
6. Er koordiniert die Zusammenarbeit der nationalen Gerichte und Polizeikräfte in Strafsachen.

Beschlussfassung

In einigen für die Mitgliedstaaten besonders sensiblen Bereichen wie Außen-, Sicherheits-, Steuer-, Asyl- und Einwanderungspolitik müssen die Beschlüsse des Ministerrats einstimmig gefasst werden. Das bedeutet, dass jedes EU-Mitglied in diesen Bereichen ein Veto einlegen kann.

Die meisten Beschlüsse werden im Ministerrat mit „qualifizierter Mehrheit" gefasst. Das bedeutet, dass für die Annahme eines Vorschlags eine bestimmte Mindestanzahl von Stimmen erforderlich ist. Die genauen Bestimmungen dazu haben sich im Laufe der Zeit mehrmals geändert, z. B. wegen des Beitritts weiterer Staaten. Zurzeit gilt, dass die 27 EU-Staaten insgesamt 345 Stimmen haben, die großen wie Deutschland und Frankreich z. B. jeweils 29, das kleine Malta nur drei. Die qualifizierte Mehrheit ist erreicht, wenn ein Gesetzentwurf der Kommission mindestens 255 befürwortende Stimmen erhält.

Nach dem Vertrag von Lissabon soll ab 1. 11. 2014 im Ministerrat das Abstimmungsprinzip der „doppelten Mehrheit" gelten. Das bedeutet: Entscheidungen im Ministerrat kommen dann zustande, wenn 55 % der Staaten, die gleichzeitig 65 % der EU-Bevölkerung vertreten, zustimmen.

(Gerhard Mester)

1. Wie unterscheidet sich der „Rat der Europäischen Union" vom „Europäischen Rat"?
2. Der Ministerrat wird häufig als „Gesetzgeber der EU" bezeichnet. Wie kann das begründet werden?
3. Was muss jede Regelung zur Beschlussfassung im Ministerrat berücksichtigen?
4. Was will die Karikatur zum Ausdruck bringen?

Zusammenwirken der EU-Organe

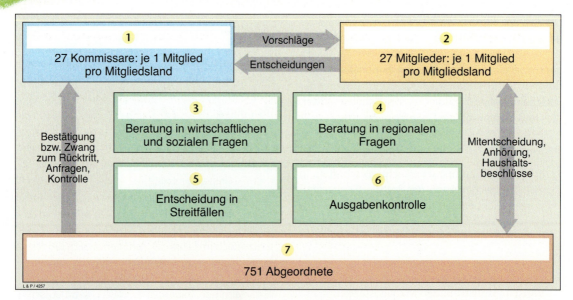

Organe der EU	Aufgabenbeschreibungen
Ministerrat	
Europäisches Parlament	
EU-Kommission	
Europäischer Gerichtshof	
Wirtschafts- und Sozialausschuss	
Regionalausschuss	
Europäischer Rechnungshof	

A ... kann von anderen EU-Organen, von Mitgliedstaaten oder Einzelpersonen angerufen werden, wenn Zweifel in der Anwendung von Verträgen, Verordnungen oder Richtlinien der EU bestehen.

B ... muss angehört werden und berät die EU-Kommission und den Ministerrat in regionalen Fragen, z. B. bei der regionalen Förderung oder in Fragen der Bildungspolitik.

C ... entscheidet bei der Gesetzgebung in wichtigen Bereichen gleichberechtigt mit dem Ministerrat. ... beschließt gemeinsam mit dem Ministerrat den Haushalt. ... muss die Kommission bestätigen und kann sie zum Rücktritt zwingen. ... muss völkerrechtlichen Verträgen, z. B. Beitrittsbeschlüssen, zustimmen.

D ... berät die Kommission und den Ministerrat in wirtschaftlichen und sozialen Fragen.

E ... macht die Vorschläge für Verordnungen und Richtlinien sowie für den Haushaltsplan. ... führt sie im Bereich gemeinschaftlicher Politik auch aus. ... stellt den Haushaltsplan auf und verwaltet ihn. ... wacht über Einhaltung der EU-Verträge.

F ... prüft alle Ausgaben und Einnahmen der EU. ... legt nach jedem Haushaltsjahr einen Bericht vor. ... erstellt Sonderberichte zu speziellen Fragen.

G ... erlässt die Verordnungen und Richtlinien der EU, in wichtigen Bereichen gleichberechtigt mit dem Europäischen Parlament, sonst nach dessen Anhörung. ... genehmigt den Haushalt zusammen mit dem Europäischen Parlament.

1 Notiere zu jeder Kurzbeschreibung, welches Organ gemeint ist.
2 Ordne die sieben Organe den Nummern in der Grafik zu.
3 In der Übersicht fehlt der Europäische Rat. Warum?

Das Wichtige in Kürze

Einigungsprozess
Eine Grundlage für die europäische Einigung war die deutsch-französische Versöhnung nach dem 2. Weltkrieg. Die EU soll dauerhaften Frieden sichern, die Demokratie festigen und die wirtschaftliche Zusammenarbeit fördern.

Vertrag über die Europäische Union
Im Vertrag über die EU sind alle Beschlüsse zusammengefasst, die im bisherigen Verlauf der europäischen Einigung gefasst worden sind. Er wird also fortgeschrieben. In dem Vertrag werden drei nebeneinander bestehende Aufgabenbereiche unterschieden: Europäische Gemeinschaft (EG), Gemeinsame Außen- und Sicherheitspolitik (GASP), Zusammenarbeit in der Innen- und Justizpolitik.

Europäischer Binnenmarkt
Der Europäische Binnenmarkt gewährleistet zwischen den Mitgliedstaaten vier Freiheiten: den freien Verkehr von Personen, Waren, Dienstleistungen und Kapital. Die Verbraucher können in der EU einkaufen und von dem größeren Wettbewerb profitieren. Die Unternehmen haben bessere Exportmöglichkeiten in die anderen EU-Staaten. Die Arbeitnehmer können Arbeit in anderen EU-Staaten finden und durch Auslandserfahrungen ihre Berufschancen verbessern.

Europäischer Rat
Der Europäische Rat besteht aus den Staats- und Regierungschefs und kommt mindestens einmal im Halbjahr zu einem Gipfeltreffen zusammen. Er trifft die Grundsatzentscheidungen für die europäische Entwicklung.

Europäisches Parlament
Die Abgeordneten werden alle fünf Jahre gewählt. Sie schließen sich übernational zu Fraktionen zusammen. Das Europäische Parlament entscheidet bei Verordnungen und Richtlinien gleichberechtigt mit dem Ministerrat.

Europäische Kommission
Jeder Mitgliedstaat entsendet in die Europäische Kommission für jeweils fünf Jahre eine Kommissarin oder einen Kommissar. Die Ernennung erfolgt nach eingehender Prüfung durch das Europäische Parlament. Eine oder einer ist der Präsident, der die Richtlinienkompetenz hat und auch Mitglied des Europäischen Rates ist. Die anderen Kommissarinnen und Kommissare sind jeweils für einen bestimmten Aufgabenbereich (Ressort) zuständig. Während ihrer Amtszeit sind sie völlig unabhängig von den Regierungen ihrer Staaten.

Ministerrat
Der Ministerrat (Rat der Europäischen Union) beschließt die Verordnungen und Richtlinien, also die Gesetze der EU. In vielen Politikbereichen kann der Rat die Gesetze nur unter gleichberechtigter Mitwirkung des Europäischen Parlaments verabschieden. In anderen Bereichen muss das Parlament nur angehört werden. Bei den einzelnen Zusammenkünften bilden diejenigen Minister den Rat, aus deren Fachbereich Entscheidungen anstehen.

Europäischer Gerichtshof
Er hat dafür zu sorgen, dass die Rechtsvorschriften der EU (das „Gemeinschaftsrecht") in allen Mitgliedstaaten einheitlich ausgelegt und angewendet werden. Er ist befugt, in Rechtsstreitigkeiten zwischen Mitgliedstaaten, Organen der EU, Unternehmen und Privatpersonen zu entscheiden.

Europäische Zentralbank
Vorrangiges Ziel der Europäischen Zentralbank ist die Sicherung der Preisstabilität. Sie regelt die Geldpolitik sowie die Banknotenausgabe im „Euroland". Ihren Sitz hat sie in Frankfurt am Main.

Der Vertrag von Lissabon

Im Dezember 2001 wurde ein aus 105 Mitgliedern bestehender Konvent mit der Ausarbeitung einer europäischen Verfassung beauftragt. Damit sollte der gewachsenen Gemeinschaft eine neue vertragliche Grundlage gegeben werden. Im Oktober 2004 unterzeichneten die Staats- und Regierungschefs der EU-Mitgliedstaaten den vom Konvent erarbeiteten Verfassungsvertrag. Damit war die Debatte über die Zukunft Europas aber nicht beendet. In den Mitgliedstaaten musste der Verfassungsvertrag durch Parlamentsbeschluss oder Volksentscheid gebilligt werden. Bei Volksabstimmungen in Frankreich im Mai 2005 und den Niederlanden im Juni 2005 wurde die EU-Verfassung u. a. aus Angst vor dem Verlust von Eigenstaatlichkeit von den Bürgerinnen und Bürgern abgelehnt.

Die Verfassung sah u. a. vor, die Werte und Ziele der EU sowie die Rechte der Bürgerinnen und Bürger in der europäischen Charta der Grundrechte festzuschreiben. Der umstrittenste Vorschlag im Verfassungsvertrag war die neue Regelung für Abstimmungen im Ministerrat. Das Prinzip der „doppelten Mehrheit" sollte eingeführt werden. Danach kommt diese qualifizierte Mehrheit dann zustande, wenn mindestens 55 Prozent der Mitgliedstaaten zustimmen, die zugleich 65 Prozent der Bevölkerung der EU vertreten. Diese Regelung sollte Blockaden von „Großen" und „Kleinen" verhindern. Bisher gilt im Ministerrat die im Jahr 2000 in Nizza festgelegte Stimmengewichtung für die einzelnen EU-Länder. Die Spanne reicht dabei von drei (Malta) bis 29 Stimmen (Deutschland, Frankreich, Großbritannien, Italien). Für die meisten Beschlüsse ist die „qualifizierte Mehrheit" erforderlich. Diese ist erreicht, wenn (a) die Mehrheit der Mitglieder zustimmt, die (b) zugleich mindestens 255 Stimmen auf sich vereinigt. Beschlüsse zu den politisch brisantesten Themen wie Steuerpolitik, Gemeinsame Außen- und Sicherheitspolitik und justizielle Zusammenarbeit müssen hingegen einstimmig gefasst werden, jeder Mitgliedstaat muss also zustimmen.

Nach der Ablehnung des Verfassungsvertrags in Frankreich und den Niederlanden im Frühsommer 2005 begann in den EU-Staaten eine Zeit des Nachdenkens. Auf dem EU-Gipfeltreffen im Juni 2007 in Brüssel wurde eine neue Vertragsreform auf den Weg gebracht. Beim EU-Gipfel in Lissabon im Oktober 2007 einigte man sich schließlich auf einen neuen EU-Reformvertrag, der wesentliche Elemente des ursprünglichen Verfassungsentwurfs enthält und an die Stelle der gescheiterten Verfassung treten soll. Nach dem Tagungsort wird er als „Vertrag von Lissabon" bezeichnet. Bei einem zweiten Treffen am 13.12.2007 in Lissabon unterzeichneten die 27 Staats- und Regierungschefs den Vertrag.

Der Ratifizierungsprozess geriet erneut ins Stocken, als die Iren den Vertrag im Juni 2009 in einem Referendum ablehnten. Es folgten weitere Verhandlungen, die zu begrenzten Zugeständnissen gegenüber Irland führten. So stellt auch in Zukunft jeder EU-Mitgliedstaat ein Mitglied der Europäischen Kommission: geplant war ursprünglich eine Verkleinerung der Kommission. Außerdem gewährleistet ein Zusatzprotokoll Irland Souveränität in der Steuer- und Verteidigungspolitik. Nach diesen Zugeständnissen stimmten die Iren in einem zweiten Referendum am 2. Oktober 2009 dem Lissaboner Vertrag zu. Sonderregelungen haben neben Irland auch Großbritannien, Polen und Tschechien ausgehandelt. Nachdem als letztes Mitgliedsland auch Tschechien im November 2009 den Vertrag unterzeichnete, trat er zum 1. Dezember 2009 in Kraft.

Stimmen nach dem Vertrag von Nizza	
Deutschland, Frankreich, Großbritannien, Italien je	29
Polen, Spanien je	27
Rumänien	14
Niederlande	13
Belgien, Griechenland, Portugal, Tschechien, Ungarn je	12
Bulgarien, Österreich, Schweden je	10
Dänemark, Finnland, Irland, Litauen, Slowakei je	7
Estland, Lettland, Luxemburg, Slowenien, Zypern je	4
Malta	3

 1 Erläutere, warum der vom Konvent vorgelegte Verfassungsentwurf scheiterte.

 2 Erörtere, ob die im Vertrag von Nizza festgelegte Stimmengewichtung gerecht war. Welche Länder wurden im Vergleich zu ihrer Bevölkerungszahl (siehe Seite 79) begünstigt?

 3 „Um die Zustimmung zum Lissaboner Vertrag zu erhalten, kann man Zugeständnisse an einzelne Mitgliedstaaten machen." Diskutiert das Für und Wider dieser Meinung.

Die Neuerungen des Reformvertrages

Grundrechtecharta	Durch einen Verweis im Reformvertrag wird die Grundrechtecharta aus dem Jahr 2000 rechtsverbindlich. Die Charta legt in 54 Artikeln die Bürgerrechte, etwa das Recht auf Meinungsfreiheit, auf Datenschutz, auf Bildung, auf eine gute Verwaltung fest. Damit sind die Rechte vor dem EU-Gerichtshof in Luxemburg einklagbar. Für Großbritannien, Irland, Polen und Tschechien bestehen Ausnahmeregelungen.
Europäische Kommission	Die EU-Kommission wird entgegen früherer Planungen nicht verkleinert. Die Kommission muss künftig ihre Gesetzesvorschläge überprüfen und stichhaltig begründen, wenn dies mehr als die Hälfte der Parlamente der Mitgliedstaaten verlangt. Der Präsident der Kommission wird auf Vorschlag des Europäischen Rates vom EU-Parlament gewählt.
Hoher Repräsentant für die Außenpolitik	Die EU bekommt einen „Hohen Repräsentanten der Union für Außen- und Sicherheitspolitik". Dieses Amt bündelt die Funktionen des bisherigen EU-Außenbeauftragten und des EU-Außenkommissars. Er ist Vize-Präsident der EU-Kommission und erhält einen diplomatischen Dienst.
Europäischer Rat	Die EU erhält einen Ratsvorsitzenden, dessen Amtszeit zweieinhalb Jahre beträgt. Der EU-Ratspräsident bereitet unter anderem die Gipfeltreffen der Staats- und Regierungschefs vor und leitet sie.
Europäisches Parlament	Das EU-Parlament wird künftig nur noch 751 Sitze umfassen. Der Parlamentspräsident verliert sein Stimmrecht, das er aber bereits bisher in der Praxis nicht ausübte. Das Parlament erhält erstmals ein Mitspracherecht in den wichtigen Fragen der inneren Sicherheit, der Justiz-Zusammenarbeit und der illegalen Einwanderung. Das Mitentscheidungsverfahren wird zur Regel, das heißt, EU-Parlament und Europäischer Rat entscheiden gemeinsam über Gesetze.
Abstimmungen im Ministerrat	EU-Beschlüsse werden dadurch erleichtert, dass künftig in vielen Fällen der Zwang zur Einstimmigkeit entfällt. Die Entscheidungen mit qualifizierter Mehrheit werden auf viele neue Bereiche ausgedehnt, vor allem bei der polizeilichen und Justiz-Zusammenarbeit. In sensiblen Bereichen wie der Außen-, Steuer- und Sozialpolitik sowie bei Änderungen von EU-Verträgen gilt aber weiter das Prinzip der Einstimmigkeit. Beim Abstimmungsverfahren gilt ab dem Jahr 2014 mit einer Übergangsfrist bis 2017 das Prinzip der „doppelten Mehrheit". Für einen Beschluss ist dann die Zustimmung von 55 Prozent der Mitgliedstaaten erforderlich, die gleichzeitig 65 Prozent der Bevölkerung der EU auf sich vereinen. In Streitfällen können sich Mitgliedstaaten noch bis 2017 auf den bisher geltenden Vertrag von Nizza mit seinem komplizierteren System der qualifizierten Mehrheit berufen. Polen bestand zudem auf der sogenannten „Joannina-Klausel.", die es einer Minderheit von Staaten ermöglicht, dass bei einer knappen Mehrheit im Ministerrat die Minderheit verlangen kann, dass der Rat noch einmal nachverhandelt.
Nationale Parlamente	Die nationalen Parlamente werden künftig acht statt bisher sechs Wochen vor einem geplanten Rechtsakt der EU informiert und können Einspruch erheben, wenn sie nationale Zuständigkeiten gefährdet sehen.
Petitionsrecht	Bürger können künftig mit einer Million Unterschriften die Kommission auffordern, Gesetzesvorschläge zu machen. Die Kommission ist dazu allerdings nicht verpflichtet.

Nach der Unterzeichnung des Vertrages in Lissabon sagte der EU-Parlamentspräsident, dass das Parlament der Gewinner des neuen Reformvertrages sein. Beurteile diese Aussage anhand der Bestimmungen des Vertrages.

Migration – Chance oder Gefahr für Europa?

Immer wieder berichten die Medien von afrikanischen Flüchtlingen, die in überfüllten Booten versuchen, ein europäisches Land zu erreichen. Von der wirtschaftlichen Not in ihren Heimatländern getrieben, riskieren sie dabei ihr Leben in der Hoffnung, in Europa Arbeit und ein besseres Leben zu finden. Das Foto zeigt Flüchtlinge, die auf Teneriffa (Spanien) von Sicherheitskräften in Empfang genommen werden. Neben Spanien sind es vor allem Italien und Malta, die von den illegalen Migranten angesteuert werden.

Fragen an UN-Untergeneralsekretär José Antonio Ocampo
„Europa braucht Migranten"

In Europa versucht man, den Zustrom von Einwanderern zu bremsen. Bei den UN schwärmt man von den Chancen, die Migranten bieten. Weshalb?
Europa braucht Migranten. Ihre Zahl wird nicht ab-, sondern zunehmen. Die Bevölkerung altert. Deutschland droht eine demografische Katastrophe. Die europäischen Länder müssen sich erst daran gewöhnen, dass ihre Bevölkerung ethnisch unterschiedlich zusammengesetzt ist, wie das in Amerika der Fall ist. Aber ich bin überzeugt, dass die internationale Migration eine positive Kraft ist, von der Herkunfts- wie Aufnahmeländer profitieren.

Aber in Europa ist oft die Sorge zu hören, dass Migranten anderen die Arbeit wegnehmen?
Das stimmt so nicht. Allenfalls Migranten, die früher gekommen sind, haben unter dieser Konkurrenzsituation zu leiden. Migranten ergänzen meist die einheimischen Arbeitskräfte, sie übernehmen Aufgaben, die diese nicht mehr machen wollen, bieten neue Dienstleistungen an, werden zu Unternehmern und tragen so zu mehr Wachstum bei. Internationale Migration ist eine große Chance für die Entwicklung. Zudem wachsen die Überweisungen der Migranten nach Hause ständig. (…)

Verlieren denn nicht ihre Heimatländer Fachleute wie Ärzte und Schwestern, die sie dringend brauchen?
Wenn jemand auswandern will, ist es schwer, ihn davon abzuhalten. Jeder sollte entscheiden können, wo er leben will. Aber es trifft zu, die Herkunftsländer investieren in diese Menschen, bilden sie als Mediziner oder Lehrer aus. Die Aufnahmeländer profitieren dann davon. Hier sollte international stärker zusammengearbeitet werden. (…)

(aus: Frankfurter Allgemeine Zeitung, 14. 7. 2006, S. 5. Das Gespräch führte Hans-Christian Rößler)

Wie will Europa die Migranten integrieren?

Unter dem Eindruck Tausender afrikanischer Flüchtlinge, die nach Europa drängen, hat es in diesem Jahr gleich zwei Konferenzen der Europäischen Union mit der Afrikanischen Union gegeben. Nun trägt die politische Annäherung erste Früchte. EU-Kommissar Franco Frattini stellte eine neue Strategie vor, mit der die Einwanderung zu einer „gemeinsamen Sache" der Europäer und Afrikaner gemacht werden soll.
(…) So soll es zwischen afrikanischen und europäischen Ländern präzise ausgehandelte *Mobilitätspakete* geben. EU-Länder sollen ihren Bedarf an Arbeitskräften in bestimmten Sektoren melden. Afrikanische Länder sollen Arbeitskräfte anbieten können. Gemanagt werden soll das ganze mit Hilfe von *Migrationszentren* in Afrika. Die sollen nicht nur über die Jobs in Europa informieren, sondern auch Sprach- und Trainingskurse anbieten.
Damit Angebot und Nachfrage zueinander passen, müssen auch EU-Länder, wenn sie sich an dem Programm beteiligen, *Migrationsprofile* entwickeln. Sie sollen bei Bedarf bestimmte Zuwandererquoten an die EU-Kommission melden, die sich dann zu Europas zentraler Schaltstelle für die neue Migrationspolitik entwickeln will. Frattini stellte noch einmal klar, dass Brüssel nicht die Absicht habe, den EU-Staaten bestimmte Quoten vorzuschreiben. (…)
Die *zirkuläre Migration* soll besonders gefördert werden. Europäische und afrikanische Länder müssten zusammenarbeiten, damit Migration nicht zu einer Schicksalsentscheidung fürs ganze Leben werde, sondern Menschen sich auch für jeweils begrenzte Zeiträume zwischen den Kontinenten bewegen können. Die Abwerbung von Fachkräften wie Ärzten oder Krankenschwestern müsse auf jeden Fall so geregelt werden, dass Afrika davon profitieren könne. (…)

(Cornelia Bolesch, in: Süddeutsche Zeitung, 1. 12. 2006, S. 7)

1. Wie begründet José Antonio Ocampo seine Aussage, dass Europa Migranten brauche?
2. Welche Vorschläge macht EU-Kommissar Frattini? Erläutere in diesem Zusammenhang die Begriffe „Mobilitätspakete", Migrationszentren", „Migrationsprofile" und „zirkuläre Migration".
3. „Migration – Chance oder Gefahr für Europa?" Was meint ihr? Diskutiert in der Klasse.

Europäische Einigung: Entwicklung und Herausforderungen 91

Soll die Türkei EU-Mitglied werden?

Argumente für und Argumente gegen den Beitritt der Türkei

A „Wer die 67 Millionen Türken nur als Einwanderer und die Türkei nicht als einen vielversprechenden Markt betrachtet, wird seine eindimensionale Sicht in zehn bis 15 Jahren gründlich revidieren müssen."

B „Der Beitritt der Türkei in die EU wäre eine radikale Neudefinition Europas. Nicht nur nach innen, sondern vor allem mit gewaltigen Folgen nach außen. Der geografische Schwerpunkt Europas und damit auch seine politische, strategische Interessenlage würde folgenschwer verschoben."

C „Eine politische Union verlangt ein europäisches Wir-Gefühl. Dieses setzt gemeinsame historische Erfahrungen und Prägungen voraus. Eine EU, die auch die Türkei umfasst, könnte an ein europäisches Wir-Gefühl nicht mehr appellieren, dazu sind die kulturellen Prägungen der Türkei und Europas zu unterschiedlich."

D „In der Türkei gibt es Strömungen, die wir als dem politischen Islam zugehörig betrachten. Diese Kräfte sind sicher nicht dafür, dass das Land schließlich Mitglied der EU wird. Diese Kräfte müssen unbedingt überwunden werden – wobei die europäische Perspektive ein entscheidendes Mittel dafür ist."

E „Die Aufnahme der Türkei würde die bisherigen Machtstrukturen in der Union grundlegend verändern. Rechnet man das gegenwärtige Bevölkerungswachstum hoch, wäre die Türkei bei einem Beitritt im Jahr 2013 vermutlich das größte Land in der Gemeinschaft – mit allen Konsequenzen bei der Verteilung von Einfluss und Macht in Brüssel."

F „Jetzt die Türkei wegen ihrer islamischen Bevölkerung auszugrenzen wäre verheerend. Wenn wir uns gegen einen Beitritt entscheiden, würden wir eine entscheidende Brücke zur immer wichtiger werdenden islamischen Welt, in den nahen Osten und nach Asien abbrechen."

Seit 2004 hat die EU zwölf neue Mitglieder in die Gemeinschaft aufgenommen. Die Türkei hatte erstmals 1959 die Aufnahme beantragt. Erst 1999 wurde der islamische Staat als Beitrittskandidat offiziell anerkannt. Ende 2004 beschloss die EU, mit der Türkei Beitrittsverhandlungen aufzunehmen. Diese begannen im Oktober 2005. In den EU-Mitgliedsländern ist ein möglicher Beitritt der Türkei umstritten.

EU ist mit der Türkei noch lange nicht zufrieden

Brüssel. (...) Im neuesten Fortschrittsbericht, dem Jahresgutachten für alle Kandidatenländer, lobte Erweiterungskommissar Olli Rehn einerseits die wirtschaftliche Entwicklung des Landes, beklagte aber andererseits das nach wie vor erhebliche Demokratiedefizit am Bosporus. (...) Menschenrechtsverletzungen sind zwar seltener geworden, kommen aber immer noch vor", heißt es in seinem Bericht. Außerdem: Der Rechtsrahmen zur Bekämpfung von Folter und Misshandlung sei zwar inzwischen vorhanden, jedoch müsse „energischer für die tatsächliche Ahndung dieser Straftaten gesorgt werden". Die Gewalt gegen Frauen biete „weiterhin Anlass zu ernster Sorge". (...) Rehn sei stark irritiert über Ankaras Umgang mit dem Schriftsteller Orhan Pamuk, der sich wegen „Herabsetzung des Türkentums" verantworten muss, weil er das militärische Vorgehen gegen Kurden und den historischen Völkermord an den Armeniern kritisiert hatte. Auch sorgen in Brüssel Berichte für Unruhe, wonach in der Türkei religiöse Minderheiten wie die 100 000 Christen in der Ausübung ihres Glaubens weiterhin gegängelt würden. (...) Beifall erntete die Türkei dagegen für ihre ökonomische Entwicklung. Das Land sei eine „funktionierende Marktwirtschaft" und schon „mittelfristig in der Lage, dem Wettbewerbsdruck und den Marktkräften innerhalb der Union standzuhalten". (...)

(Tobias Blasius, Brüssel, in: Marbacher Zeitung, 10. 11. 2005, S. 4)

(Gerhard Mester)

1. Formuliere zu jeder der Aussagen A bis F eine treffende Überschrift.
2. Welche Aussagen enthalten Argumente für, welche Argumente gegen einen EU-Beitritt der Türkei?
3. Werte den Zeitungsbericht aus: Notiere wesentliche Aussagen stichpunktartig.
4. Was will die Karikatur aussagen?
5. Wie denkst du über einen EU-Beitritt der Türkei? Notiere deine Meinung.

Europa: Hoffnungen und Erwartungen

Nur eine Frage:
Was ist wichtig für Europas Zukunft?

Schöne Aussichten

Etwas ist anders als sonst im Europasaal des Bundestages. Die vielen Journalisten kennt man ja, und einige Politikerinnen und Politiker sind auch zu sehen. Aber die großen Lettern vor dem Panoramafenster, die sonst nicht da: „Europa neu sehen" steht dort, und genau darum geht es heute hier. „Europa neu sehen" heißt das Dialogforum, zu dem Bundestagspräsident Norbert Lammert und sein Amtskollege im Europäischen Parlament 115 Schülerinnen und Schüler aus Berliner Europaschulen eingeladen haben, aus Anlass der deutschen EU-Ratspräsidentschaft im ersten Halbjahr 2007. Sie sind an diesem Dienstag im vergangenen Dezember in den Bundestag gekommen, um mit dem Präsidenten und den Fraktionsvorsitzenden des Europäischen Parlaments ein paar Dinge zu bereden. Und zwar zum Thema Europa.
Das passt so gut, dass die zweistündige Diskussion vom Fernsehsender Phoenix aufgezeichnet wird. Der gleichnamige Vogel aus der griechischen Sagenwelt ist ja bekannt dafür, immer wieder neu „aus der Asche" zu entstehen. „Einmal neu sehen" – das heißt neue Ideen entwickeln, Anstöße geben, gemeinsame Wege finden. Die Teilnehmer haben ihre Themen selbst ausgewählt und viele Fragen mitgebracht. (...) Geht die europäische Integration voran? Wie bringen wir Ökonomie und Soziales ins Gleichgewicht? Und warum hat Bildung nicht Priorität im EU-Haushalt? Europas Zukunft ist angebrochen.

Marvin Meißner, 19 Jahre
„Ich erhoffe mir für die EU, dass sie vor allem in außenpolitischen Fragen mehr Einigkeit zeigt und dass schneller gehandelt werden kann."

Chantal Rekowski, 19 Jahre
„Von der Europäischen Union wünsche ich mir, dass im Bereich der Umweltpolitik in Bezug auf die CO_2-Emissionen und die Atomkraft mehr beschlossen wird und sich die Politiker darauf einigen, welche der erneuerbaren Energiequellen besonders gefördert werden sollen."

Adrienne Birbaum, 20 Jahre
„Ich glaube, dass es wichtig ist, dass Europa einen noch stärkeren Kern bildet, damit es seine Interessen vor dem Rest der Welt besser vertreten kann."

Andrea Denecke, 19 Jahre
„Gut fände ich es, wenn die neuen Beitrittsländer erst mal wirtschaftlich angepasst würden, bevor weitere Beitrittsverhandlungen stattfinden. Es ist schwierig, alles auf einmal zu machen."

Sandra Naake, 18 Jahre
„Die Europäische Union sollte bald klare Aussagen und Entscheidungen in Bezug auf den Beitritt der Türkei treffen."

Marie-Noelle Suffer, 18 Jahre
„Ein großes Problem mit Europa ist, dass zu viel auf die Wirtschaft geachtet und das Soziale vernachlässigt wird. Im Bereich der Bildungspolitik muss zukünftig noch mehr getan werden."

Sebastian Sommer, 17 Jahre
„Ich hoffe auf jeden Fall, dass die EU-Verfassung durchkommt und dass Europa dadurch einiger wird. Aber ich hoffe auch, dass die Länder ihre Eigenheiten behalten."

Christian de Filippo, 18 Jahre
„Die EU muss sich verstärkt für die Bekämpfung der Folgen des Klimawandels einsetzen. Wenn man jetzt nicht etwas dagegen tut, wird es irgendwann zu spät sein, auch für unsere Kinder und Enkelkinder."

(aus: GLASKLAR. Das Jugendmagazin des Deutschen Bundestages. Europa und der Deutsche Bundestag. Hg.: Deutscher Bundestag, Berlin 2007, S. 2f.)

Notiere stichwortartig die Hoffnungen und Erwartungen der jungen Menschen. Mit welchen Aussagen könntest du dich identifizieren?

Methode: Wandzeitung

Thema: Die Entwicklung der EU

Eine „Wandzeitung" besteht aus Texten, Zeichnungen, Fotos usw. Sie dient dazu, andere über einen bestimmten Sachverhalt zu informieren, z. B. über die Ergebnisse eines Projektes.

Vorbereitung
Klärt vorab folgende Fragen:
- Welches Thema soll dargestellt werden?
- Welches Ziel wird mit der Wandzeitung verfolgt?
- An welche Zielgruppe richtet sie sich?
- Welche Materialien sind dafür zu beschaffen?

Schüler bei der Erstellung einer Wandzeitung

Durchführung
Zunächst ist zu klären:
- Wer beschafft die Informationen?
- Wer macht Fotos?
- Wer erstellt Zeichnungen?

Bei der Gestaltung der Wandzeitung sollten die folgenden Gesichtspunkte berücksichtigt werden:
- auffallende Überschrift
- nicht zu viel schriftliches Informationsmaterial
- übersichtliche Anordnung der Materialien

Die Materialien werden vor dem Aufkleben zunächst auf einer waagerechten Fläche ausgelegt. Durch Hin- und Herschieben lässt sich die beste Anordnung herausfinden. Erst wenn die Gestaltung feststeht, werden die Bilder und Texte aufgeklebt.

Auswertung
Wie reagieren die Betrachter auf die Wandzeitung? Man kann sie auch nach ihrer Meinung dazu fragen. Abschließend sollte gemeinsam besprochen werden, was an der Wandzeitung besonders gelungen ist und was das nächste Mal besser gemacht werden kann.

Schülerin und Schüler bei der Präsentation einer Wandzeitung

 Gestaltet selbst eine Wandzeitung zum Thema „Die Entwicklung der Europäischen Union".

Das Wichtige in Kürze

EU-Konvent

Im Dezember 2001 beschlossen die Staats- und Regierungschefs der EU-Staaten, einen Konvent einzuberufen. Aufgabe des Konvents war es, Vorschläge für eine Reform der Europäischen Union und den Entwurf einer Verfassung zu erarbeiten. Im Oktober 2004 wurde der Verfassungsvertrag von den Staats- und Regierungschefs unterzeichnet. In den EU-Mitgliedsländern musste die Verfassung durch Parlamentsbeschluss oder Volksentscheid gebilligt werden. Im Frühsommer 2006 lehnten die Franzosen und die Niederländer bei Volksabstimmungen die Verfassung ab. Sie war damit gescheitert.

Vertrag von Lissabon

Nach dem Scheitern des Verfassungsvertrages begann eine Zeit des Nachdenkens über die Zukunft Europas. Auf dem EU-Gipfel im Juni 2007 wurde die Krise der EU überwunden und ein neuer Reformvertrag auf den Weg gebracht, der an die Stelle der gescheiterten Verfassung treten soll. Im Oktober 2007 einigten sich die Staats- und Regierungschefs in Lissabon auf diesen Vertrag und unterzeichneten ihn bei einem weiteren Treffen in Lissabon am 13. Dezember 2007. Der Ratifizierungsprozess in den einzelnen EU-Mitgliedsstaaten zog sich zwei Jahre hin. Als letztes Mitgliedsland ratifizierte Tschechien im November 2009 den Vertrag, der dann zum 1. Dezember 2009 in Kraft trat.

Herausforderungen

Die Europäische Union steht vor vielen Herausforderungen. So muss z. B. die Aufgabe bewältigt werden, die seit 2004 aufgenommenen zwölf neuen Mitgliedstaaten in die Gemeinschaft zu integrieren. Ein weiteres Problem ist die Landwirtschaft, deren Kosten etwa die Hälfte der gesamten EU-Einnahmen ausmachen. Durch eine Agrarreform soll erreicht werden, dass die Bauern weniger Überschüsse produzieren. Die EU entwickelt ferner eine gemeinsame Sicherheits- und Verteidigungspolitik. Dazu gehört die Fähigkeit Europas, bei Krisen weltweit eigene Soldaten einsetzen zu können.

Migration

Eine neue große Herausforderung für die Europäische Union stellt der Zustrom Tausender afrikanischer Flüchtlinge dar, die jährlich nach Europa drängen. Von der wirtschaftlichen Not in ihren Heimatländern getrieben, versuchen sie auf abenteuerlichen Wegen Europa zu erreichen, um hier Arbeit und ein besseres Leben zu finden. Wie dem zunehmenden Flüchtlingsproblem am besten begegnet werden soll, darüber gehen die Meinungen auseinander. Inzwischen wurden auf EU-Ebene erste Strategien entwickelt, um der illegalen Migration Herr zu werden.

EU-Beitritt der Türkei

Bereits 1959 hatte die Türkei erstmals die Aufnahme in die Europäische Gemeinschaft beantragt. Erst 40 Jahre später, im Jahr 1999 wurde der islamische Staat als Beitrittskandidat offiziell anerkannt. Ende 2004 beschloss die EU, mit der Türkei Beitrittsverhandlungen aufzunehmen. Diese begannen im Oktober 2005. In den EU-Mitgliedsländern ist ein möglicher Beitritt des islamischen Staates Türkei zur Europäischen Union sehr umstritten.

Jugend und Europa

Die meisten Jugendlichen stehen der europäischen Einigung positiv gegenüber. Besonders die Reisefreiheit und die Aussicht auf Frieden für den Kontinent werden geschätzt. Viele sehen für sich auch in wirtschaftlicher Hinsicht eine bessere Zukunft.

Weißt du Bescheid?

1. Welche sechs Staaten bildeten den Anfang der Europäischen Union?
2. Wie viele Mitgliedstaaten hat die EU zurzeit?
3. Welche Staaten traten der Europäischen Union 2004 bei?
4. Welche beiden Staaten traten 2007 der EU bei?
5. Welcher EU-Staat hat die meisten Einwohner?
6. Seit wann gibt es den Euro als Bargeld?
7. Nenne die „drei Säulen" der EU.
8. Erkläre die drei Formen der politischen Zusammenarbeit zwischen den EU-Staaten.
9. Nenne die vier Freiheiten im EU-Binnenmarkt.
10. Nenne drei Aufgaben der Europäischen Kommission.
11. Wer gehört dem Europäischen Rat an?
12. Wer gilt als „Gesetzgeber der Europäischen Union"?
13. Wo hat das Europäische Parlament seinen Sitz?
14. Nenne zwei Aufgaben des Europäischen Parlaments.
15. Unterscheide: „Europäischer Rat" und „Rat der Europäischen Union".
16. Nenne zwei Rechte, die in der Grundrechtecharta festgelegt sind.
17. Was bedeutet die Abkürzung „GASP"?
18. Mit welchem Staat werden seit Oktober 2005 Verhandlungen über einen Beitritt zur Europäischen Union geführt?

Vervollständige das Schaubild. Setze dazu die im Schaubild rechts oben aufgeführten sechs Begriffe in die Leerfelder ein. Benutze das Arbeitsblatt oder notiere von 1 bis 6 auf einem gesonderten Blatt.

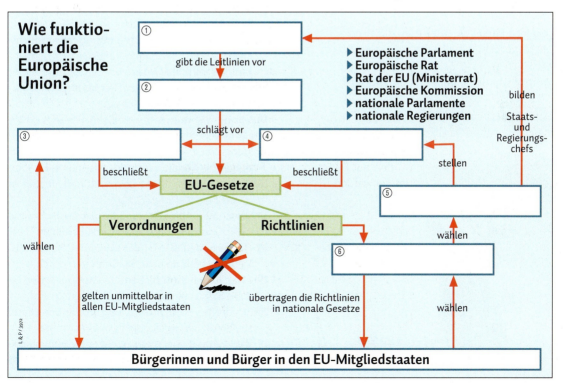

Weißt du Bescheid?

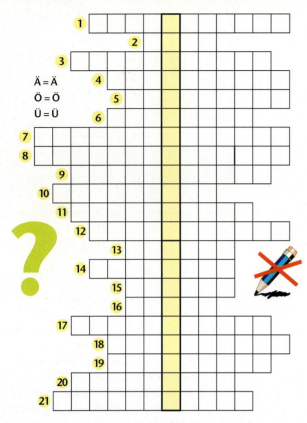

Ä = Ä
Ö = Ö
Ü = Ü

Löse das Rätsel. Benutze dazu das Arbeitsblatt. Die hervorgehobene Spalte ergibt die Lösung.

1. Der ... ermöglicht einen freien Waren- und Dienstleistungsverkehr in der EU.
2. In 16 Ländern der EU ist der ... mittlerweile gesetzliches Zahlungsmittel.
3. Neben Belgien, Deutschland, Frankreich, Italien und Luxemburg gehören die ... zu den Gründungsmitgliedern der Gemeinschaft.
4. Bei der ... wählen die Bürger der EU alle fünf Jahre direkt das Europäische Parlament.
5. Ab 2014 soll in der EU nach dem Prinzip der ... Mehrheit abgestimmt werden. Das heißt, dass 55 % der Mitgliedstaaten zustimmen müssen, die zugleich mindestens 65 % der Bevölkerung der EU vertreten.
6. Als vorerst letzte Mitglieder traten 2007 Bulgarien und ... der Gemeinschaft bei.
7. Im Rahmen der ... wurden 2004 gleich zehn neue Mitglieder in die EU aufgenommen.
8. Der ... besteht aus den Staats- und Regierungschefs der Mitgliedstaaten sowie dem Präsidenten der Europäischen Kommission.
9. Das bevölkerungsreichste Land der EU ist ... .
10. Mit den ... Verträgen wurde 1957 der Grundstein für die Europäische Union gelegt.
11. Im Zusammenhang mit dem Binnenmarkt spricht man auch von den „vier ... ."
12. Der ... beschließt die Verordnungen und Richtlinien der EU, in einigen Politikfeldern gemeinsam mit dem EU-Parlament.
13. Die Treffen der Staats- und Regierungschefs werden auch als „..." bezeichnet.
14. Mit dem Vertrag von ... soll eine neue Basis für die erweiterte EU gelegt werden.
15. Über einen möglichen Beitritt der ... zur EU gehen die Meinungen stark auseinander.
16. Von den im Jahr 2004 beigetretenen Staaten ist ... das bevölkerungsreichste Land.
17. Vorrangige Aufgabe der Europäischen ... ist die Sicherung der Preisstabilität im „Euroland".
18. Die Europäische ... ist das Exekutivorgan der EU. Sie führt beschlossene Maßnahmen durch.
19. In ... haben verschiedene Institutionen der EU ihren Sitz, z. B. der Europäische Gerichtshof.
20. Ein großes Problem für die Europäische Union stellen die vielen illegalen ... aus Afrika dar.
21. Der Europäische ... sorgt für eine einheitliche Auslegung der Rechtsvorschriften in der Union.

Worauf will der Karikaturist hinweisen?

(Gerhard Mester)

Gleichberechtigung

„Männer und Frauen sind gleichberechtigt. Der Staat fördert die tatsächliche Durchsetzung der Gleichberechtigung von Frauen und Männern und wirkt auf die Beseitigung bestehender Nachteile hin." Dieses Gebot enthält Artikel 3 des Grundgesetzes. Damit ist die Verwirklichung von Gleichberechtigung nicht nur eine persönliche Sache des Einzelnen, sondern auch ein Verfassungsauftrag und somit eine Verpflichtung, die dem Staat zukommt.

Wie sieht es nun aber in der gesellschaftlichen Realität mit der Gleichberechtigung aus? Inwieweit ist die Forderung des Grundgesetzes erfüllt? Die folgenden Seiten geben unter anderem Antworten auf diese Fragen:

- Wie ist es zum Gleichberechtigungsgebot in unserer Verfassung gekommen? Welche Schritte mussten auf dem Weg dorthin zurückgelegt werden?

- In welchen gesellschaftlichen Bereichen ist Gleichberechtigung weitgehend verwirklicht? Wo gibt es noch Nachholbedarf?

- Welche Aufgabe haben Frauenbeauftragte?

- Mit welchen besonderen Problemen haben berufstätige Frauen mit Kindern zu kämpfen? Wie versucht die Familienpolitik hier Abhilfe zu schaffen?

- Wie sieht es mit der Entlohnung von Frauen aus, wie mit den beruflichen Aufstiegschancen? Was sollten Mädchen bereits bei ihrer Berufswahl bedenken?

- Welchen Einfluss haben Frauen in der Politik? Wie sind sie in den Parlamenten vertreten?

- Welche Veränderungen gibt es in der Rollenverteilung zwischen Mann und Frau?

Methode: Meinungsabfrage

Thema: Frauensache oder Männersache?

Diskutiert man über ein Thema mit mehreren, stimmt der eine einer Aussage vielleicht zu, ein anderer lehnt sie ab und ein Dritter mag sich nicht entscheiden. Zu vielen Sachverhalten gehen die Meinungen auseinander. Testet selbst! Mit der folgenden Abfrage könnt ihr ein Meinungsbild eurer Klasse zum Thema „Frauen- oder Männersache?" erstellen.

Vorbereitung: Jede Schülerin und jeder Schüler benötigt drei verschiedenfarbige Karten, z. B.: rote Karte = Frau, blaue Karte = Mann, gelbe Karte = beide. Statt farbigen Karten können notfalls auch Zettel mit großen Buchstaben verwendet werden.

Durchführung: Eine Schülerin oder ein Schüler liest Frage für Frage deutlich und langsam vor. Zu jeder Frage zeigt jeder mit seiner Karte an, wer seiner Meinung nach zuständig ist: der Mann, die Frau, beide. Eine Diskussion findet während der Abfrage in der Klasse nicht statt. Der Lehrer oder die Lehrerin hält mit Strichlisten die Meinungen an der Tafel fest.

Auswertung: Anhand der Strichlisten lässt sich die Klassenmeinung zu jeder Aussage rasch ablesen. Zu welchen Punkten gibt es eine große Übereinstimmung? Zu welchen gehen die Meinungen weit auseinander?

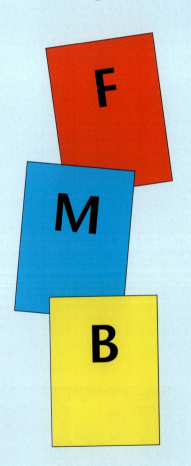

Mann oder Frau?
1. Wer betreut die Kinder, wenn keine Schule ist?
2. Wer näht die Kostüme für die Theateraufführung?
3. Freunde kommen zu deinen Eltern zum Essen. Wer kocht?
4. Wer kümmert sich um die Auswahl des Weines?
5. Dein Fahrrad hat einen Platten. Wer repariert ihn?
6. Das Schulfest steht bevor. Wer meldet sich zum Kuchenbacken?
7. Einem Mitschüler ist übel. Wer kümmert sich um ihn?
8. Das Kind einer Familie ist krank. Wer kocht Tee und misst Fieber?
9. Der Videorekorder funktioniert nicht. Wer repariert ihn?
10. Wer besucht die Physik AG der Schule?
11. Wer macht jeden Morgen das Frühstück?
12. Wer räumt die Küche auf und bereitet das Mittagessen zu?
13. Im Wohnzimmer ist eine Glühlampe defekt. Wer tauscht sie aus?
14. Ein Ikea-Schrank muss aufgebaut werden. Wer erledigt das?
15. Vater und Mutter fahren mit dem Auto zum Großeinkauf. Wer schreibt den Einkaufszettel?
16. Wer steuert das Auto zum Supermarkt?
17. Es ist Elternabend. Wer geht hin?
18. Das Laternenfest steht bevor. Wer bastelt die Laterne?
19. Oma hat nächste Woche Geburtstag. Wer besorgt das Geschenk?
20. Der Hund muss am Abend Gassi geführt werden. Wer geht?
21. Die Wäsche muss dringend gebügelt werden. Wer bügelt?
22. Wer putzt Bad und Toilette?
23. Die Eintrittskarten für das entscheidende Bundesligaspiel müssen besorgt werden. Wer kümmert sich darum?
24. Der Mülleimer quillt über. Wer trägt ihn zur Mülltonne?
25. Die Balkonpflanzen lassen die Köpfe hängen. Wer gießt sie?
26. Das Grillfest steht bevor. Wer grillt die Würstchen für die Gäste?
27. Das Haustier muss eingeschläfert werden. Wer geht zum Tierarzt?
28. Der Sommerurlaub muss gebucht werden. Wer wälzt die Kataloge?
29. Das Baby hat sich voll gemacht. Wer wickelt es?
30. Das Auto muss zur Inspektion. Wer bringt es zur Werkstatt?

Führt die Meinungsabfrage durch.

Die Kräuters

Elfriede Kräuter ist 80 Jahre alt. Sie hat fünf Kinder, acht Enkelinnen und Enkel und eine Urenkelin. Ihre Tochter Gudrun ist 55 Jahre alt und Mutter von zwei erwachsenen Kindern. Die Enkelin Claudia ist 28 Jahre und frischgebackene Mutter. Die drei Frauen wurden zu ihrem Leben befragt.

Elfriede Kräuter – Hausfrau und Mutter von fünf Kindern

„In meiner Kindheit war der Vater das Oberhaupt der Familie und hatte das Sagen. Mutter hielt das Haus in Ordnung und kochte für uns alle. Insgesamt waren wir acht Kinder. Pünktlich und mit sauberen Händen mussten wir bei Tisch erscheinen. Es hat mich manchmal eingeengt, stets nach Plan und den Vorstellungen des Vaters leben zu müssen. Für meine eigene Familie wollte ich einmal mehr Freiheit. Für eine Berufsausbildung blieb in den Wirren des Krieges keine Zeit. Nach Kriegsende heiratete ich meinen Verlobten Rudi. Freiheit war für uns, in den Urlaub fahren zu können – ganz egal wohin, Hauptsache raus aus dem Muff! Rudi meinte, dass ich mich um die Kinder kümmern sollte. Das war schade, denn ich wäre gern arbeiten gegangen, zumal das Geld knapp war. Rudi beharrte aber auf seiner Meinung. So nähte ich die Kleidung für die Kinder selbst und sparte auch sonst, wo ich konnte. Rudi hat das Geld für uns alle verdient und ich habe ihm den Rücken frei gehalten."

Gudrun Kräuter – Einzelhandelskauffrau und Mutter von zwei erwachsenen Kindern, in zweiter Ehe verheiratet

„Als ich meinen ersten Mann heiratete, hatte ich noch andere Vorstellungen vom Leben. Ich schloss meine Ausbildung erfolgreich ab und stieg schnell in meinem Beruf auf. Als unsere zwei Kinder da waren, gab ich meine Erwerbstätigkeit auf und kümmerte mich um die Kinder. Mein Arbeitsplatz war nun zu Hause. Nachdem die Kinder aus dem Gröbsten raus waren, ging ich wieder stundenweise arbeiten. Das fand mein damaliger Mann nicht gut. Wir stritten deswegen viel. Irgendwie lebten wir uns mehr und mehr auseinander und trennten uns schließlich. Damit, dass ich wieder ein wenig mehr für mich wollte, mich öfter mit meinen Freundinnen traf, in den Tanzclub eintrat, kam mein erster Mann nie richtig klar. Dabei war er selbst jede Woche drei Abende mit seinem Sportverein unterwegs. Meine Mutter hat mich auch nicht verstanden. Sie hat immer gesagt, dass man gemeinsam durch schwierige Zeiten durch muss und eine Ehe doch nicht einfach so hinschmeißt. – Heute bin ich mit meinem zweiten Mann sehr glücklich. Er ist tolerant und hat mir zuliebe sogar einen Tanzkurs gemacht. Für uns beide ist es auch kein Problem, wenn einer einmal etwas ohne den anderen unternimmt."

Claudia Kräuter – Lehrerin und Mutter einer kleinen Tochter, verheiratet

„Als Lehrerin kann ich meinen Beruf gut mit der Familie vereinbaren. Während und nach dem Studium habe ich aber erst einmal das Leben so richtig genossen und mich nicht gleich gebunden. Seit drei Monaten bin ich mit Felix verheiratet. Unsere Tochter Petra ist 18 Monate alt. Heiraten, nur weil ein Kind unterwegs war, wollten Felix und ich nicht. Nachdem das dann mit uns aber prima lief, haben wir uns doch dazu entschlossen. Gleich nach dem Mutterschaftsurlaub bin ich wieder in die Schule gegangen. Ein Teil meines Gehaltes geht zwar für die Tagesmutter drauf, aber ich kann und will nicht den ganzen Tag zu Hause sitzen. Seit ich meine Stelle hier an der Realschule angetreten habe, engagiere ich mich mit Erfolg in der Kommunalpolitik. Schon als Jugendliche bin ich, angeregt durch meinen damaligen Freund, in meine Partei eingetreten. Schule, Politik und die Frauengruppe – da bin ich schon viel unterwegs. Felix ist verständnisvoll und kümmert sich dann lieb um Petra."

 Vergleiche die Schilderungen der drei Frauen und zeige Gemeinsamkeiten und Unterschiede auf.

Der Weg zur Gleichberechtigung

Andrang vor den Wahllokalen anlässlich der Wahl zur verfassungsgebenden Nationalversammlung am 19. Januar 1919, bei der die Frauen erstmals stimmberechtigt waren

Die vier „Mütter des Grundgesetzes" im Jahr 1949: Elisabeth Selbert (SPD), Friederike Nadig (SPD), Helene Weber (CDU) und Helene Wessel (Zentrum)

Zum ersten Mal wurde die formale Gleichberechtigung von Mann und Frau in der Verfassung der Weimarer Republik von 1919 betont. In diesem Jahr erhielten die Frauen das aktive und passive Wahlrecht. An der Wahl zur Nationalversammlung beteiligten sich 82,3 Prozent der weiblichen und 82,4 Prozent der männlichen Wahlberechtigten. In der Nationalversammlung betrug die Frauenquote 9,6 % der 423 Abgeordneten.

Das Gleichberechtigungsgebot entstand 1949 und spiegelte zunächst den Geist der Zeit, nämlich das Engagement der Frauen im gesellschaftlichen Leben wider. Viele Männer waren im Krieg gefallen und so mussten die Frauen zahlreiche Aufgaben übernehmen, für die früher die Männer zuständig waren. Viele Frauen standen allein und mussten ohne männliche Hilfe für ihre Kinder und sich selbst sorgen.

Der Parlamentarische Rat (verfassunggebende Versammlung), bestand aus 61 Männern und 4 Frauen (siehe Foto). Er sprach sich zunächst gegen eine Aufnahme des Gleichberechtigungsgebots im Grundgesetz aus. Letzten Endes wurde der Gleichberechtigungsgrundsatz aber doch im Grundgesetz, der Verfassung der Bundesrepublik Deutschland, verankert. Das vom Parlamentarischen Rat erarbeitete Grundgesetz trat am 23. Mai 1949 in Kraft. Der Artikel 3 wurde am 27. Oktober 1994 in die heute gültige Form gebracht. In Absatz 2 kam der Passus hinzu, dass sich der Staat um die tatsächliche Durchsetzung der Gleichberechtigung von Frauen und Männern zu kümmern hat.

1 Im Artikel 3 des Grundgesetzes fehlen die sechs aufgeführten Begriffe. Welcher Begriff gehört wohin?
2 Versuche, die nachfolgenden Jahreszahlen den BGB-Paragrafen und den Texten auf Seite 101 zuzuordnen: 1977, 1977, 1958, 1957, 1957, 1896, 1896.

Grundgesetz – Artikel 3

[Gleichheit, Gleichberechtigung von Mann und Frau]

(1) Alle ① sind vor dem Gesetz gleich.
(2) ② sind gleichberechtigt. Der Staat fördert die tatsächliche ③ der Gleichberechtigung von Frauen und Männern und wirkt auf die ④ bestehender Nachteile hin.
(3) Niemand darf wegen seines ⑤, seiner Abstammung, seiner Rasse, seiner Sprache, seiner Heimat und Herkunft, seines Glaubens, seiner religiösen oder politischen Anschauungen ⑥ oder bevorzugt werden. Niemand darf wegen seiner Behinderung benachteiligt werden.

Bausteine: Geschlechts | Menschen | benachteiligt | Beseitigung | Männer und Frauen | Durchsetzung

Gesetzliche Normen als Ausdruck gesellschaftlichen Wandels

Das Gleichberechtigungsgebot im Grundgesetz machte eine Reihe von Gesetzesänderungen notwendig. Zu ändern war vor allem die ehe- und familienrechtliche Benachteiligung der Frau im Bürgerlichen Gesetzbuch (BGB). Insbesondere zwei Paragrafen des Bürgerlichen Gesetzbuches von 1896 waren zwischen den Parteien umstritten: der sogenannte Gehorsamsparagraf (§ 1354) und das Haushaltsführungsrecht (§ 1356).

Fassung von: [ ]

BGB § 1354 (Rechtsstellung der Frau)
Dem Manne steht die Entscheidung in allen das gemeinschaftliche eheliche Leben betreffenden Angelegenheiten zu; er bestimmt insbesondere Wohnort und Wohnung. Die Frau ist nicht verpflichtet, der Entscheidung des Mannes Folge zu leisten, wenn sich die Entscheidung als Missbrauch seines Rechts darstellt.

Fassung von: [ ]

BGB § 1356 (Haushaltsführung)
Die Frau ist, unbeschadet der Vorschriften des § 1354, berechtigt und verpflichtet, das gemeinschaftliche Hauswesen zu leiten. Zu Arbeiten im Hauswesen und im Geschäfte des Mannes ist die Frau verpflichtet, soweit eine solche Tätigkeit nach den Verhältnissen, in denen die Ehegatten leben, üblich ist.

Nach langem Ringen zwischen den Parteien wurde am 18. Juni [ ] das Ehe- und Familienrecht neu geregelt. § 1354 wurde ersatzlos gestrichen. Festgeschrieben wurde weiterhin die Verantwortung der Frau für den Haushalt.

Fassung von: [ ]

BGB § 1356 (1)
Die Frau führt den Haushalt in eigener Verantwortung. Sie ist berechtigt, erwerbstätig zu sein, soweit dies mit ihren Pflichten in Ehe und Familie zu vereinbaren ist. Jeder Ehegatte ist verpflichtet, im Beruf oder Geschäft des anderen Ehegatten mitzuarbeiten, soweit dies, nach den Verhältnissen, in denen die Ehegatten leben, üblich ist.

Fassung von: [ ]

BGB § 1360
Die Ehegatten sind einander verpflichtet, durch ihre Arbeit und mit ihrem Vermögen die Familie angemessen zu unterhalten. Die Frau erfüllt ihre Verpflichtung, durch Arbeit zum Unterhalt der Familie beizutragen, in der Regel durch die Führung des Haushalts; zu einer Erwerbsarbeit ist sie nur verpflichtet, soweit die Arbeitskraft des Mannes und die Einkünfte der Ehegatten zum Unterhalt der Familie nicht ausreichen.

Die Zustimmungspflicht des Ehemannes im Falle einer Erwerbstätigkeit der Frau wurde erst [ ] aufgehoben:

Fassung von: [ ]

BGB § 1356
Die Ehegatten regeln die Haushaltsführung in gegenseitigem Einvernehmen. Ist die Haushaltsführung einem der Ehegatten überlassen, so leitet dieser den Haushalt in eigener Verantwortung. Beide Ehegatten sind berechtigt, erwerbstätig zu sein.

Gleichberechtigung – Fallbeispiel Bundeswehr

Der Fall Tanja Kreil
Die deutsche Elektronikerin Tanja Kreil hatte sich bei der Bundeswehr für einen Posten zur Instandsetzung von Waffenelektronik beworben. Sie wurde abgelehnt, weil nach der damals geltenden Regelung im Grundgesetz Frauen auf keinen Fall Dienst mit der Waffe leisten durften. Tanja Kreil klagte dagegen und das Verwaltungsgericht Hannover legte den Fall dem Europäischen Gerichtshof vor. Dieser sah einen Verstoß gegen den Grundsatz der Gleichbehandlung. Der Bundestag änderte daher das Grundgesetz. Seit dem 1.1.2000 dürfen Frauen freiwillig Dienst mit der Waffe in der Bundeswehr leisten. Zurzeit (2010) gibt es 16 900 Soldatinnen bei der Bundeswehr, Tendenz steigend.

Frauen in den Streitkräften

Der Anteil weiblicher Soldaten steigt. Dumme Sprüche, Diskriminierung, Belästigung, Überforderung? Mitnichten. Ihre Integration in eine ehemals reine Männerwelt ist offensichtlich gelungen.

(...) In der Bundeswehr mit zirka 250 000 Soldaten dienen derzeit 13 000 Frauen, davon 1 500 Offiziere. Der Anteil weiblicher Soldaten ist im Jahr 2006 gegenüber dem Vorjahr von 6,2 Prozent auf 6,8 Prozent gestiegen. Man kann ohne unsachgemäße Übertreibung von einer Erfolgsgeschichte sprechen. Diese konnte nur gelingen, weil politische und militärische Führung sich einig waren, dass sie gelingen sollte, und weil die große, facettenreiche, vielfältige Organisation Bundeswehr in dieser Frage an einem Strang zog.

Ein Blick in die Praxis: Sie sind Rekrutinnen. Sie sind selbstbewusst. Sie kommen gar nicht mehr auf den Gedanken, dass jemand sie diskriminieren wollen könnte. In Bad Salzungen, bei der Panzerkompanie 390, absolvieren vier junge Frauen zusammen mit 68 männlichen Kameraden die Grundausbildung. Sie alle haben das Gefühl, den körperlichen wie den geistigen Anforderungen der Ausbildung gewachsen zu sein. In den vier Jahren, für die sie sich verpflichtet haben, sollen sie Stabsgefreite werden. Annika M., von Beruf Köchin, hat sich durch Extratraining im Sportstudio vorbereitet, „denn Köche machen nun einmal nicht so viel Sport".

An der Bundeswehr reizt sie vor allem die Möglichkeit, hier kostenlos ihren Meister zu machen. Dajana S. hat sich für den Militärdienst entschieden, weil sie viele Freunde bei der Bundeswehr hatte. Sylvana N. schulte von Friseurin auf Bürokauffrau um, war danach kurz arbeitslos, bewarb sich beim Zentrum für Nachwuchsgewinnung in Berlin – und hatte einen Job.

Annika K. schließlich ist der sportliche Star der Rekrutengruppe, die Zweitschnellste in der ganzen Ausbildung, sie boxt, spielt Fußball, wollte immer schon zur Polizei oder zum Bundesgrenzschutz – da kam ihr die Öffnung der Bundeswehr gerade recht. „Natürlich guckt mancher Kamerad etwas verdutzt aus der Wäsche, wenn Frau K. an ihm vorbeizieht", sagt der Kompaniechef. Und sieht dabei sehr zufrieden aus. Wie aber stehen die Frauen zum Töten? Na ja, man hofft immer, dass es nicht dazu kommt. Diskriminierung, dumme Sprüche, Belästigungen, Überforderung? Man könnte die vier Frauen packen und schütteln: Fehlanzeige. Vieles sei anstrengend, aber nicht wirklich schrecklich, sagen sie; die Kameradschaft wird als großartig gesehen. (...)

(Autorin: Dr. Susanne Gaschke, Reporterin bei der Hamburger Wochenzeitung „Die Zeit", in: Y.06/2007, S. 92, Hg.: Bundesministerium der Verteidigung, Berlin)

Als Soldatin ist eine Frau doch völlig überfordert! Das ist nichts für Frauen!

Ich bin durchaus für Gleichberechtigung – aber es muss doch nicht gerade bei der Bundeswehr sein! Eine Frau mit Gewehr – das finde ich unpassend."

1. Was macht der Fall Tanja Kreil deutlich?
2. „Frauen haben in der Bundeswehr Fuß gefasst!" Belege dies anhand des Textes.
3. Was meinst du zu den beiden Aussagen in den Sprechblasen? Begründe jeweils deine Meinung.

Interview mit einer Frauenbeauftragten

Sie sind die Frauenbeauftragte unserer Stadt, Frau Walter. Können Sie in zwei, drei Sätzen beschreiben, worin ihre Aufgabe hauptsächlich besteht?

Für Behörden und Verwaltungen im öffentlichen Dienst besteht eine besondere Verpflichtung, die Gleichberechtigung von Frauen und Männern herzustellen. In den meisten öffentlichen Einrichtungen sind deshalb Frauen als Gleichstellungsbeauftragte eingesetzt. Sie wachen darüber, dass die Gleichberechtigungsgesetze eingehalten und Frauen in ihrer beruflichen Stellung gefördert werden.

Frauenbeauftragte, Gleichstellungsbeauftragte, Gleichberechtigungsgesetze – das ist aber kompliziert ...

Frauenbeauftragte und Gleichstellungsbeauftragte meint das gleiche. Manchmal spricht man auch von Frauenvertreterin oder Frauenbüro – die Aufgaben sind die gleichen.

Und was sind Gleichberechtigungsgesetze? Wir haben gelernt, dass im Grundgesetz drin steht, dass Frauen und Männer gleichberechtigt sind ...

Ja, richtig! Das ist sozusagen die Grundlage für die Gleichstellungsgesetze bei uns. Da gibt es zunächst das Bundesgleichstellungsgesetz und daraus abgeleitet entsprechende Landesgesetze.

Und was steht in dem „Frauengesetz" für Hessen alles drin?

„Frauengesetz" heißt es nicht, sondern mit einer Kurzbezeichnung „Hessisches Gleichberechtigungsgesetz". Ich habe für euch ein Infoblatt vorbereitet und darauf das Wichtigste zu den Aufgaben der Frauenbeauftragten zum Nachlesen notiert, auch den Paragraf 1 des Gesetzes. Schaut hier ...

§ 1: Ziel des Gesetzes sind die Verwirklichung der Chancengleichheit von Frauen und Männern, die Verbesserung der Vereinbarkeit von Beruf und Familie und die Beseitigung bestehender Unterrepäsantanz von Frauen im öffentlichen Dienst. Bis zur Erreichung dieses Zieles werden durch berufliche Förderung von Frauen auf der Grundlage von Frauenförderplänen mit verbindlichen Zielvorgaben die Zugangs- und Aufstiegsbedingungen sowie die Arbeitsbedingungen für Frauen verbessert.

Uff, ich verstehe nur Bahnhof! Können Sie ein konkretes Beispiel nennen? Vielleicht sogar eins, das für uns Schülerinnen von Bedeutung ist?

In der Schule seid ihr nicht benachteiligt, da stehen euch alle Möglichkeiten offen. Es ist ja sogar so, dass Mädchen im Schnitt die besseren schulischen Leistungen zeigen als Jungen. Aber wie sieht es aus, wenn ihr nach dem Schulabschluss eine Ausbildungsstelle sucht, sagen wir bei der Stadtverwaltung? Da steht im Gesetz drin, dass Frauen in Ausbildungsberufen, in denen sie unterrepräsentiert, also weniger vertreten sind als Männer, bei der Vergabe von Ausbildungsplätzen mindestens zur Hälfte zu berücksichtigen sind. Das Gesetz schreibt auch vor, dass geeignete Maßnahmen zu ergreifen sind, um Mädchen auf freie Ausbildungsplätze aufmerksam zu machen und zur Bewerbung zu veranlassen. Ich muss aufpassen, dass das alles auch so geschieht.

Und was machen Sie für die Frauen, die schon bei der Stadt arbeiten?

Ich arbeite eng mit der Personalabteilung zusammen, wenn es um Weiterbildung und Fragen der Vereinbarkeit von Beruf und Familie, den Wiedereinstieg nach der Elternzeit, sexuelle Belästigung und Konflikte am Arbeitsplatz usw. geht.

Aha! Und für die anderen Frauen in unserer Stadt – sind Sie für die auch da?

Ja, die Frauenbeauftragte ist auch so etwas wie eine allgemeine kommunale Servicestelle für Frauenfragen und Frauenpolitik. Sie berät alle Bürgerinnen – und auch Bürger! Daneben hat sie auch einen Informations- und Bildungsauftrag und betreibt Öffentlichkeitsarbeit, um für frauenpolitische Themen zu sensibilisieren. Zu uns kommen zum Beispiel Alleinerziehende mit ihren speziellen Problemen, die oft mit der Vereinbarkeit von Beruf und Kinderbetreuung zu tun haben. Auch bei Gewalt im häuslichen Bereich sind wir Ansprechpartner.

1. Verfasse aufgrund des Interviews einen kurzen Text zum Thema „Die Frauenbeauftragte".
2. Recherchiert im Internet, ob es in eurer Stadt bzw. Gemeinde eine Frauen- oder Gleichstellungsbeauftragte gibt. Ihr könnt dazu die Internetadresse der Stadt- oder Gemeindeverwaltung aufrufen oder auch eine Suchmaschine wie google benutzen.

Familienpolitik – drei Beispiele

Elterngeld für mehr als 100 000 Väter
In Berlin und Bayern wollen besonders viele Männer ihre Kinder zu Hause betreuen

WIESBADEN (AP). Mehr als 100 000 Väter in Deutschland haben im Jahr 2007 Elterngeld erhalten. Das entspricht einem Anteil von 15 Prozent.

Wie das Statistische Bundesamt mitteilte, ist im vergangenen Jahr an 100 000 Väter das Elterngeld ausgezahlt worden.

Das entspricht bei insgesamt 685 000 Neugeborenen einem Anteil von 15 Prozent. Bundesfamilienministerin Ursula von der Leyen (CDU) begrüßte diese Entwicklung. Sie sei überzeugt, dass das Beispiel der Väter, die Elterngeld beantragen, weiter Schule machen werde.

„Die neuen Zahlen zeigen nicht nur, dass die Zahl der Väter in Elternzeit weiter anwächst. Die Männer entdecken auch, dass das neue Elterngeld eine große Chance für sie bedeutet, Beruf und Familie ganz flexibel und passend zur persönlichen Lebenssituation zu vereinbaren", sagte von der Leyen. Für die Kinder, die zwischen Januar und Juni 2007 geboren wurden, bezogen 17 Prozent der Väter Elterngeld. In der zweiten Jahreshälfte war deren Beteiligung niedriger, (...).

Von den bundesweit rund 103 000 Elterngeldanträgen von Vätern wurden rund 2500 für Mehrlingsgeburten mit insgesamt 5200 Kindern bewilligt. Daraus ergibt sich eine Gesamtzahl von rund 106 000 Neugeborenen, für die der Vater Elterngeld bezogen hat.

Dabei zeigen sich deutliche regionale Unterschiede. Während die Väterquote in Berlin und Bayern bei mehr als 19 Prozent lag, waren es im Saarland nur knapp sieben Prozent. Bei einer Bezugsdauer von zwölf Monaten lag der Anteil der Väter in Bayern dagegen am niedrigsten. Am häufigsten nahmen die Männer in Bremen Elterngeld für ein volles Jahr in Anspruch.

Von der Leyen erklärte, auch wenn sich die Mehrheit der Väter noch für eine kurze Auszeit von zwei Monaten entschieden habe, hätten sich in sieben Bundesländern schon mehr als 15 Prozent aller Antragsteller ein ganzes Jahr Zeit für ihr Neugeborenes nehmen wollen. „Egal ob zwei oder zwölf Monate, ich freue mich über jeden aktiven Vater und bin überzeugt, dass ihr Beispiel weiter Schule macht", sagte die Ministerin.

Mit dem Elterngeld unterstützt der Staat seit 2007 Eltern, die ihr Kleinkind betreuen. Anspruch auf Elterngeld haben Erwerbstätige, Beamte, Selbstständige, Arbeitslose, Studenten, Lehrlinge und Adoptiveltern, wenn sie nicht mehr als 30 Stunden in der Woche arbeiten und die Kinder selbst betreuen.

Vater in Elternzeit betreut sein Kind

(aus: Stuttgarter Zeitung, 30.08.2008, S. 2)

Verfassungsauftrag Gleichberechtigung 105

Kinderbetreuung: Selten für unter Dreijährige

So viel Prozent der Kinder hatten im Jahr 2004 einen

☐ Krippenplatz ☐ Kindergartenplatz

Land	Krippenplatz	Kindergartenplatz
DK	61,7	93,9
S	39,5	89,7
B	38,5	99,7
FIN	35,0	54,6
NL	29,5	98,4
F	26,0	100,0
UK	25,8	98,2
P	23,5	90,2
E	20,7	100,0
IRL	15,0	100,0
L	14,0	96,9
D	9,0	86,7
GR	7,0	84,1
I	6,3	100,0
A	4,1	93,1

Krippenplatz: Kinder unter drei Jahren; Kindergartenplatz: 5-jährige Kinder

(Zahlen: OECD)

Ab 2013 ein Recht für alle Eltern: Kinderbetreuung ab dem 2. Lebensjahr

Was sind die Ziele des Gesetzes?

Der Ausbau eines qualitativ hochwertigen Betreuungsangebots für Kleinkinder soll beschleunigt werden. Ziel ist es, das Angebot bis 2013 auf 750 000 Plätze zu verdreifachen. Nach Schätzungen dürfte damit der Bedarf an Betreuungsplätzen deutschlandweit gedeckt sein. Ab 2013 sollen dann alle Eltern einen Rechtsanspruch auf Betreuung ihrer Kinder ab dem zweiten Lebensjahr haben. Bislang gilt dieser Anspruch ab einem Alter von drei Jahren. Ebenfalls ab 2013 soll an Eltern, die keines der Angebote nutzen, ein Betreuungsgeld gezahlt werden. Allerdings sind sich CDU und SPD noch uneins darüber, wie verbindlich die Formulierung zum Betreuungsgeld ist.

(www.tageschau.de/inland/kinderbetreuung100.html 22.10.2008)

Bundestag beschließt Ausbau der Kinderbetreuung
„Krippenausbau wird Deutschland verändern"

Der Bundestag hat den Weg zum geplanten Ausbau der Betreuung für Kinder unter drei Jahren freigemacht. Gegen die Stimmen der Opposition verabschiedete das Parlament in Berlin das von der Großen Koalition vorgelegte Kinderförderungsgesetz.
Bundesfamilienministerin Ursula von der Leyen sprach in ihrer Rede von einem „Meilenstein" für mehr Vereinbarkeit von Familie und Beruf. Dieses Vorhaben werde das Land spürbar verändern, sagte die Ministerin. (...)

(www.tageschau.de/inland/krippenausbau100.html 22.10.2008)

 Elternzeit und Elterngeld: Beschreibe, was darunter jeweils zu verstehen ist.

Kleinkinderbetreuung in Deutschland: Welche Aussagen dazu enthält die Grafik? Was sieht das neue Kinderförderungsgesetz vor? Schreibe einen kurzen zusammenfassenden Bericht.

„Elternzeit, Elterngeld und Kleinkinderbetreuung fördern die Gleichberechtigung zwischen Mann und Frau!" Wie kann diese Aussage begründet werden? Notiere.

Methode: Internetrecherche

Thema: Frauennetzwerke

Bündnisse und Netzwerke von Männern haben eine lange Tradition. Frauennetzwerke hingegen sind eine relativ junge Erscheinung. Ihre Entstehung ist in Zusammenhang mit der Frauenbewegung zu sehen, die sich für die Durchsetzung der Gleichstellung der Frau in einer von Männern dominierten Gesellschaft einsetzt. Mittlerweile gibt es zahlreiche Frauennetzwerke, die Frauen gezieltes Wissen und Informationen, Unterstützung und Orientierungsmöglichkeiten bieten. Die Frauen können hier Probleme diskutieren und gemeinsam nach Lösungen suchen, die ihren Interessen entsprechen. So unterschiedlich die Aufgaben und Ziele der verschiedenen Netzwerke auch sein mögen, eines streben sie alle an: noch bestehende Benachteiligungen für Frauen zu beseitigen und die Gleichstellung der Frau in Familie, Beruf und Gesellschaft zu erreichen.

DFR – Deutscher Frauenring:
www.deutscher-frauenring.de
1. Welche Zielsetzung hat der DFR?
2. Wann wurde der DFR gegründet? In welcher Tradition sieht er sich?
3. Welche Meinung vertritt der DFR zu den Themen „Arbeit" und „Bildung"?
4. Wie ist der DFR organisiert? Ist er auch in deiner Nähe vertreten?

FrauenNetzwerk für Frieden:
www.frauennetzwerk-fuer-frieden.de
1. Welches Ziel verfolgt dieses Netzwerk?
2. Mit welchen Aktivitäten versucht das Netzwerk dieses Ziel zu erreichen?
3. Wie lautet das „Friedenszitat des Monats"?

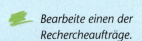
Bearbeite einen der Rechercheaufträge.

TERRES DE FEMMES e.V.: www.frauenrechte.de
1. Was ist TERRE DES FEMMES? Wofür setzt sich diese Organisation weltweit ein?
2. Welchen Themen hat sich der Verein in den letzten Jahren besonders gewidmet?
3. Welche (Eil-)Aktionen laufen zurzeit?
4. Welche Möglichkeiten zur Mitarbeit bieten sich?
5. Wie kann man TERRES DES FEMMES unterstützen?

Das Wichtige in Kürze

Gleichberechtigung

Vor dem Gesetz sind alle Menschen gleich. Niemand darf wegen seines Geschlechtes, seiner Abstammung, seiner Rasse, seiner Sprache, seiner Heimat und Herkunft, seines Glaubens, seiner religiösen oder politischen Anschauungen benachteiligt oder bevorzugt werden. Gleichberechtigung bedeutet, dass Frauen und Männer grundsätzlich in allen Lebensbereichen gleichgestellt sind. Der Staat hat die Pflicht, die tatsächliche Durchsetzung der Gleichberechtigung von Männern und Frauen zu fördern und auf die Beseitigung bestehender Nachteile hinzuwirken.

Weg zur Gleichberechtigung

In Deutschland wurde erstmals 1919 die formale Gleichberechtigung betont. Frauen erhielten in diesem Jahr das aktive und passive Wahlrecht. Sie durften wählen und gewählt werden. 1949 folgte das Gleichberechtigungsgebot. Zunächst sprach sich der nahezu ausschließlich aus Männern bestehende Parlamentarische Rat, die verfassungsgebende Versammlung, gegen ein Gleichberechtigungsgebot im Grundgesetz aus. Die vier weiblichen Mitglieder setzten sich jedoch erfolgreich für die Aufnahme des Gleichberechtigungsgebots ein. Am 23. Mai 1949 wurde das Grundgesetz mit dem Gebot „Männer und Frauen sind gleichberechtigt" verabschiedet. 1994 wurde der Artikel 3 um einen Absatz ergänzt, der den Staat zur Durchsetzung der Gleichberechtigung verpflichtet.

Frauenbeauftragte/ Frauenbüro

Noch immer sind Frauen und Männer nicht in allen Bereichen gleichberechtigt. Formal ist Gleichberechtigung zwar gegeben, aber mit ihrer Umsetzung in der Lebenswirklichkeit hapert es. Insbesondere sind Frauen im Berufsleben noch oft benachteiligt. Auch in der Familie ist die Gleichberechtigung nicht überall verwirklicht. Um die Situation zu verbessern, haben Bund und Länder Gleichstellungsgesetze erlassen, die konkrete Maßnahmen vorschreiben. In Behörden und Verwaltungen des öffentlichen Dienstes gibt es Gleichstellungs-/Frauenbeauftrage, die u. a. darüber wachen, dass die gesetzlichen Vorschriften auch umgesetzt werden. Häufig führen diese Stellen die Bezeichnung Frauenbüro.

Familienpolitik

Mit verschiedenen familienpolitischen Maßnahmen versucht der Staat, eine bessere Vereinbarkeit von Familie und Beruf zu fördern. So können Mütter oder Väter eine Elternzeit nehmen, um ihr Kind besser betreuen zu können. Zudem erhalten sie für eine gewisse Zeit Elterngeld, wenn sie nicht mehr als 30 Wochenstunden arbeiten. Besondere Anstrengungen werden auch beim Ausbau der staatlichen Angebote zur Kinderbetreuung unternommen. So soll bis zum Jahr 2013 für jedes Kind von zwei Jahren ein Krippenplatz zur Verfügung stehen.

Frauennetzwerke

Frauennetzwerke sollen die Kommunikation zwischen Frauen mit gleichen Interessen und Arbeitsgebieten erleichtern. Die Frauen können hier Informationen austauschen, Probleme diskutieren und gemeinsam nach Lösungen suchen. Frauennetzwerke bieten den Frauen somit Foren für die Vertretung ihrer Interessen. Ihr Ziel ist immer auch, die Gleichberechtigung der Frauen zu erreichen.

Entlohnung

In Deutschland hinken Frauen beim Lohn hinterher
Differenz zu Männern größer als im Schnitt der EU

Hannover/Brüssel. Frauen werden in Deutschland im Durchschnitt deutlich schlechter bezahlt als Männer – und der Unterschied im Einkommen der beiden Geschlechter ist sogar größer als in den meisten der 27 Staaten der Europäischen Union.

Zu diesem Ergebnis kommt eine Studie, die EU-Sozialkommissar Vladimir Spidla am Montag veröffentlichte. „Nur in Estland, Zypern und der Slowakei sind die Unterschiede noch größer oder ebenso groß wie in Deutschland", sagt Spidla. Für den Tschechen steht fest: „Deutschlands Arbeitgeber tun zu wenig gegen die Benachteiligung von Frauen im Arbeitsleben."

In Berlin betonte die Bundesvereinigung der Deutschen Arbeitgeberverbände (BDA), die Unterschiede beruhten keineswegs auf einer Diskriminierung von Frauen. Das Prinzip des gleichen Lohns für gleiche Arbeit werde durch Tarifverträge und ein ausdrückliches Verbot unterschiedlicher Bezahlung garantiert. Die Lohnunterschiede erklärten sich zum Großteil aus der Unterbrechung der Erwerbstätigkeit durch Familiengründung, einem „limitierten Berufswahlverhalten" und den im Durchschnitt geringeren Arbeitszeiten von Frauen.

Tatsächlich sind nach Angaben der EU-Kommission europaweit rund 33 Prozent der weiblichen Arbeitnehmer in Teilzeit tätig. Bei den männlichen Arbeitnehmern sind es nur acht Prozent. Spidla räumte ein, dass die Teilzeittätigkeit oft durchaus einem Wunsch der Frauen entspreche. So sei zu erklären, dass auch in Staaten mit einer hohen Frauenerwerbsquote große Einkommensdifferenzen zwischen Männern und Frauen entstünden.

Gesteigert werden die Differenzen nicht zuletzt dadurch, dass auf der am höchsten bezahlten Führungsebene kaum Frauen vertreten sind. (...)

In der Realität landen Frauen oft im Niedriglohnbereich – und finden dort kaum wieder heraus, wie eine ebenfalls am Montag veröffentlichte Studie des Instituts für Arbeitsmarkt- und Berufsforschung (IAB) der Bundesagentur für Arbeit zeigt: Danach schaffte zwar jeder fünfte Mann innerhalb von sechs Jahren den Sprung über die Niedriglohnschwelle, bei den Frauen war es aber nur jede Zehnte.

Jeder dritte Geringverdiener, ob Mann oder Frau, der im Jahr 1998 oder 1999 im Niedriglohnbereich gestartet ist, war 2005 immer noch Niedriglöhner. Als Niedriglohn wird ein Einkommen von zwei Dritteln des Durchschnittslohns bezeichnet. Damit lag die Niedriglohnschwelle 2005 in Westdeutschland bei 1778 Euro brutto.

(Heike Manssen und Jens Heitmann, in: Hannoversche Allgemeine Zeitung, 10.06.2008, S. 1)

Frauen sind abgehängt
Weniger Lohn wegen Kindern

Frauen verdienen weniger als Männer. Das ist kein neuer Befund, aber ein besonders hartnäckiger. Im Jahr 2006 verdienten Frauen in der Stunde durchschnittliche 28 Prozent weniger als Männer. Das hat jetzt das Institut der deutschen Wirtschaft mitgeteilt. Und neben anderen traditionellen Gründen wie schlechterer Qualifikation und der Tätigkeit in typischen Frauenberufen wurden auch Kinder als Ursache für die unterschiedliche Lohnentwicklung ausgemacht. Denn noch immer gilt: mag eine Frau auch noch so emanzipiert oder gebildet sein, sobald sie ein Kind bekommt, ist die Gefahr groß, dass ein Paar in altes Rollenverhalten zurückfällt. Denn die Entscheidung für Kinder bedeutet für die meisten Frauen, dass sie eine Auszeit nehmen und im Beruf kürzertreten.

Kommen sie dann wieder zurück, übernehmen sie – auch gezwungenermaßen – oft andere Aufgaben, bei denen sie weniger verdienen, weil sie den Anschluss verloren und das aktuelle Fachwissen nicht mehr haben. Längere Auszeiten senken die Löhne deutlich. Männer sind von der Familiengründung kaum benachteiligt, denn nur jeder 20. Vater hatte 2006 wegen der Geburt eines Kindes seine Berufstätigkeit unterbrochen, aber 94 Prozent aller Mütter. Frauen kehren zudem nach der Elternzeit oftmals nicht mehr auf eine Vollzeitstelle zurück. So arbeiteten 2006 mehr als 90 Prozent der Männer mit voller Stundenzahl, bei den Frauen war es noch nicht einmal jede zweite. Männer mit Kindern arbeiten sogar fast komplett voll, allerdings nur jede vierte Frau mit Kindern.

Diese Zahlen belegen das materielle Risiko, das eine Familiengründung noch immer vor allem für Frauen ist. Denn weniger Lohn bedeutet später einmal weniger Rente. Auch die Anrechnung von Kindererziehungszeiten im Rentenrecht kann die Lücke, die durch lange Teilzeitarbeit entsteht, nicht ausgleichen. Zunehmend problematisch sind auch die hohen Scheidungsraten. Denn seit der Reform des Unterhaltsrechts wird Geschiedenen zugemutet, früher als bisher wieder Vollzeit zu arbeiten. Das Angebot bei der Kinderbetreuung hinkt den Reformen allerdings weit hinterher.   *tuf*

(aus: Stuttgarter Zeitung, 04.06.2008, S. 5)

Verkäuferin – ein typischer Frauenberuf

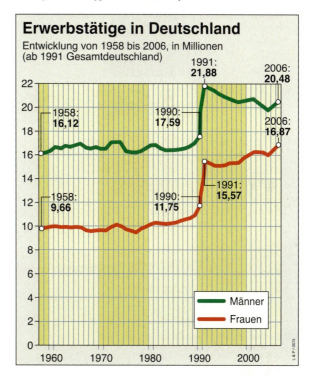

1. Formuliere zu jeder der drei Grafiken die Kernaussage.
2. Die beiden Zeitungstexte nennen Gründe für die geringeren Verdienste von Frauen. Notiere diese Gründe in Kurzform.
3. Ist die Aussage in der Sprechblase richtig? Begründe deine Stellungnahme.

> In Deutschland bekommt eine Frau für die genau gleiche Arbeit wie ein Mann einen geringeren Lohn.

Frauen in Führungspositionen

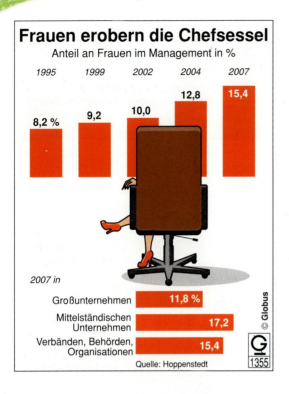

Frauen erobern die Chefsessel
Anteil an Frauen im Management in %

1995	1999	2002	2004	2007
8,2 %	9,2	10,0	12,8	15,4

2007 in
- Großunternehmen: 11,8 %
- Mittelständischen Unternehmen: 17,2
- Verbänden, Behörden, Organisationen: 15,4

Quelle: Hoppenstedt

Sie stellen 35 Prozent der Amtsleiter

Frankfurt. Im Römer sind die Frauen an der Macht. Frankfurt wird von Oberbürgermeisterin Petra Roth (CDU) und Bürgermeisterin Jutta Ebeling (Grüne) regiert. Auch die Amtsgewalt wird immer weiblicher. In Roths Amtszeit hat sich seit 1995 der Frauenanteil unter den Amtsleitern in der Stadtverwaltung fast verdreifacht. Er stieg von 13,2 auf 34,5 Prozent: Von den 58 Amtsleitern sind 20 Frauen.

Gabriele Dehmer ist gar als Leiterin des Amtes für Straßenbau und Erschließung als Bauingenieurin in eine männliche Domäne eingedrungen. Während es keine Überraschung ist, dass das Frauenreferat von Gabriele Wenner und das Gleichberechtigungsbüro von Beate Weissmann und Sylvia Verdenz geleitet werden. Auch unter den Abteilungsleiterinnen geht die Kurve nach oben. Von 1998 bis 2008 stieg ihr Anteil von 20,7 auf 30,43 Prozent. 49 der 161 Abteilungsleiter der Stadtverwaltung sind weiblich. 1998 waren 38 Abteilungsleiterinnen im Dienst der Stadt.

Gabriele Wenner vom Frauenreferat ist über diese Entwicklung erfreut, aber noch nicht zu 100 Prozent zufrieden: „Das bin ich, wenn die Hälfte der Führungspositionen mit Frauen besetzt ist." (…)

(aus: Frauen erobern die Chefsessel, in: Höchster Kreisblatt/ Frankfurter Neue Presse, 07.10.2008, S. 16)

„Wir brauchen die Frauenquote bei den Führungsjobs"
(…)

■ *Frau Allmendinger, Sie leiten ein Forschungsinstitut, haben wahrscheinlich ein eigenes Konto – damit sind Sie doch der Beweis für die erfolgreiche Gleichstellung der Frauen.*
Von wegen! Ich gehöre einer kleinen Minderheit von Frauen an, die es in eine Führungsposition geschafft haben. In den Toppositionen sind die Frauen bisher rar, weil es an Netzwerken fehlt. Vor allem Frauen in Führungspositionen müssten Verantwortung zeigen. Erst dann kommt die Lawine ins Rollen.

■ *Noch rollt sie also nicht?*
Sie ist gerade mal ein Schneebällchen. Man sollte deshalb den Mut haben, die Zahl der Frauen in Führungsjobs zu quotieren. Das wäre der schnellere Weg zu mehr Gleichberechtigung.

■ *Sie haben in einer Studie festgestellt, dass sich das Selbstverständnis der Frauen dramatisch geändert hat. Die Jüngeren streben eine Karriere an, wollen aber auf Kinder nicht verzichten.*
Die Frauen unter 30 sind die erste Generation, die auch an ihren eignen Müttern gesehen hat, dass das Nachgeben im Beruf, dass Unterbrechungen und Teilzeitjobs zu einer Abhängigkeit von den Männern und vom Staat führen. Sie haben ihre Lektion gelernt. Und sie haben ältere Frauen kennengelernt, die zwar erfolgreich sind, aber keine Kinder haben. Auch das ist kein attraktiver Lebensentwurf.

■ *Brauchen wir mehr Teilzeitjobs?*
Ich glaube, wir brauchen Lebensläufe, die Phasen offenhalten lassen für systematische Weiterbildung und für die Pflege der Eltern, Großeltern und Kinder. Also müssen wir Arbeitsmodelle schaffen, in denen man 80 Prozent arbeiten kann, und für die Zeiten, in denen man 120 Prozent arbeitet, Gutschriften bekommt. Damit entfiele auch die Bestrafungstendenz heutiger Teilzeitjobs, die schlecht bezahlt werden und kaum Karrieremöglichkeiten bieten.

(aus: Stuttgarter Zeitung, 30.06.2008, S. 5)

---

1. Vergleiche die Angaben in der Grafik mit denen im Text „Sie stellen 35 Prozent der Amtsleiter", der sich auf die Stadt Frankfurt bezieht. Notiere, was dir auffällt.
2. Schreibe zu jeder der vier Antworten in dem Interview die Kernaussage in deinen Worten auf.
3. „Frauenquote in Führungsjobs": Was ist damit gemeint? Nimm zu dieser Forderung Stellung.

Frauen in der Politik

Im Bundestag und in den Länderparlamenten sind immer mehr Abgeordnete weiblich

Seit der Gründung der Bundesrepublik sind Frauen im Parlament vertreten. Bis in die 1980er Jahre blieb ihr Anteil laut einer Statistik des Bundestages allerdings unter zehn Prozent. In der Volkskammer der DDR betrug der Frauenanteil dagegen schon 1959 23 Prozent. In der Bundesrepublik stieg er erst mit der Wahl 1987 auf knapp 16 Prozent. Im aktuellen Bundestag sind fast 32 Prozent der Abgeordneten Frauen.

Bevor Frauen auch noch den Sprung auf die Kabinettsbank schafften, dauerte es jedoch eine Weile: 1961, zwölf Jahre nach Gründung der Bundesrepublik, wurde mit Elisabeth Schwarzhaupt zum ersten Mal eine Bundesministerin vereidigt: Die CDU-Politikerin übernahm das Ressort Gesundheit.

Die gesellschaftliche Modernisierung der 1970er und 1980er Jahre führte dazu, dass Vorbehalte weiter zurückgingen. Die Frauenbewegung forderte zudem eine stärkere Teilhabe. Als erste Partei machten sich BÜNDNIS 90/DIE GRÜNEN für eine Frauenquote stark, die sie in ihrer eigenen Organisation umsetzten. Aber auch bei den übrigen Parteien wandelte sich das Bild allmählich: So führte auch die SPD 1988 eine Quote ein, die CDU verankerte 1996 ein Quorum zur besseren Frauenbeteiligung. Die FDP setzt als einzige Partei auf eine freiwillige Verpflichtung, um die Gleichstellung von Frauen zu verbessern.

So gelang schließlich mit der Bundestagswahl 2005 in der Bundesrepublik ein weiterer Schritt: Die CDU-Vorsitzende Angela Merkel wurde als erste Frau Bundeskanzlerin. In ihrem Kabinett sind fünf der insgesamt 14 Ministerien mit Frauen besetzt.

Auch in den Länderregierungen finden sich viele Frauen in Ministerämtern; eine Ministerpräsidentin findet sich (derzeit) aber nicht. Bis 2005 führte Heide Simonis bislang erste – und einzige – Ministerpräsidentin Deutschlands Schleswig-Holstein.

In den Parlamenten der Bundesländer liegt die Frauenquote bei rund 30 Prozent. Dabei gibt es zwischen den einzelnen Ländern zum Teil erhebliche Unterschiede: Verzeichnet der Stadtstaat Bremen 43 Prozent weibliche Abgeordnete, so liegt die Quote in Baden-Württemberg bei lediglich 22 Prozent.

Spaniens erster weiblicher Verteidigungsminister Carmen Chacon, 37 Jahre alt und schwanger, bei einer Truppenbesichtigung in Madrid im April 2008

1. Werte die Grafik aus. Notiere einige Beobachtungen, die dir wichtig erscheinen.
2. „In Deutschland ist die Politik noch immer fest in Männerhand!"
   Nimm zu dieser Aussage vor dem Hintergrund des Textes Stellung.
3. Welche Gedanken oder Gefühle löst das Foto der spanischen Verteidigungsministerin bei dir aus?

Berufstätige Frauen

Die Situation berufstätiger Frauen mit Kindern

In Deutschland gibt es rund 6 Millionen berufstätige Frauen zwischen 20 und 59 Jahren mit mindestens einem Kind. Viele von ihnen haben Kinder zu versorgen, die noch nicht zur Schule gehen. Auch wenn sie verheiratet sind, müssen diese Frauen sehen, wie sie Beruf und Familie unter einen Hut bringen. Das geht im Betrieb nicht immer ohne Konflikte ab: Die Fehlzeiten nehmen zu, Mitarbeiterinnen kommen öfter zu spät oder lehnen Führungspositionen wegen Familienpflichten ab. Zu Spannungen kommt es im Betrieb besonders dann, wenn Kleinst- und Kleinkinder von Mitarbeiterinnen erkranken und niemand die Betreuung übernehmen kann ...

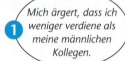

1. Mich ärgert, dass ich weniger verdiene als meine männlichen Kollegen.

2. Mich ärgert, dass meine Arbeitszeiten so unflexibel sind.

3. Mich ärgert, dass ich weniger Möglichkeiten für Weiterbildung und Qualifizierung in Anspruch nehmen kann als meine männlichen Kollegen.

4. Mich ärgert, dass mir von den Vorgesetzten nicht so viel zugetraut wird wie meinen männlichen Kollegen.

5. Mich ärgert, dass meine Vorgesetzten immer Männer sind.

6. Mich ärgert, dass ich die weniger qualifizierten Arbeiten zugeschoben bekomme.

7. Mich ärgert, dass ich von Kollegen und Vorgesetzten mit zweideutigen Sprüchen und Witzen belästigt werde.

8. Mich ärgert, dass die Öffnungszeiten der Kindergärten und die Schulzeiten auf meine Berufstätigkeit keine Rücksicht nehmen.

9. Mich ärgert, dass ich auf bessere Positionen verzichten muss, nur weil ich Kinder habe.

10. Mich ärgert, dass mein Mann weniger im Haushalt tut als ich.

1. Welche der Probleme belasten berufstätige Frauen deiner Meinung nach besonders?
2. Finde dazu Lösungsvorschläge.

Ein familienfreundlicher Betrieb: das Beispiel Ford AG in Köln

Maßnahmen, die familienfreundliche Betriebe anbieten können

① Elterngerechte Arbeitszeiten mit flexibler Gestaltung
② verlässliche Kinderbetreuung für jeden Tag
③ Job Sharing Angebote (Teilzeit)
④ Familienurlaub (Verlängerung der Elternzeit)
⑤ Betriebliche Kinderbetreuungsstätte für alle Mitarbeiter/innen in Notfällen
⑥ Wiedereinstiegsgarantie
⑦ Rücksichtnahme auf den Beruf des Ehepartners
⑧ Einrichtung von Telearbeitsplätzen
⑨ Weiterbildung während der Familienpause
⑩ Elternnetzwerk/Begegnungsmöglichkeiten für Väter und Mütter
⑪ sonstige Maßnahmen

Kinderbetreuung für den Notfall: die Eröffnung der Kindertagesstätte „Ford Pänz" in Köln im Jahr 2001

Maßnahmen der Ford AG in Köln

Ⓐ Kinderbetreuung in Notfällen, jederzeit – auch in den Schulferien.

Ⓑ Ein Elternnetzwerk bietet u. a. Workshops für Wiedereinsteiger nach der Familienpause an.

Ⓒ Die Kinderbetreuungsstätte Ford Pänz vermittelt dauerhafte Betreuungsplätze.

Ⓓ Eine Leiterin, ein Erzieher und drei Erzieherinnen kümmern sich in der Kinderbetreuung um bis zu 36 Kinder im Alter von sechs Monaten bis zu 12 Jahren.

Ⓔ Mitarbeiterinnen und Mitarbeiter können im Notfall ihre Kinder in einer Betreuungsstätte (Ford Pänz) bis zu sechs Wochen unterbringen.

Ⓕ Mitarbeiterinnen und Mitarbeiter können die Elternzeit, die ursprünglich maximal 3 Jahre beträgt, um bis zu zwei Jahre verlängern.

Ⓖ Teilzeitmodelle werden für alle Unternehmensbereiche angeboten, auch für Führungskräfte.

Ⓗ Die Eltern bilden selbst ein Elternnetzwerk, um bei regelmäßigen Stammtischen den Erfahrungsaustausch unter sich zu fördern.

Ⓘ Die Ford AG richtet für Mütter und Väter mit Kindern Telearbeitsplätze ein, damit sie Beruf und Familie besser vereinbaren können.

Welche Maßnahmen, einen Betrieb familienfreundlich zu führen, hat die Ford AG in Köln ergriffen? Ordne Ziffern und Buchstaben entsprechend zu.

Arbeitsteilung in der Familie

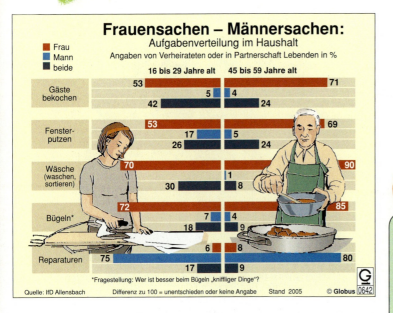

Familie B

„Mein Mann verlässt morgens um 7.00 Uhr das Haus und fährt zur Arbeit. Abends kommt er meistens erst nach 19.00 Uhr heim. Da er kein üppiges Gehalt bekommt, macht er oft Überstunden und hat auch noch einen kleinen Nebenjob. Wir brauchen einfach das Geld.
Da mein Mann so viel arbeitet, muss ich mich fast allein um den Haushalt und die Kinder kümmern. Die Kinder werden ausschließlich von mir erzogen. Er sieht sie praktisch nur am Wochenende und kann sich auch dann nur wenig um sie kümmern. Entweder hat er sich dann Arbeit aus dem Büro nach Hause mitgebracht oder er arbeitet im Garten, macht kleine Reparaturen im Haushalt oder bastelt am Auto. Manchmal unternehmen wir am Sonntag alle etwas gemeinsam, gehen in den Stadtpark oder auf den Spielplatz. Da mein Mann das Geld verdient, verfügt er auch über das gesamte Einkommen. Aber wichtige Kaufentscheidungen treffen wir oft gemeinsam. Zum Beispiel haben wir zusammen die neuen Wohnzimmermöbel ausgesucht.
Meine Arbeit als Hausfrau und Mutter macht mir Spaß. Sie ist zwar anstrengend, aber sie bringt viel Abwechslung. Und es ist schön, die Entwicklung der Kinder zu begleiten und zu beeinflussen. Deshalb tut mir mein Mann manchmal Leid, weil er von den Kindern fast nichts hat. Dabei wäre es für mich schon hilfreich, wenn er mehr Zeit für die Kinder und ihre Erziehung hätte. An meinen früheren Beruf denke ich nur noch selten. Wenn die Kinder groß sind, fange ich vielleicht wieder an, halbtags."

Familie A

„Ich habe einen Halbtagsjob in einem Architekturbüro und bin von 7.30 Uhr bis 13.45 Uhr aus dem Haus. Mein Mann fährt um 7.00 Uhr zur Arbeit und kommt meistens gegen 16.00 Uhr heim. Die Kinder werden in unserer Abwesenheit von meiner Mutter betreut. Sie bringt sie zum Kindergarten, holt sie ab, kocht für sie und spielt mit ihnen.
Mein Mann und ich haben relativ viel Zeit für die Kinder. Wir spielen täglich abwechselnd mit ihnen und kümmern uns an den Wochenenden um sie. An Samstagen gehen wir gemeinsam einkaufen. Überhaupt erledigen wir die Hausarbeit gemeinsam nach einem festen Arbeitsplan.
Beruflich sind wir sehr zufrieden. Wir versuchen beide, Beruf, Kindererziehung und Haushaltsführung unter einen Hut zu bringen. Mein Mann kann nicht ohne weiteres einen Teilzeitberuf ausüben, sodass er manchmal bedauert, nicht noch mehr Zeit für die Familie zu haben."

1 Was macht die Grafik deutlich? Notiere einige Erkenntnisse.
2 Die beiden Ehepaare praktizieren unterschiedliche Formen der Arbeitsteilung. Beschreibe sie.
3 Welche Form der Arbeitsteilung würdest du später bevorzugen? Begründe deine Entscheidung.

Berufswahl – Motive und Interessen

Die Klasse 10a veranstaltet einen Projekttag zum Thema „Ausbildung und Beruf". Dabei kommen die Schülerinnen und Schüler ins Gespräch.

Alan: Cool, dass wir verschiedene Berufe mal aufzeigen. Eigentlich würde ich gern im Kindergarten als Erzieher arbeiten, aber da verdiene ich ja nicht viel.

Mehmet: Was willst du denn als Mann im Kindergarten? Kindererziehung ist Frauenarbeit. Ich will eine Schlosserlehre machen.

Alan: Warum sollen denn immer nur Frauen die Kinder erziehen? Wir Männer können auch mit den Kindern spielen, basteln und uns um sie kümmern. Warum willst du denn Schlosser werden?

Mehmet: Da kann ich mich den ganzen Tag handwerklich betätigen und sehe am Abend, was ich geschafft habe. Außerdem ist Schlosser ein richtiger Beruf für Männer. Da arbeitet man mit echten Kerlen zusammen.

Rafaela: Ich liebe Parfüm und Kosmetiksachen. In einer Parfümerie würde ich gerne arbeiten und die Sachen verkaufen. Da könnte ich immer die neuesten Düfte schnuppern und Trends ausprobieren.

Alan: Du willst wirklich in den Verkauf? Bei den blöden Arbeitszeiten?

Rafaela: Ach, das ist doch halb so schlimm! Man kann nach der Ausbildung auch gut als Halbtagskraft arbeiten und das lässt sich mit einem Kind prima vereinbaren.

Katharina: Ich habe schon einen Ausbildungsplatz als Arzthelferin bei einem Internisten. Da kann ich Menschen helfen und ihnen etwas Gutes tun.

Sonja: Ich würde gern im Bergwerk arbeiten – Bergwerke haben mich schon als Kind fasziniert. Als Frau darf ich aber nicht unter Tage arbeiten.

Rafaela: Was? Wieso denn nicht?

Anke: Es gibt gesetzlich geregelte Schutzbestimmungen und danach sind etwa 20 Berufe für Frauen nicht zugänglich: Bergbau, Kanalbauer oder Tiefbaufacharbeiter.

Sonja: Tja, ich muss mir auf jeden Fall etwas anderes überlegen. Kranführerin finde ich auch nicht schlecht. Ich werde mir das noch genau überlegen. Auf jeden Fall will ich etwas Handfestes.

Natalie: Eigentlich ist es doch ziemlich egal, was man als Frau lernt. Irgendwann heirate ich doch und ziehe die Kinder groß. Und dann kräht kein Hahn mehr danach, ob ich eine gute Ausbildung habe oder nicht.

Anke: Und was, wenn du plötzlich ohne Mann dastehst und allein für dich sorgen musst?

Natalie: Jetzt male mal den Teufel nicht an die Wand! Irgendeinen Job findet man doch immer.

1 Welche Motive nennen die Jugendlichen für ihre Berufswahl? Notiere jeweils Name und Motiv.
2 Welche Meinung teilst du nicht? Was würdest du entgegenhalten?

Girls'Day und Projekt Soziale Jungs

Warum ein Zukunftstag für Mädchen?
Die junge Frauengeneration in Deutschland verfügt über eine besonders gute Schulbildung. Dennoch entscheiden sich Mädchen im Rahmen ihrer Ausbildungs- und Studienwahl noch immer überproportional häufig für „typisch weibliche" Berufsfelder oder Studienfächer. Damit schöpfen sie ihre Berufsmöglichkeiten nicht voll aus; den Betrieben aber fehlt gerade in technischen und techniknahen Bereichen zunehmend qualifizierter Nachwuchs.

Was passiert am Girls'Day?
Technische Unternehmen und Abteilungen, sowie Hochschulen, Forschungszentren und ähnliche Einrichtungen bieten am Girls'Day Veranstaltungen für Mädchen an und tragen diese im Vorfeld auf der Aktionslandkarte unter www.girls-day.de ein. Unternehmen und Organisationen öffnen am Aktionstag alle Bereiche, in denen Frauen bislang unterrepräsentiert sind. Die Teilnehmerinnen erleben z. B. in Laboren, Büros und Werkstätten wie interessant und spannend diese Arbeit sein kann. In Workshops und bei Aktionen gewinnen die Mädchen Einblick in die Praxis verschiedenster Bereiche der Arbeitswelt und erproben praktisch ihre Fähigkeiten im technischen Bereich. Sie erhalten direkte Antworten auf ihre Fragen und können erste Kontakte knüpfen. Auch geht es darum, die Öffentlichkeit und Wirtschaft auf die Stärken der Mädchen aufmerksam zu machen, um einer gut ausgebildeten Generation junger Frauen weit reichende Zukunftsperspektiven zu eröffnen. Unternehmen, die erfolgreich spezielle „Mädchen-Tage" realisieren, verzeichnen einen steigenden Anteil junger Frauen in technischen und techniknahen Berufen. (…)

(www.girls-day.de 09.02.2010)

> Unter www.girls-day.de könnt ihr euch über den Girls'Day und aktuelle Aktionen im Zusammenhang damit informieren.

Projekt Soziale Jungs

Anderen Menschen helfen und in der Freizeit etwas Sinnvolles tun
Ältere Menschen im Rollstuhl begleiten, Kindergartenkindern etwas vorlesen oder mit ihnen Fußball spielen – das sind nur einige der möglichen Einsatzgebiete der „Sozialen Jungs". Soziale Jungs sind in sozialen Einrichtungen unterwegs – in Kitas, Krankenhäusern, Altenpflegeheimen und Einrichtungen für behinderte Menschen. Ihr Einsatz ist freiwillig und ehrenamtlich.

„Soziale Jungs" ist ein Freiwilligendienst für Schüler von 13–16 Jahren
Soziale Jungs engagieren sich regelmäßig und freiwillig an ca. einem Nachmittag pro Woche und für 200 Stunden insgesamt, was einem Zeitraum von einem Schuljahr entspricht. Das Projekt in Frankfurt am Main startete 2005 und wird koordiniert vom Paritätischen Bildungswerk Bundesverband e.V. Für ihren Einsatz erhalten die Schüler ein kleines Taschengeld, einen Engagementnachweis und auf Wunsch auch einen Vermerk im Schulzeugnis.

Orientierung durch Erfahrung
Durch ihren Einsatz im sozialen Bereich haben die Schüler die Möglichkeit, neue Erfahrungen zu sammeln. Sie erleben, dass sie als junge Männer von anderen gebraucht werden, und ihr ehrenamtliches Engagement stärkt ihre soziale Kompetenz.

Auseinandersetzung mit dem eigenen Rollenbild
Obwohl noch viele Tätigkeiten im sozialen Bereich als eher „männer-untypisch" gelten, sind gerade hier Männer zunehmend gefragt. Die Schüler sollen Gelegenheit haben, sich selbst in einem sozialen Arbeitsbereich „auszuprobieren" und – jenseits aller geschlechtsstereotypischen Rollenklischees – ihre eigenen Erfahrungen zu machen, die das eigene Rollenbild von sich als Mann sowie auch den beruflichen Horizont erweitern.

> Unter www.sozialejungs.de könnt ihr euch über das Projekt informieren und die Teilnahmebedingungen erfahren.

1. Welchen Zweck verfolgt der Girls'Day?
2. Informiert euch im Internet über Aktionen im Zusammenhang mit dem Girls'Day in eurer Region.
3. Welchen Zweck verfolgt das Projekt Soziale Jungs?
4. Informiert euch, ob es das Projekt in eurer Stadt/Gemeinde gibt.

Methode: Zukunftswerkstatt

Thema: Familie, Haushalt, Beruf

Unter Zukunftswerkstatt versteht man, mit unterschiedlichen Methoden kreative, neue und ungeahnte Möglichkeiten zu entwickeln, um die eigene oder die gemeinsame Zukunft zu gestalten. Mit Hilfe dieser Methode sollen nicht nur kritikwürdige Zustände benannt, sondern Möglichkeiten zur Veränderung gesucht und konkrete Schritte zum Erreichen von Zielen geplant werden. Wichtig dabei ist, dass alle Beteiligten gleichberechtigt und in einem angenehmen Arbeitsklima zusammenarbeiten.

Vorbereitung: Im Vorfeld müssen die benötigten Materialien (Pinnwände, Plakate, Farben ...) bereitgestellt und geeignete Räume reserviert werden.

Die fünf Phasen einer Zukunftswerkstatt

❶ Eröffnung des Themas
In dieser Phase wird das Thema vorgestellt. Gemeinsam wird erarbeitet, wo das Problem bzw. die Probleme des Themas liegen können. Zusammen werden die wesentlichen Kritikpunkte benannt und zuletzt zu einer Problemfrage zugespitzt.

❷ Kritikphase
Die Teilnehmerinnen und Teilnehmer äußern ihren Unmut zu allen Bereichen, die zum gemeinsam benannten Ausgangsproblem passen. Es werden aber auch die Dinge benannt, die sich nicht verändern sollen. Wichtig: Die Aussagen werden in dieser Phase nicht kommentiert oder gewertet. Es bietet sich an, die Ergebnisse dieser Phase auf einer Wandzeitung oder durch die Kartentechnik festzuhalten.

❸ Fantasiephase
Ohne darüber nachzudenken, ob die Ideen umsetzbar sind, werden nun in Gruppen mögliche wünschenswerte „Zukünfte" entworfen. Hier gilt: Nichts ist undenkbar, erst mal sind alle Vorschläge erlaubt! Die Ideen werden dann allen präsentiert (Rollenspiel, Wandzeitung, Märchen ...). Auch jetzt ist eine Bewertung der Ideen nicht erlaubt.

❹ Umsetzungsphase
Im Gespräch einigen sich nun alle gemeinsam darauf, welche der präsentierten Ideen weiterverfolgt werden. Jetzt ist auch der Zeitpunkt gekommen, an dem die Ideen kommentiert und bewertet werden. Ziel ist es nun, einen Aktionsplan zu entwerfen, d.h. Möglichkeiten zu entwickeln, mit denen die gesteckten Ziele erreicht werden können.

❺ Präsentation und Abschluss
Die Ergebnisse werden nun so präsentiert, dass eine breite Öffentlichkeit für das Thema und die gewünschten Lösungen interessiert und vielleicht gewonnen werden kann. Die Präsentation kann in der Schule stattfinden (z. B. beim Elternabend) oder außerhalb.

 Führt eine Zukunftswerkstatt zum Thema „Familie, Haushalt, Beruf ..." durch.

Das Wichtige in Kürze

Entlohnung

Die Statistik zeigt, dass berufstätige Frauen im Vergleich zu Männern bei der Entlohnung deutlich hinterherhinken. Dies hat verschiedene Gründe: schlechtere berufliche Qualifikation, schlechte Bezahlung in den typischen Frauenberufen, häufig Beschäftigung in Teilzeitarbeitsverhältnissen, berufliche Auszeiten wegen Kinderbetreuung, oft verbunden mit einem Karriereknick.

Frauen in Führungspositionen

Der Anteil der Frauen in leitenden Positionen ist in den letzten Jahren stetig gestiegen. Dennoch sind nur etwa 15 von 100 Stellen im Management von Frauen besetzt. Deshalb wird immer wieder die Forderung nach einer Frauenquote bei Führungsjobs laut. Damit ist gemeint, dass ein bestimmter Anteil dieser Stellen an Frauen vergeben werden muss.

Frauen in der Politik

Auf allen politischen Ebenen (Bund, Länder, Kommunen) sind Frauen auf dem Vormarsch. Sowohl im Bundeskabinett wie in allen Länderregierungen arbeiten Ministerinnen. Erstmals seit Gründung der Bundesrepublik Deutschland steht zudem eine Kanzlerin an der Spitze der Bundesregierung. Trotz dieser positiven Entwicklung sind Frauen im Bundestag und in den Länderparlamenten noch immer unterrepräsentiert. Nur etwa jeder dritte Bundestagsabgeordnete ist eine Frau, in den Länderparlamenten beträgt die Frauenquote im Durchschnitt etwa 30 Prozent. Im internationalen Vergleich belegt Deutschland damit allerdings bereits einen der vorderen Plätze.

Frauen und Beruf

Viele berufstätige Frauen sind doppelt belastet. Neben ihrer beruflichen Tätigkeit lasten Familienarbeit und Kinderbetreuung überwiegend auf ihren Schultern. Manche Betriebe versuchen, durch familienfreundliche Maßnahmen die Situation für ihre Beschäftigten zu verbessern. Dazu gehören unter anderem elterngerechte Arbeitszeiten mit flexibler Gestaltung, Angebote zur Kinderbetreuung, Job-Sharing-Angebote, Einrichtung von Telearbeitsplätzen und Weiterbildung während der Familienpause.

Arbeitsteilung in der Familie

Die Frau kocht und putzt, der Mann repariert – diese klassische Aufgabenverteilung im Haushalt wandelt sich zwar langsam, ist aber nach wie vor die Realität. Da die Kinder die in der Familie erlebten Rollenmuster weitgehend übernehmen, wird sich ein weiterer Wandel hier nur langsam vollziehen.

Mädchen und Berufswahl

Eine wichtige Entscheidung im Leben ist die Berufswahl. Bei uns herrscht freie Berufswahl. Das bedeutet, dass jeder den Beruf ergreifen kann, den er möchte. Es gibt nur einige wenige Berufe, die Mädchen verschlossen sind, weil die damit verbundenen Belastungen für Frauen als unzumutbar angesehen werden. Obwohl die Mädchen im Schnitt bessere Schulabschlüsse als Jungen aufweisen, orientieren sie sich bei der Berufswahl häufig noch viel zu einseitig in Richtung der typischen Frauenberufe. Um hier Abhilfe zu schaffen und die Mädchen auf Berufsmöglichkeiten in technischen und techniknahen Berufen hinzuweisen, findet jährlich der Girls'Day (Mädchen-Zukunftstag) statt. An diesem Tag öffnen Betriebe ihre Tore, um Mädchen einen Einblick in solche, oft besser bezahlte Berufe zu ermöglichen. Um umgekehrt Jungen stärker für Berufe im sozialen Bereich zu begeistern, gibt es mittlerweile ebenfalls Aktionen, z. B. das Projekt Soziale Jungs.

Weißt du Bescheid?

Löse das Rätsel.
Benutze dazu das Arbeitsblatt oder notiere die gesuchten Begriffe von 1 bis 17 auf einem Blatt. Die Buchstaben in der gelb unterlegten Spalte ergeben von oben nach unten gelesen das Lösungswort.

Ä = Ä
Ü = Ü

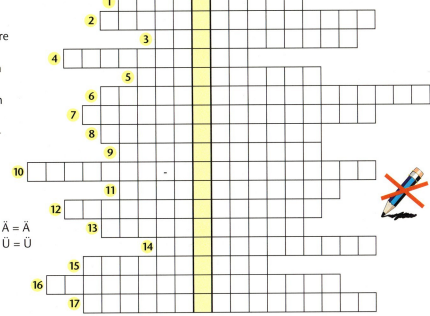

1. Die ... ist eine der wichtigsten Entscheidungen im Leben. Ein guter Schulabschluss erhöht die Chance auf eine Ausbildungsstelle im angestrebten Beruf.
2. Die staatlichen Angebote zur ... sollen in den nächsten Jahren ausgebaut werden, um eine bessere Vereinbarkeit von Beruf und Familie zu erreichen.
3. Von ... spricht man, wenn bei einer bestimmten beruflichen Tätigkeit ein fester Anteil der Arbeitsplätze für Frauen vorgesehen ist.
4. In Deutschland hinken berufstätige Frauen bei der ... noch immer deutlich hinter ihren männlichen Arbeitskollegen her.
5. Berufstätige Mütter oder Väter können eine ... nehmen, um mehr Zeit für die Betreuung ihres Kindes zu haben.
6. Der Anteil der Frauen in ... , also leitenden Tätigkeiten, ist in den letzten Jahren zwar gestiegen, liegt mit 15 Prozent aber immer noch weit hinter dem Anteil der Männer.
7. Im Grundgesetz heißt es: „Männer und Frauen sind ...". Im Alltag wird dieser Verfassungsgrundsatz aber oft noch nicht erfüllt.
8. Das neue Kinderförderungsgesetz sieht das Recht auf einen ... für jedes Kind im Alter zwischen zwei und drei Jahren vor.
9. Mit mittlerweile fast sieben Prozent ...ist die Bundeswehr schon lange keine reine Männerdomäne mehr.
10. Am ... haben Schülerinnen die Möglichkeit, Berufe in technischen und techniknahen Bereichen kennenzulernen, die Mädchen üblicherweise bei ihrer Berufswahl viel zu selten in Erwägung ziehen.
11. ... Frauen mit Kindern sind doppelt belastet.
12. Die ... zwischen Mann und Frau in Familie und Haushalt ist immer noch stark von alten Rollenmustern geprägt.
13. Etwa jeder dritte ... im Bundestag und in den Länderparlamenten ist eine Frau. Allerdings gibt es dabei große Unterschiede von Bundesland zu Bundesland.
14. Typische ... wie zum Beispiel Friseurin bieten oft keine gute Bezahlung.
15. Mütter oder Väter, die ihr Kind selbst betreuen und nicht mehr als 30 Stunden in der Woche erwerbstätig sind erhalten ... .
16. Frauen schließen sich in sogenannten ... zusammen, um ihre Interessen besser vertreten zu können und für Gleichberechtigung zu kämpfen.
17. ... sind Mütter oder Väter, die sich allein um die Erziehung ihres Kindes kümmern.

Weißt du Bescheid?

(Ioan Cozacu, Erfurt)

Was wollen die Zeichner mit ihren Karikaturen jeweils zum Ausdruck bringen?

(Thomas Plaßmann, Berlin)

Verkehr und Umwelt

Verstopfte Straßen in den Städten zur Rushhour, kilometerlange Staus auf den Autobahnen zu den Ferienzeiten, übervolle Züge zu Beginn des Wochenendes, Gedränge an den Abfertigungsschaltern der Flughäfen zeigen, dass Mobilität einen hohen Stellenwert in unserer Gesellschaft hat. Mobilität bringt aber nicht nur häufig Unannehmlichkeiten und Wartezeiten für die Autofahrer, Bahnreisenden und Flugpassagiere mit sich, sondern birgt auch zahlreiche Gefahren für die Umwelt und den Menschen: Abgase, Feinstaub, Verkehrslärm, Landschaftsverbrauch durch den Bau neuer Verkehrswege sind Beispiele.

Die folgenden Seiten greifen die Probleme auf und geben Antworten auf diese Fragen:

- Wie beeinflusst Mobilität den Alltag der Menschen?
- Welche verschiedenen Verkehrssysteme gibt es und wie funktionieren sie?
- Verkehrssystem als Wirtschaftsfaktor: Welche Bedeutung kommt dem Frankfurter Flughafen für die Region Südhessen zu?
- Welche Interessen prallen oft aufeinander, wenn neue Verkehrswege gebaut oder bestehende ausgebaut werden sollen?
- Wie sieht die Ökobilanz bei den verschiedenen Verkehrssystemen aus? Was könnte getan werden, um sie zu verbessern?
- Welche neuen Verkehrskonzepte sind denkbar? Können damit die Verkehrsprobleme gelöst und die Umweltbelastung verringert werden?

Methode: Umfrage

Thema: Öffentlicher Nahverkehr

Bei einer Umfrage geht es darum, von einer größeren Anzahl von Personen Informationen zu einem bestimmten Thema zu erhalten oder deren Meinung dazu zu erfragen.

Vorbereitung
Ihr müsst genau überlegen, welche Fragen ihr stellen wollt. Dabei gibt es zwei Möglichkeiten:
1. Man kann die Fragen so stellen, dass nur mit „ja" oder „nein" geantwortet werden kann. Beispiel: „Soll es in diesem Jahr ein Schulfest geben?"
Vorteil: Man kann nachher leicht auszählen, wer dafür und wer dagegen ist.
Nachteil: Jeder Befragte kann nur zu den vorgegebenen Meinungen Stellung nehmen. Vielleicht hätte er jedoch etwas anderes zum Thema sagen wollen.
2. Man kann die Fragen so stellen, dass jeder seine eigene Antwort geben kann. Beispiel: „Wie soll das Schulfest gestaltet werden?"
Vorteil: Die Befragten können ihre eigene Meinung äußern.
Nachteil: Die Auswertung ist schwierig. Man kann nicht einfach auszählen, wie viele dafür oder dagegen sind.

Vor einer Umfrage müsst ihr außerdem überlegen, wie ihr diese organisiert: Sollen Einzelne fragen oder soll die Umfrage von Zweier- oder Dreiergruppen durchgeführt werden? Sollen die Antworten auf einem Fragebogen oder mittels Tonband festgehalten werden?

Durchführung
Führt die Umfrage anonym durch, also ohne nach dem Namen zu fragen. Wenn es für die spätere Auswertung eine Rolle spielt, sollten Alter und/oder Geschlecht der Befragten festgehalten werden.

Auswertung
Die Antworten werden durchgesehen. Dabei solltet ihr darauf achten, ob sich deutliche Häufungen bzw. Unterschiede in den Einschätzungen ergeben. Die Ergebnisse der Umfrage werden dann zusammengefasst. Wenn es für das Thema interessant ist, könnt ihr eine zusätzliche Auswertung nach Alter und/oder Geschlecht der Befragten vornehmen.
Ihr müsst auch überlegen, wie ihr die Ergebnisse eurer Umfrage präsentieren wollt. Ihr könnt zum Beispiel eine Wandzeitung gestalten oder einen Bericht für die Schülerzeitung verfassen.

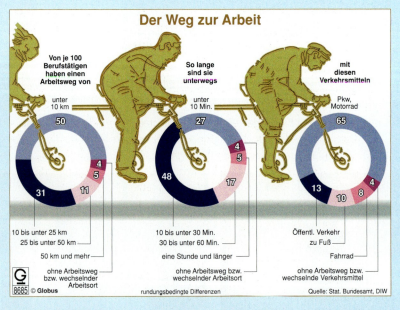

Zur Rushhour, der Hauptverkehrszeit am Morgen und Abend, überfordert das Verkehrsaufkommen oft die Straßen. Stockender Verkehr und Staus sind dann in den Städten und auf vielen Zufahrtsstraßen die Regel. Für zahlreiche Berufstätige bedeutet dies einen zeitaufwendigen Weg zu ihrer Arbeitsstelle, der zudem mit Stress bei der Autofahrt verbunden ist. Wer diesen Stress vermeiden will, kann auf den öffentlichen Nahverkehr ausweichen. Auch wenn die Bahnen und Busse zur Zeit des Berufsverkehrs ebenfalls voller als zu den anderen Tageszeiten sind, so kommt man damit doch meistens entspannter an sein Ziel. In Hessen werden die verschiedenen Regionen vor allem von den folgenden drei Nahverkehrsorganisationen versorgt: Rhein-Main-Verkehrsverbund (RMV), Nordhessischer Verkehrsverbund (NVV), Verkehrsverbund Rhein-Neckar (VRN).

Schlechte Noten für Nahverkehr

Die Verbraucher sind mit den Angeboten von Bus und Bahn immer unzufriedener: Inzwischen hat jeder vierte Benutzer etwas zu bemängeln, wie TNS Emnid berichtete. Dies sei die schlechteste Bewertung seit 1994. Besonders hart fiel die Kritik am Preis-Leistungsverhältnis im Allgemeinen und an den undurchschaubaren Tarifsystemen im Speziellen aus. Schlechte Noten gab es außerdem für den Komfort und die Ausstattung der Haltestellen sowie für die Sauberkeit und Gepflegtheit der Fahrzeuge.

(aus: Frankfurter Neue Presse, 16. 7. 2003, S. 1)

Wie beurteilen die Bürgerinnen und Bürger in Hessen den öffentlichen Nahverkehr? Ein Beispiel aus Südhessen und ein Beispiel aus Nordhessen:

Herr Peters, Bankangestellter in Frankfurt, fährt mit dem RMV zur Arbeit.

„Ich wohne in Gelnhausen und muss spätestens um 9.00 Uhr in Frankfurt sein. Kurz nach halb acht fahre ich mit dem Bus in knapp zehn Minuten zum Bahnhof. Kurz vor acht Uhr kommt die Regionalbahn Richtung Frankfurt. Bis zum Frankfurter Südbahnhof sitze ich gemütlich im Zug und lese meine Morgenzeitung. Nach einer knappen halben Stunde steige ich dort in die U 1 und brause in ca. sieben Minuten zum Willy-Brandt-Platz. Allerdings stehe ich nun meistens eng gedrängt mit vielen anderen Fahrgästen in der U-Bahn, aber meine Zeitung habe ich dann eh schon ausgelesen. Früher bin ich mit dem Auto zur Arbeit gefahren. Da benötigte ich aber oft fast eine halbe Stunde, um einen Parkplatz zu finden. In den letzten Jahren musste ich immer häufiger ein Parkhaus ansteuern. Dann war nicht nur der Zeitgewinn gegenüber der Anfahrt mit öffentlichen Verkehrsmitteln hin, sondern es war auch noch viel teurer. Mit dem Job-Ticket meiner Bank für den RMV bin ich jetzt fein raus und spare außerdem noch Geld."

Frau Simmers wohnt in Fuldatal, nördlich von Kassel. Sie arbeitet als Industriekauffrau im Volkswagenwerk in Baunatal.

„Meine reguläre Arbeitszeit beginnt um 7.30 Uhr. Damit ich pünktlich zur Arbeit komme, fahre ich um 6.19 Uhr mit der Buslinie 41 in Fuldatal los. Wenn der Bus rechtzeitig um 6.23 Uhr in Kassel-Ihringshausen ankommt, erreiche ich noch die Straßenbahn. Die Linie 3 fährt nämlich drei Minuten später los und kommt nach Fahrplan um 6.39 Uhr am Königsplatz in Kassel/Stadtmitte an. Hier steige ich schnell in die Nr. 5 und bin um 7.10 Uhr in Baunatal beim VW-Werk. Die Straßenbahnen fahren im 15-Minuten-Takt. Wenn aber mal der Bus spät dran ist, erreiche ich gerade noch so um 7.30 Uhr meinen Arbeitsplatz. Für die wenigen Kilometer von Fuldatal nach Baunatal ist das eine lange Anfahrtszeit. Besonders im Winter ist die Straßenbahn oft überfüllt, einen Sitzplatz bekommt man dann nur selten. An solchen Tagen ist die Fahrt noch anstrengender als sonst. Ich bin dann besonders froh, wenn ich endlich auf meinem Bürostuhl sitze."

1 Wertet für eine Umfrage die Materialien aus: Welche Fragen zum öffentlichen Nahverkehr ergeben sich?
2 Führt eine Umfrage zum Thema „Öffentlicher Nahverkehr in unserer Region" durch. Erstellt dafür einen Fragebogen mit drei Rubriken: Angebot / Nutzung / Bewertung des öffentlichen Nahverkehrs.

Wirtschaftsfaktor Rhein-Main-Flughafen

Blick auf den Rhein-Main-Flughafen in Frankfurt. Nach London-Heathrow ist Frankfurt der zweitgrößte Passagierflughafen in Europa. Zur Ferienzeit beträgt das Passagieraufkommen mehr als 140 000 Reisende pro Tag.

Beladung einer Lufthansa-Frachtmaschine. Im Luftfrachtverkehr liegt Frankfurt mit über 1,6 Mio. Tonnen jährlich sogar auf Platz 1 in Europa. Mit dem neuen Frachtzentrum Süd soll der Frachtbereich noch weiter ausgebaut werden.

In unserer Zeit der globalen Wirtschaftsbeziehungen stellen Verkehrssysteme einen wichtigen Faktor in der Standortfrage und der wirtschaftlichen Entwicklung dar. Mit 72 000 Beschäftigten ist der Rhein-Main-Flughafen in Frankfurt die größte Arbeitsstätte Deutschlands. Er trägt maßgeblich dazu bei, dass der Ballungsraum Rhein-Main zu den wirtschaftlich stärksten Gebieten in Europa zählt. Der Flughafen in Frankfurt ist die wichtigste interkontinentale Drehscheibe im Zentrum von Europa. Fast 300 Zielflughäfen werden weltweit von hier angeflogen. Pro Woche finden 4300 Direktflüge statt.

Der Rhein-Main-Flughafen funktioniert als Luftverkehrsdrehscheibe. Etwa 40 % aller Passagiere wählen ihn als Start- und Landeziel. Der Großteil benutzt ihn als Knotenpunkt, d. h. die Passagiere wechseln hier das Flugzeug und fliegen in eine andere Richtung weiter. Interkontinentale, kontinentale und nationale Flüge treffen hier zu aufeinander abgestimmten Zeiten zusammen und ermöglichen den problemlosen Wechsel zwischen den drei Liniennetzen. Je mehr Verbindungen angeboten werden, desto attraktiver ist Frankfurt als Knotenpunkt für Flugverbindungen. Ein Beispiel: Fluggäste aus Nahost und Nordamerika, die z. B. nach Kopenhagen weiterfliegen wollen, landen zeitlich abgestimmt auf dem Frankfurter Flughafen und besteigen kurze Zeit später die Maschine nach Kopenhagen.

Auf diese Weise kommen genügend Passagiere zusammen, um den Flug wirtschaftlich gestalten zu können. Damit sind sogenannte „Hubsysteme" wirtschaftlich sinnvoller als „Punkt-zu-Punkt-Verbindungen". Bei der Punkt-zu-Punkt-Verbindung wird jeder Flughafen von jedem anderen Flughafen aus angeflogen. Die Folge ist, dass oft Flüge gestrichen werden müssen, weil zu wenige Passagiere zusammen kommen. Außerdem müssen sehr viel mehr Flüge angeboten werden, um alle Ziele erreichen zu können.

Für die Passagiere sind Hubsysteme schneller, weil sie kurze Umsteigezeiten ermöglichen. Sie sind preisgünstiger, weil sie direkte Anbindungen an viele Zielflughäfen bieten. Gerade Geschäftsleute schätzen die flexiblen Möglichkeiten solcher vielseitigen Anbindungen. Sie stärken die Region als internationalen Standort, weil sie kurze Wege zum Ziel bieten. Auch für den Luftfrachtverkehr sind Knotenpunkte kostengünstiger. Schnell und flexibel kann die Fracht auf die jeweiligen Anbindungen verteilt und weiterbefördert werden. Die aus allen Richtungen angelieferten kleineren Frachtmengen werden – ähnlich wie bei den Passagieren – gesammelt und für das neue Zielgebiet zusammengestellt. Als größere Frachtmenge können sie dann wesentlich kostengünstiger weiter zu ihrem Ziel transportiert werden.

Der Flughafen Rhein-Main schafft auf vielfache Weise Arbeitsplätze. Augenfällig ist zunächst das Personal der Fluggesellschaften. Hinzu kommen die vielen Beschäftigten anderer Dienstleistungsunternehmen wie Hotels und Gaststätten, Läden, Fracht- und Handelsfirmen, die im Flughafen vertreten sind. Außerdem sind zahlreiche Behörden und Dienststellen mit ihrem Personal vertreten, z. B. Zoll und Flugsicherung. Bei all diesen Arbeitsplätzen spricht man von direkten Arbeitsplätzen.

Daneben sind vom Flughafen auch viele indirekte Arbeitsplätze abhängig. Zubringerstraßen müssen gebaut, Abfertigungs- und Hotelgebäude errichtet werden. Reparatur- und Instandhaltungsarbeiten sind durchzuführen, Bordverpflegung muss zubereitet und angeliefert werden. Diese vielfältigen Aufgaben schaffen und sichern Arbeitsplätze in vielen Betrieben, die nicht direkt im Flughafen angesiedelt sind.

Das Boden- und Flugpersonal der Fluggesellschaften, die Behördenmitarbeiter, die Bediensteten im Hotel- oder Gaststättenbereich und all die anderen Personen, die am Flughafen arbeiten, leben zum großen Teil in der Region. Sie kaufen Lebensmittel, Kleidung und Autos, gehen in Kinos. Supermärkte, Modegeschäfte, Autohäuser und Kinocenter siedeln sich an. Der Flughafen bewirkt (mit einem Fremdwort: induziert) also an ganz anderer Stelle, dass Arbeitsplätze entstehen und gesichert werden. Man spricht hier von induzierten Arbeitsplatzeffekten.

Darüber hinaus wirkt der Flughafen noch in weiteren Bereichen wie ein Katalysator auf den Arbeitsmarkt. Insbesondere auch aufgrund der guten internationalen Verkehrsanbindung siedeln sich in der Rhein-Main-Region zahlreiche Firmen an, finden Kongresse und Veranstaltungen statt. Frankfurt ist Messestandort und europäische Finanzzentrale. Alle namhaften Banken der Welt sind hier vertreten.

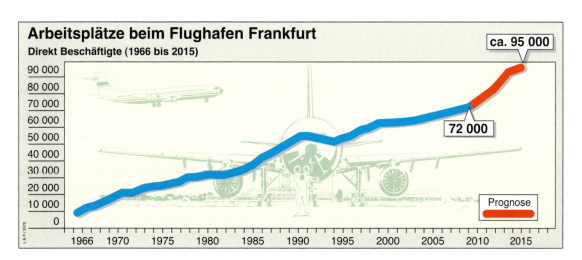

1. Was unterscheidet ein Hubsystem von einem Punkt-zu-Punkt-System?
2. Ordne die Sprechblasen den verschiedenen, im Text beschriebenen Arbeitsplatzeffekten zu.
3. Warum spricht man vom „Wirtschaftsfaktor" Rhein-Main-Flughafen? Formuliere als Antwort auf diese Frage einen kurzen Text.

Verkehr und Tourismus

Mit dem Flugzeug ist heute Tourismus bis in den letzten Winkel der Erde kein Problem: Passagiermaschine auf dem Flugplatz von Punta Arenas in Patagonien, Südchile.

Angelika Berthold, Angestellte
„Im Sommer reise ich am liebsten in den Süden. Sonne, Strand und Nachtleben sind für mich das Wichtigste im Urlaub. Meistens fliege ich, weil es rasch geht und angenehm ist. Zwei Wochen sind kurz. Da will ich nicht viel Zeit für die Anreise verschwenden. Wenn mir gerade danach ist, buche ich Last Minute. Manchmal fliege ich auch einfach mal für drei, vier Tage in eine Stadt zum Shopping."

Giovanna Angelone, Auszubildende
„Für junge Leute gibt es kostengünstig ein Interrail-Ticket für ganz Europa. Zusammen mit meiner Freundin bereise ich im Urlaub dann vier Wochen lang verschiedene Länder. Dabei klappern wir alle Städte ab, die uns interessieren. Ab und zu fahren wir auch übers Wochenende zu einem Festival."

Peter Conrad, Informationselektroniker, verheiratet, zwei Kinder
„Wir fahren jedes Jahr mit dem Auto in Urlaub. In unseren Kombi passt das Gepäck der Familie bequem hinein, mit zwei Kindern kommt da allerhand zusammen. Das könnten wir gar nicht alles als Fluggepäck mitnehmen oder auf einer Bahnreise mit uns herumtragen. Um eine nicht gar zu lange Anfahrt zu haben, bleiben wir meist in Deutschland. Außerdem sind unsere Autobahnen gut ausgebaut und man kommt rasch ans Ziel. Und am Wochenenden, da geht es natürlich fast immer raus aus der Stadt. Die Kinder brauchen Bewegung und frische Luft tut uns allen gut."

Waldeck Milanski, Ingenieur
„Ich fliege mit meiner Freundin oft in meine Heimat, manchmal sogar nur für ein Wochenende. In zwei Stunden bin ich in Warschau und kann mit alten Freunden in der Altstadt bummeln oder feiern. Heute kostet so ein Flug oft weniger als die Tagesgebühr für einen Mietwagen."

1. Welches Motto kennzeichnet welches Urlaubsverhalten? Ordne die folgenden Überschriften den vier Personen zu: **Entdeckungsreise kreuz und quer / Fliegen – billiger als mit dem Auto / Schnell und bequem in den Urlaub / Mit der Familienkutsche in die Ferien.**
2. Wie sind die einzelnen Verhaltensweisen unter Gesichtspunkten des Umweltschutzes zu bewerten? Führt eine Diskussion in der Klasse.
3. Welche Aussagen lassen sich den Grafiken entnehmen?

Das Wichtige in Kürze

Öffentlicher Nahverkehr

Der öffentliche Nahverkehr versorgt in sogenannten Verbundsystemen die verschiedenen Regionen Hessens. Allerdings nutzen nur etwas mehr als 10 Prozent der Erwerbstätigen den öffentlichen Nahverkehr für den Weg zur Arbeit. Während in Ballungsgebieten die Vorteile des gut ausgebauten Nahverkehrs in der Regel überwiegen, besteht für andere Regionen oft noch Nachholbedarf bei schnellen, direkten Verbindungen. Kritisiert wird auch der mangelnde Komfort in den Bussen und Bahnen.

Wirtschaftsfaktor Verkehrssystem – Beispiel Flughafen

Verkehrssysteme sind heute ein wichtiger Wirtschaftsfaktor. Der Rhein-Main Flughafen in Frankfurt ist der zweitgrößte Flughafen in Europa und ein Knotenpunkt für interkontinentale, kontinentale und nationale Flüge. Knotenpunkte sind wirtschaftlich günstiger, weil man zwischen den drei Liniennetzen rasch und problemlos wechseln kann. Sehr viele Zielflughäfen sind dadurch rasch erreichbar. Direkt auf dem Rhein-Main-Flughafen arbeiten etwa 72 000 Menschen. Sie induzieren viele weiteren Arbeitsplätze in der Region, indem sie dort Waren kaufen und Dienstleistungen nachfragen. Indirekte Arbeitsplätze entstehen auch durch die Aufträge, die von den am Flughafen tätigen Firmen an Betriebe in der Region erteilt werden. Außerdem siedeln sich in der Region Rhein-Main Firmen aufgrund der günstigen Verkehrsverbindung an oder errichten dort Niederlassungen. Hier wirkt der Flughafen als Katalysator für den Arbeitsmarkt.

Güterverkehr

Das weltweit rasche Wachstum des Güterverkehrs macht aus ökonomischen und ökologischen Gründen eine Vernetzung der Güterverkehrssysteme erforderlich. Container werden auf langen Strecken per Schiff oder Bahn transportiert. Vom Zielhafen bzw. Zielbahnhof transportieren dann LKWs die Container auf der Straße weiter. Teilweise werden im Kombiverkehr komplette Lastkraftwagen oder Aufleger per Bahn befördert.

Kombiverkehr: Verladung von Containern

Verkehr und Tourismus

Immer mehr Menschen reisen immer schneller, immer weiter und immer länger. Obwohl das Auto nach wie vor die Nummer eins bei den Transportmitteln für die Urlaubsreise ist, hat das Flugzeug deutlich aufgeholt. Im Vergleich zu diesen beiden Verkehrsmitteln fahren nur relativ wenige Reisende mit Bus und Bahn zu ihrem Urlaubsziel.

Fallbeispiel: Flughafenausbau

Tower — *Landebahn Nordwest* — *Geplantes Airrail Center (oben), neue A 380-Werft (unten)*

Nach jahrelangen Auseinandersetzungen um den Ausbau des Flughafens lag Ende 2007 der Planfeststellungsbeschluss vor. Dieser gestattet es dem Flughafenbetreiber Fraport, eine 2800 m lange Landebahn, ein drittes Terminal sowie zusätzliche Gebäude und Verkehrswege zu bauen. Auf diese Weise soll die Zahl der Flugbewegungen von ca. 490 000 (2006) auf über 700 000 im Jahr 2020 anwachsen können. Während jetzt pro Stunde 86 Flugbewegungen stattfinden, wären nach Inbetriebnahme der neuen Landebahn bis zu 126 Flugbewegungen pro Stunde möglich. Die Zahl der Passagiere könnte von 52 Mio. auf über 88 Mio. steigen. Umstritten ist vor allem die Regelung der Nachtflüge. Ursprünglich hatte die hessische Landesregierung zugesagt, dass es überhaupt keine mehr geben soll. Laut Planfeststellungsbeschluss gibt es erstmals eine Obergrenze für Nachtflüge in der Zeit von 22 bis 6 Uhr. Statt bisher 138 dürfen es pro Nacht nun 150 sein.

Gegen den Planfeststellungsbeschluss klagen mehrere Kommunen, Anwohner und Fluggesellschaften vor dem hessischen Verwaltungsgerichtshof, um den Beschluss zu kippen oder zu verändern. Die Lufthansa kritisiert vor allem, dass nicht geklärt sei, wer über die Vergabe der nächtlichen Start- und Landerechte entscheide und nach welchen Regelungen diese erfolgen. Weiterhin stören sie die Einschränkungen bei Triebwerkprobeläufen. Nachts gewartete Flugzeuge könnten dann erst weit nach 6 Uhr morgens starten. Fluggesellschaften wie die TUI kritisieren: „Bisher dürfen wir von 3 Uhr bis 1 Uhr

fliegen, künftig nur noch von 5 Uhr bis 23 Uhr." Ein Nachtflugverbot bedeutet längere Leerstandzeiten, mithin finanzielle Verluste für die Fluggesellschaft. TUI erwägt daher, vier bis sechs Flugzeuge aus Frankfurt abzuziehen.

Die betroffenen Bürger und Kommunen begründen ihre Klagen vor allem mit der wachsenden Belastung der Luft durch Schadstoffe und mit gesundheitlichen Folgen, die durch die Lärmbelastung ausgelöst werden. Die Stadt Offenbach argumentiert, dass der Planfeststellungsbeschluss es faktisch ermögliche, die ganze Nacht zu fliegen, da eine unbegrenzte Anzahl unplanmäßiger Nachtflüge gestattet sei. Ungeklärt sei auch, in welcher Weise passiver Lärmschutz greift und wer ihn bezahlt.

Flugsteig C/D: Vorfeldansicht (oben), geplantes Terminal 3 (unten) — *Gartenanlage vor dem Terminal 2* — *Lärmschutzwand*

Unverständlich ist den Kommunen, dass sozialen Einrichtungen wie Schulen und Kindergärten kein Lärmschutz gewährt wird. Die Stadt Raunheim moniert, dass der Lärm schon jetzt die Entwicklung der Stadt bremse. Die Stadt Darmstadt möchte im Norden weitere Baugebiete ausweisen. Bleibt der Planfeststellungsbeschluss in seiner augenblicklichen Version bestehen, ist dies aus Lärmschutzgründen nicht möglich. Der Bund für Umwelt- und Naturschutz (BUND) wiederum klagt gegen Rodungen im Kelsterbacher Wald.

Pressemeldungen / **Schulte: „Landebahn Nordwest liegt voll im Zeitplan"** 20.01.2010

FRA/jm – Zum Jahrestag des Beginns der Bauarbeiten für die neue Landebahn Nordwest hat der Vorstandsvorsitzende der Fraport AG, Dr. Stefan Schulte, eine positive Zwischenbilanz gezogen: „Die Baumaßnahmen laufen ohne größere Probleme ab. (...) Seit dem 20. Januar 2009 – dem Tag, an dem mit den Rodungen auf der Ausbaufläche begonnen wurde – seien bereits wichtige Bauabschnitte erfolgreich bewältigt worden. (...) Aktuell fokussierten sich die Baumaßnahmen vor allem auf die Brückenbauwerke, die eine Anbindung der Landebahn an das eigentliche Flughafengelände sicherstellten. Rund 400 Einzelelemente, jeweils bis zu 32 Meter lang und 90 Tonnen schwer, gelte es für die zwei Rollwege über die Autobahn 3, die ICE-Trasse und den Airportring zu verbauen. (...) Angesichts des bisher Erreichten blickt Fraport-Chef Schulte optimistisch auf die nächsten Bauabschnitte: „Wir liegen voll im Zeitplan." Aktuell seien jeden Tag rund 400 Menschen auf der Großbaustelle zu Gange. „Wir planen nicht mehr, wir bauen! Ich bin davon überzeugt, dass die neue Bahn mit dem Winterflugplan 2011/12 in Betrieb gehen und einen entscheidenden Beitrag zur Verminderung unserer Kapazitätsengpässe leisten wird", erklärte Schulte abschließend.

(© Fraport AG / www.ausbau.fraport.de/... 14.02.2010)

1. Beschreibe die Ausbauziele des Frankfurter Flughafens.
2. Stelle stichwortartig die Pro- und Kontra-Argumente hinsichtlich Planfeststellungsbeschluss gegenüber.
3. Informiere dich über den augenblicklichen Stand der Bauarbeiten.

Fallbeispiel: Bahnstrecke Kinzigtal

Die Bundesbahn plant den Bau einer neuen Strecke zwischen Gelnhausen und Fulda. Zwei Varianten stehen zur Wahl: eine auf 200 km/h auslegbare Strecke im Kinzigtal oder eine zweite, für Tempo 300 geeignet durch den Spessart. Die Deutsche Bundesbahn begründet den geplanten Ausbau mit den Prognosen des Bundesverkehrswegeplans. Bis zum Jahre 2015 verdoppelt sich demnach der Güterverkehr auf 148 Milliarden Tonnenkilometer. Ein wesentlicher Teil dieses Güterverkehrs wird durch das Kinzigtal rollen, das im deutschen Bahn-Verkehrsnetz eine Schlüsselposition einnimmt.

> Eine Erweiterung auf vier Spuren ermöglicht es, die Güterverkehrsstrecke Tag und Nacht zu benutzen. Die Firmenkunden fordern von der Bundesbahn den raschen Abtransport der zu transportierenden Produkte.

> Der Personenverkehr gewinnt durch die Erweiterung auf vier Strecken deutlich an Qualität. Einerseits werden die Züge schneller, andererseits auch vielfältigere Taktsequenzen möglich. Der Nahverkehr gewinnt ca. sechs Minuten, der Fernverkehr deutlich mehr.

> Für die Kritiker steht die Notwendigkeit der neuen Schnellbahntrasse außer Frage. Fragwürdig erscheint ihnen das Datenmaterial für die Auswahl der Trassenvariante. Die Bahn habe bisher keine konkreten Linienvorschläge gemacht. Selbst das Eisenbahnbundesamt habe als Behörde einen Zukunftsfahrplan und eine vorgesehene Netzbelegung angemahnt.

> Für Züge in Richtung Berlin oder Hamburg bedeutet die Spessartvariante keinen Zeitgewinn. Die Strecke durch den Spessart nach Fulda wäre zwar schneller, allein der Umweg schluckt aber wieder den Zeitgewinn. Verkehren auch in Zukunft die meisten Züge in dieser Richtung, macht die Spessartvariante keinen Sinn.

> Die Bewohner des Kinzigtales fühlen sich durch die bestehende Bahnstrecke und die A 66 eh schon über Gebühr vom Lärm belästigt. Zudem, so der Bürgermeister von Bad Soden-Salmünster, gefährde der Streckenausbau tausend Arbeitsplätze im Bereich des Fremdenverkehrs.

Bahnhof Fulda – Endpunkt der geplanten Neubaustrecke

- Gesichertes Datenmaterial fehlt
- Umweg macht Zeitgewinn zunichte
- Schnellere Gütertransporte
- Schneller und öfter: Verbesserung des Personenverkehrs
- Lärm gefährdet Fremdenverkehr

1 Ordne jedem Textabschnitt eine Zeitungsüberschrift zu.
2 Das Projekt ist unstrittig. Warum gibt es dennoch Schwierigkeiten?

Fallbeispiel: Ausbau der A 44

Kaum ein Autobahnprojekt war so umkämpft wie die A 44. Jahrelang stritten sich Befürworter und Gegner. Pläne für den Bau einer Autobahn von Kassel nach Eisenach gibt es bereits seit den 1930er-Jahren. Erst war es Geldmangel, dann der Krieg und zu guter Letzt die Teilung Deutschlands, die den Bau verhinderten. Nach der Wende sollte die Strecke endlich gebaut werden, allerdings gab es alsbald Einsprüche seitens der Naturschützer. Im Augenblick endet die A 44 kurz hinter Kaufungen östlich von Kassel.

Die Auseinandersetzung zwischen den Befürwortern und den Gegnern des Projektes nahm bisweilen bizarre Züge an. Es bildeten sich Bürgerinitiativen für und Bürgerinitiativen gegen den Ausbau. Die Industrie- und Handelskammer votierte für den Bau, ebenso 16 nordhessische Bürgermeister, die vehement den Ausbau forderten und über 13 000 Unterschriften „pro Autobahn" sammelten. Um auf die Entscheidung des Kreisverbandes des Bundes für Umwelt- und Naturschutz (BUND) Einfluss nehmen zu können, beantragten sie sogar die Mitgliedschaft beim BUND. Diese wurde ihnen aber verwehrt. Es folgten zahlreiche Aktionen und Demonstrationen für und gegen den Ausbau.

Das Bundesverwaltungsgericht in Leipzig hat am 12. 03. 2008 die bestehenden Pläne des Landes Hessen für den Ausbau der A 44 bestätigt. Abgewiesen wurde damit die Klage des BUND, der den Bau der 1,2 Milliarden teuren Trasse durch das ökologisch wertvolle Lichtenauer Hochland verhindern wollte. Die A 44 wird nun als teuerste Autobahn Deutschlands in die Geschichte eingehen.

Noch während der Verhandlung hatte das Land die Planungen nachgebessert und zusätzliche Zugeständnisse an den Naturschutz gemacht. Bei der Streckenführung sind z. B. weitreichende Schutzmaßnahmen beim Tunnelbau vorgesehen. Ein Absenken des Grundwassers soll so verhindert werden. Erst daraufhin entschied das Gericht, dass die Planungen den deutschen und europäischen Anforderungen an den Artenschutz genügen.

Enttäuscht äußerte sich der BUND zum Urteil. Der Vorstandssprecher Thomas Norgall meinte allerdings, dass die Klage zumindest bewirkt habe, dass die hessische Landesregierung künftig das Naturrecht beachtet. Ein Sprecher des Verkehrsclubs Deutschland (VCD) kommentierte das Urteil mit dem Satz: „Wer Straßen sät, wird Verkehr ernten."

Politische Vertreter aus der Region betrachten das Urteil als wegweisend für die wirtschaftliche Entwicklung des nordhessischen Raumes und als Erfolg für die vom bisherigen Durchfahrtsverkehr betroffenen Anwohner. Der Anwalt des Landes Hessens sieht das Urteil als „Beleg für einen sachgerechten Interessenausgleich von Ökologie und Ökonomie." Die 64 km lange Ausbaulücke besteht aus elf Bauabschnitten. Nur einen davon hat das Bundesverwaltungsgericht genehmigt. Theoretisch könnten Naturschützer jetzt noch gegen jeden einzelnen der anderen Bauabschnitte klagen, allerdings sieht das Verkehrsministerium das Urteil als für alle Bauabschnitte von Bedeutung, weil die Richter das öffentliche Interesse am Bau der A 44 anerkannt hätten.

 Beschreibe anhand des Textes die Auseinandersetzung um den Ausbau der A 44 zwischen Kassel und Eisenach.

 Der jahrelang andauernde Konflikt um die A 44 ist vorläufig entschieden. Ist dies nun ein Gewinn für beide Positionen? Begründe deine Meinung.

Konfliktzone Verkehrsentwicklung

Ökobilanz der Verkehrssysteme

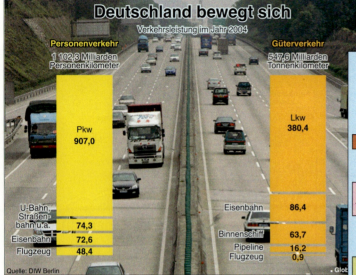

Deutschland bewegt sich
Verkehrsleistung im Jahr 2004

Personenverkehr: 1 102,3 Milliarden Personenkilometer
- Pkw: 907,0
- U-Bahn, Straßenbahn u.a.: 74,3
- Eisenbahn: 72,6
- Flugzeug: 48,4

Güterverkehr: 547,6 Milliarden Tonnenkilometer
- Lkw: 380,4
- Eisenbahn: 86,4
- Binnenschiff: 63,7
- Pipeline: 16,2
- Flugzeug: 0,9

Quelle: DIW Berlin

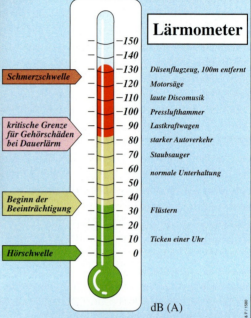

Lärmometer (dB (A))
- 150
- 140
- 130 — *Schmerzschwelle* — Düsenflugzeug, 100m entfernt
- 120 — Motorsäge
- 110 — laute Discomusik
- 100 — Presslufthammer
- 90 — Lastkraftwagen — *kritische Grenze für Gehörschäden bei Dauerlärm*
- 80 — starker Autoverkehr
- 70 — Staubsauger
- 60 — normale Unterhaltung
- 50
- 40 — *Beginn der Beeinträchtigung*
- 30 — Flüstern
- 20
- 10 — Ticken einer Uhr
- 0 — *Hörschwelle*

Die Folgekosten des Verkehrs
Kosten durch Umweltverschmutzung, Unfälle u.a., die von der Allgemeinheit getragen werden

Personenverkehr — Kosten je 100 Personenkilometer in Euro
- Pkw: 9,16
- Bahn: 2,53
- Bus: 3,74
- Flugzeug: 4,50

Legende: Luftverschmutzung | Unfälle | Lärm, Boden-, Wasserbelastung u. a. | Klimaschäden

Güterverkehr — Kosten je 100 Tonnenkilometer in Euro
- Lkw: 9,50
- Bahn: 2,83
- Binnenschiff: 4,93
- Flugzeug: 19,88

Lärm, Boden-, Wasserbelastung u. a.

Angaben für Westeuropa. Quelle: INFRAS, IWW
© Globus 6561

1. Notiere zu jeder Grafik zwei, drei wichtige Aussagen.
2. Erläutere die ökologischen Folgen des Verkehrs.
3. Wie beteiligt der Staat die Verkehrsteilnehmer an den Folgekosten des Verkehrs? Befrage dazu auch Erwachsene.

.... **Auf zwei Rädern zur Arbeit**

Radelnde Wetterfrösche

Planungsverband und ADFC wollen mit dem Modell-Projekt mehr Berufspendler auf den Fahrradsitz locken

Wer in Frankfurt ins Auto steigt, fährt damit in den meisten Fällen zur Arbeit – ob nun in oder außerhalb der Stadt. Das ist die schlechte Nachricht. Die gute: Seit 1998 nimmt die Zahl der Wege ab, die Pendler mit dem Pkw zur Arbeitsstelle zurücklegen – inzwischen um mehr als sechs Prozent. Unter ihnen steigen die meisten Pendler um aufs Rad.

Künftig sollen noch mehr Menschen umsatteln, in Frankfurt, aber auch in der Region. Deshalb hat das Bundesverkehrsministerium Frankfurt/Rhein-Main zur Modellregion erklärt für das Projekt Bike & Business: Planungsverband und Allgemeiner Deutscher Fahrradclub (ADFC) versuchen seit 2002 – bisher einmalig in der Republik – in Kooperation mit inzwischen 14 Unternehmen, mehr Pendler zum Umstieg aufs Rad zu bewegen. Nun liegt zum Abschluss der Pilotphase die erste Bilanz des Projektes vor. „Die Untersuchung hat den Nachweis erbracht", heißt es im Abschlussbericht, den der Planungsverband am Montag vorlegen wird, „dass der zentrale Ansatz des Projektes, die Verankerung im Unternehmen beziehungsweise in den öffentlichen Verwaltungen zur Fahrradförderung auf dem Arbeitsweg richtig und erfolgreich ist. Durch die Fokussierung auf größere Betriebe kann in relativ kurzer Zeit ein großer Anteil der Beschäftigten und damit des Berufsverkehrs erreicht werden."

In manchen Unternehmen hat sich seit Projektbeginn der Anteil der Beschäftigten, die radelnd zur Arbeit kommen, sogar verdoppelt. Etwa bei der Bundesbank, wo zu Beginn der Bike & Business-Aktion 174 Männer und Frauen – sechs Prozent der Beschäftigten – mit dem Rad zur Arbeit gekommen sind. Inzwischen liegt der Anteil bei zwölf Prozent, und „unser mittelfristiges Ziel von 15 Prozent bis 2012 scheint erreichbar", sagt Ute Groß, Projektleiterin bei Bike & Business bei der Deutschen Bundesbank. Auch bei der GTZ in Eschborn hat sich die Zahl der Berufspendler verdoppelt Seit 2003 kooperiert die Einrichtung mit Planungsverband und ADFC, inzwischen steigen 170 Mitarbeiter, das sind 15 Prozent aller Beschäftigten – auf den Drahtesel, wenn sie sich zur Arbeit aufmachen. Im Abschlussbericht heißt es, dass es durch die Vielfalt der Bike & Business-Projekte in den Betrieben nun „für viele weitere Betriebe der Region Vorbilder und Beispielprojekte in der Nähe" gibt.

GLOSSAR

Bike & Business ist ein Projekt des Bundesverkehrsministeriums, das von Planungsverband, ADFC und den Unternehmen getragen wird.

DWD (Deutscher Wetterdienst, Offenbach); **GTZ** (Gesellschaft für technische Zusammenarbeit, Eschborn); **BAFA** (Bundesamt für Wirtschaft und Außenkontrolle, Eschborn); **PEI** (Paul-Ehrlich-Institut, Langen); **KfW** (Kreditanstalt für Wiederaufbau, Frankfurt); **DFS** (Deutsche Flugsicherung, Langen); **IPW** (Industriepark Wolfgang, Hanau).

Mit dem Projekt haben Planungsverband und ADFC mehr als 30 000 Beschäftigte in der Region erreicht. Und dabei beachtliche Ergebnisse erzielt: Beim Wetterdienst in Offenbach fährt inzwischen jeder fünfte Beschäftigte mit dem Rad zur Arbeit. (...)

Mit dem Rad zur Arbeit
Anteil des Fahrradverkehrs bei den Arbeitswegen der Beschäftigten ausgewählter Firmen in %

- DWD, Offenbach (2005): 20
- GTZ, Eschborn (2007): 15
- GPR, Rüsselsheim (2006): 14
- Bundesbank Zentrale, Frankfurt (2007): 12
- BAFA, Eschborn (2006): 10
- PEI, Langen (2006): 10

Emblem des Projektes „Bike & Business"

Mit dem Fahrrad zur Arbeitsstelle

(Jürgen Schultheis, in: Frankfurter Rundschau, 13./14.09.2008)

1. Beschreibe die Zielsetzung und die Bilanz des Projektes „Bike & Business" stichwortartig.
2. Könntest du dir vorstellen, später als Berufstätige/r mit dem Fahrrad zur Arbeitsstelle zu fahren? Begründe deine Antwort.

Das Recht auf saubere Luft

Der Staub der Städte
Heute entscheidet der Europäische Gerichtshof, ob saubere Luft einklagbar ist

Hunderttausend Autos brummen täglich sechsspurig an Dieter Janezeks Wohnung in München vorbei. Die Fenster sind rußgeschwärzt. „Wir trauen uns kaum, mit unserem dreimonatigen Kind aus dem Haus zu treten", sagt der 32-Jährige. An der Landshuter Allee, an der Janezek wohnt, wurde in diesem Jahr schon 33 Mal die zulässige Menge an Feinstaub überschritten. Es ist die Hauptverkehrsachse der bayerischen Landeshauptstadt.

Janezek, zugleich Geschäftsführer der bayerischen Grünen, zog für bessere Luft bis vor den Europäische Gerichtshof (EuGH). Heute wird das Luxemburger Gericht entscheiden, ob Bürgerinnen und Bürger ihre Stadt darauf verklagen können, sie vor Feinstaub zu schützen. Die Mikropartikel gelten als krebserregend und können bei hoher Belastung zum Beispiel zu einem geringeren Gewicht von Neugeborenen führen.

Seit 2005 dürfen in einem Kubikmeter Luft höchstens 50 Mikrogramm Feinstaub enthalten sein. 35 Überschreitungen jährlich lässt das Bundesimmissionsschutzgesetz zu – ein Grenzwert, der schon jetzt von vier Städten überschritten wird. „Der EuGH wird heute einen Präzedenzfall für die Lebensqualität aller Europäer schaffen", sagt Janezeks Anwalt Remo Klinger. Wenn die Klage Erfolg hat, müssen Bewohner hoch belasteter Stadtviertel nur noch eine einzige Klage erheben, um die Feinstaubbelastung der ganzen Stadt zu senken.

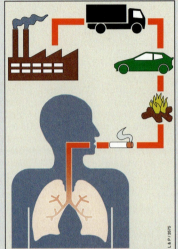
Gefährlicher Feinstaub: Je kleiner die Partikel, desto tiefer können sie in die Lunge eindringen.

Gründe gäbe es genug. Janezeks Staub-Straße liegt auf der aktuellen Feinstaub-Tabelle des Bundesumweltamtes auf Platz sechs. In Dortmund, Essen, Krefeld und Duisburg wurden schon jetzt die 35 zulässigen Belastungstage überschritten. Unter den zehn größten Feinstaub-Sündern finden sich allein sieben Kommunen im Ballungsraum Rhein-Ruhr. Hier stoßen vor allem Braunkohlekraftwerke, alte Industrieanlagen und der dichte Verkehr die gefährlichen Partikel aus.

Der Deutsche Städte- und Gemeindebund prognostiziert weitreichende Folgen des EuGH-Urteils. „Sollte der Kläger Recht bekommen, werden zahlreiche zusätzliche Umweltzonen eingeführt, sagt Till Spannagel, Referatsleiter Umwelt des Städteverbandes. Der Interessenverband der Kommunen appeliert an die Industrie, schadstoffärmere Autos und Industrieanlagen zu produzieren. „Das Feinstaubproblem wird alleine an die Städte abgewälzt", kritisiert Spannagel.

Fahrverbote für Luftverpester

Umweltschützer widersprechen. „Noch immer entziehen sich die Städte ihrer vornehmsten Pflicht, Bürgerinnen und Bürger vor schweren Gesundheitsgefahren zu schützen", sagt Jürgen Resch, Geschäftsführer der Deutschen Umwelthilfe. Sollte ein „bürgerfreundliches Urteil" fallen, müssten die Regelungen umgehend verschärft und zum Beispiel nur noch Fahrzeuge mit grüner Plakette zugelassen werden, findet Resch.

Seit Jahresbeginn haben 13 deutsche Städte wie Berlin, Köln und Stuttgart eine Umweltzone eingerichtet, in der schadstoffreiche Autos mit Fahrverboten belegt werden. 23 weitere wollen laut Umweltbundesamt spätestens Anfang 2010 nachziehen.

In Frankfurt und München sollen ab Oktober Umweltzonen eingerichtet werden, die den gröbsten Luftverpestern den Zutritt zur Innenstadt verwehren. Einen Plan, wie München auf das Urteil reagieren könnte, gibt es einem Sprecher zufolge nicht. Kläger Janezek träumt von weitreichenden Fahrverboten und einer Citymaut. „Dann könnten wir auch beruhigt mit dem Kinderwagen spazieren gehen."

(Annika Joeres, in: Frankfurter Rundschau, 25.07.2008)

Am 25.07.2008 entschied der Europäische Gerichtshof die Klage eines Bürgers auf das Recht auf saubere Luft. Umweltschützer feierten die Grundsatzentscheidung als Erfolg. Nun können alle Bürger Klage erheben, wenn die Feinstaubbelastung in ihrer Umgebung über der europäischen Norm liegt.

Welches Auto welche Plakette bekommt

Schadstoffgruppe		1	2	3	4
Plakette		Keine Plakette	2 K-S 2607	3 K-S 2607	4 K-S 2607
Anforderung	Diesel	Euro 1* oder schlechter	Euro 2 od. Euro 1 + Partikelfilter	Euro 3 od. Euro 2 + Partikelfilter	Euro 4 od. Euro 3 + Partikelfilter
	Benziner	ohne geregelten Katalysator			Euro 1 mit geregeltem Katalysator

Quelle: Umweltbundesamt   *) Zuordnung findet sich in den Kfz-Papieren

KLEINE TEILE MIT GROSSEN RISIKEN

Unter Feinstaub versteht man kleine Schwebeteilchen in der Luft, die höchstens zehn Mikrometer groß sind. Das entspricht etwa einem Zehntel der Dicke eines menschlichen Haares. Zu den Hauptverursachern von Feinstaub gehören Kraftwerke und Fernheizwerke, Abfallverbrennungsanlagen und die Metall- oder Stahlindustrie.

In Ballungsräumen erzeugt vor allem der Verkehr Feinstaub, hauptsächlich die Verbrennung von Diesel. Dazu kommen der Abrieb von Reifen, Bremsen und Kupplungsbelägen sowie der aufgewirbelte Straßenstaub.

Auch in Innenräumen entsteht Feinstaub, dessen Konzentration sogar um ein Vielfaches höher sein kann als in der Außenluft. Er entsteht durch alle Verbrennungsprozesse – auch bei Kerzen oder Räucherstäbchen – sowie durch Toner in Kopierern und Druckern.

Über Atemwege und Blut gelangten die winzigen Feinstaubteilchen direkt in viele Organe, auch ins Herz. Sie verursachen in den Atemwegen lokale Entzündungen und können so die Gesundheit schwerwiegend beeinträchtigen. Mögliche Folgen sind Allergien, Husten, Atemnot, Atemwegs- und Herzkreislauf-Erkrankungen, Lungenkrebs und vorzeitige Todesfälle.

Jährlich sterben laut EU-Kommission allein in Europa mehr als 288 000 Menschen vorzeitig an Feinstaub.

65 000 vorzeitige Todesfälle veranschlagt die Studie für Deutschland.

Seit dem 1. Januar 2005 gilt eine EU-Richtlinie, die Grenzwerte für die Außenluft festlegt. Seither darf der Grenzwert von 50 Mikrogramm pro Kubikmeter Luft höchstens an 35 Tagen im Jahr überschritten werden. Die Verantwortung für die Einhaltung der Grenzwerte liegt bei den Bundesländern.

Per Plakettenverordnung werden Fahrzeuge in Deutschland seit 1. März 2007 in vier Schadstoffklassen eingeteilt.

Wenn eine Kommune Fahrverbote in Umweltzonen erlässt, können dort nur Autos mit entsprechenden Plaketten fahren.

Weitere Infos finden sich im Internet unter: http://www.umweltbundesamt.de

(Informationsteil zum Beitrag „Umweltzone – von wegen", von Joachim Wille, in: Frankfurter Rundschau Nr. 173, 26./27. 07. 2008, S. 3)

1. Erläutere das Problem der Feinstaubbelastung. Ziehe dazu auch die Grafik auf Seite 134 heran.
2. Nenne Gründe für die Klage von Dieter Janezek vor dem Europäischen Gerichtshof.
3. Benenne die Maßnahmen, die gegen die Feinstaubbelastung ergriffen werden.

Neue Verkehrskonzepte: drei Beispiele

Eine nachhaltige Verkehrspolitik muss auf fünf Säulen aufbauen:

1. Verkehrsvermeidung
2. Verkehrsverlagerung auf umweltfreundlichere Verkehrsmittel
3. moderne Verkehrs- und Fahrzeugtechnik
4. umweltschonender Verkehrswegebau
5. umweltfreundliches Verkehrsverhalten

1 Umschalten und Sprit sparen – Von Verkehr und Klimaschutz

Der Verkehrsbereich gehört seit jeher zu den Sorgenkindern, wenn es um die Umsetzung der nationalen Klimaschutz-Ziele geht. Während der Kohlendioxid-Ausstoß im vergangenen Jahrzehnt um 15 Prozent zurückging, stieg der des Verkehrs um mehr als 11 Prozent an. Der NABU hat daher das Projekt „Umschalten – ganz einfach Sprit sparen" gestartet. Das Projekt leistet einen praktischen Beitrag zur Kohlendioxidminderung und somit zum Klimaschutz. In Zusammenarbeit mit regionalen NABU-Gruppen werden Spritspar-Aktionstage inklusive Testtraining veranstaltet. Unterstützt durch das Profiteam der Volkswagen AG können Besucherinnen und Besucher in bereitgestellte Fahrzeuge einsteigen und testen, wie sie ihren Spritverbrauch um bis zu 30 Prozent senken können – und damit ihren Geldbeutel wie auch das Klima schonen.

(www.nabu.de)

Rechtzeitig schalten und Sprit sparen

2 Fliegender Wechsel beim Campus-Hopping
Führerlos hangelt sich die Dortmunder H-Bahn kaum hörbar von Halt zu Halt

Ihre Kabinen schweben nicht, sie flitzen. Beschleunigung; ein Meter pro Sekunde, Spitze: 50 Kilometer pro Stunde. (...) Die Hängebahn war bei ihrer Jungfernfahrt am 2. Mai 1984 eine kleine Sensation: Das erste vollautomatische Verkehrssystem in Deutschland – als Forschungsprojekt zu 100 Prozent gefördert von der öffentlichen Hand. Das einst exotische Elektro-Gefährt eroberte sich seinen Platz im Nahverkehrsnetz. Berührungsängste blieben aus, der Betrieb lief und läuft höchst zuverlässig. (...)
Ein ausgeklügeltes Kommunikationssystem ersetzt den körperlichen Kontakt zum Kabinenlenker. Im Notfall können Fahrgäste aus der Kabine und an den Haltestellen per Knopfdruck Kontakt aufnehmen mit der Leitstelle. Sie können die Kabine in Schwachverkehrszeiten sogar per Ruf anfordern.

Fahrgastkabine der Hängebahn

(Mechthild von Büchel: in: Frankfurter Rundschau, 16. 4. 2002, S. 18)

3 Erdgasauto – nein danke?

(...) Käufer von Erdgasfahrzeugen müssen nicht befürchten, dass sie in Zukunft auch nur annähernd so stark zur Kasse gebeten werden wie die der „normalen" Sprit-Schlucker. Außerdem können sie ganz starke Öko-Argumente ins Feld führen: Die Autos sind leiser, bei der Verbrennung werden so gut wie keine Rußpartikel emittiert, und der im Vergleich zu den herkömmlichen Kraftstoffen geringere Ausstoß anderer Schadstoffe (Kohlendioxid 25 Prozent, Kohlenmonoxid und Stickoxid bis zu 80 Prozent weniger) ist ein Segen für die Umwelt. (...)

Das Erdgasauto: ökologisch vernünftig

(Ingo Durstewitz, in: Frankfurter Rundschau, 24. 8. 2002, S. 9)

---

1. Ordne die drei Beispiele den fünf Säulen einer nachhaltigen Verkehrspolitik zu.
2. Welchen Beitrag zu einem umweltfreundlichen Verkehrsverhalten könnt ihr selbst leisten? Diskutiert eure Vorschläge in der Klasse.

Automatisierte Verkehrssysteme

Wird die Rohrpost durchs Ruhrgebiet ein Rohrkrepierer?

Die Erfinder fürchten um ihren Vorsprung: Viele Vorarbeiten sind fertig, doch das Projekt CargoCap braucht die nächste Kapitalspritze. Die Idee: Lästige Laster sollen unters Pflaster. Das Bochumer Projektteam arbeitet an einer unterirdischen Verkehrsader, in der führerlose Kabinen vollautomatisch Güter zu ihrem Ziel führen. (…)

Ihre Idee: In Röhren mit einem Durchmesser von 1,60 Meter sollen Kabinen führerlos durch das Erdreich flitzen, jeweils zwei Europaletten voller Güter im Gepäck. Nur an den Haltepunkten gäbe es per Aufzug eine Verbindung an die Oberfläche. Diese Haltepunkte könnten mitten in der City liegen, punktgenau am Fließband einer Fabrik oder in Verteilstationen außerhalb der Städte.

Und weil das System so flexibel ist, könnte es für viele Nutzer interessant sein: Entweder in offenen Systemen, die von unterschiedlichen Zielgruppen genutzt werden oder auch in geschlossenen Systemen, die zum Beispiel Warenhäuser mit Produkten oder Werke mit Rohstoffen und Zulieferprodukten versorgen. Beispiel Opel: Das Bochumer Werk werde täglich von 400 Lkw erreicht, die umgerechnet 13 000 Paletten anliefern (…). Diese Ladung könnte CargoCap nicht nur ans Werkstor, sondern fast bis ans Fließband liefern, sind die Bochumer Forscher überzeugt. (…)

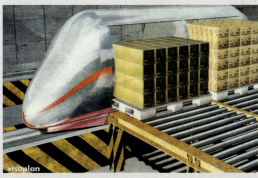
Automatisch rollen zwei Europaletten in den CargoCap

Ein offenes System von 80 Kilometern Länge könne leicht unter der bestehenden Autobahn A 40 zwischen Duisburg und Dortmund entstehen, meinen die Erfinder. Die überlastete Ruhrgebiets-Achse könnte auf diesem Wege mindestens teilweise vom Ziel-Verkehr entlastet werden. Nur der Transitverkehr würde weiterhin über diese Route rollen.

Und weil die neue unterirdische Verkehrsader nach juristischer Definition weder Straße, noch Gleis, noch Leitung, noch Pipeline ist, sei auch kein jahreslanges Genehmigungsverfahren erforderlich, argumentiert Professor Martin Burgi, der ebenfalls zum Projektteam zählt.

Selbst die Bauarbeiten würden die Bürger kaum bemerken: In der früheren Bergbauregion ist unterirdischer Rohrvortrieb für Erfinder wie Facharbeiter eine der leichteren Übungen. (…)

„Letztlich geht es auch um Arbeitsplätze, denn wir möchten dieses Projektteam zusammenhalten", sagt Professor Stein. In den Niederlanden läuft ein ähnliches Forschungsvorhaben angeblich auf Hochtouren: Der Amsterdamer Flughafen Schiphol soll unterirdisch mit der Blumenbörse Aalsmeer verbunden werden. „Wir hoffen immer noch auf unseren First-Mover-Advantage", sagt Stein. Das Bochumer Team will einen Entwicklungsvorsprung gewinnen, denn das System wäre auf viele Anwendungen übertragbar. (…)

(Mechthild vom Büchel, in: Frankfurter Rundschau, 12. 2. 2003, S. A 1)

1. Wie funktioniert das Rohrpost-System? Werte den Text aus.
2. Berichte mithilfe deiner Notizen über dieses automatisierte Verkehrssystem.
3. Erläutere die Vorteile des Rohrpost-Systems. Fallen dir auch Nachteile ein?

Das Wichtige in Kürze

Verkehrsentwicklung

Der Bundesverkehrswegeplan prognostiziert für 2015 einen weiteren Anstieg des Verkehrsaufkommens, u. a. wird vorausgesagt, dass sich der Güterverkehr bis dahin verdoppelt. Hierfür müssen bestehende Verkehrswege ausgebaut und neue geplant werden, wobei verschiedene Interessen aufeinander stoßen. Viele Autofahrer, Bahnkunden und Flugtouristen begrüßen neue Straßen, Schienenwege und den Ausbau der Flughäfen, von Lärm- und Abgasbelastungen betroffene Anwohner und Gemeinden hingegen lehnen dies vielfach ab.

Verkehrsprojekte in Hessen

Der Rhein-Main-Flughafen soll um eine Start- und Landebahn erweitert werden. Die Flughafenbetreibergesellschaft argumentiert, dass nur ein Ausbau die internationale Spitzenposition des Flughafens und seine Funktion als Wirtschaftsmotor erhalten könne. Die Gegenseite argumentiert, dass für die Anwohner die Lärm- und Schadstoffbelastung bereits jetzt zu hoch sei. – Die Autobahn A 44 von Dortmund nach Kassel soll bis Eisenach weitergeführt werden. Umweltschützer beklagen die geplante Trassenführung, weil sie durch ein Naturschutzgebiet führt. – Der Ausbau der Bahnstrecke von Gelnhausen nach Fulda ist unstrittig, allerdings wird um die Ausbauvariante (Kinzigtal oder Trasse durch den Spessart) gestritten.

Ökobilanz der Verkehrssysteme

Der Verkehr ist einer der Hauptverursacher der Umweltverschmutzung. Während Flugzeuge vor allem das Klima belasten, sind PKW besonders für die Luftverschmutzung mit Kohlenmonoxid und Stickstoffen verantwortlich. Bei den Folgekosten pro 100 Personenkilometer, die durch Umweltverschmutzung, Unfälle u. a. verursacht werden, liegt der PKW mit doppelt so viel Kosten wie das Flugzeug deutlich vorn. Bei den Folgekosten pro 100 Tonnenkilometer verursacht das Flugzeug doppelt so viel Kosten wie ein LKW. Der Verkehrslärm führt vor allem in der Nähe von mehrspurigen Straßen und Flughäfen zu Gesundheitsschäden. Die Autoindustrie bemüht sich seit Jahren um eine Verringerung der Autoabgase und damit der Umweltbelastung. Neu entwickelte Autos mit besonders niedrigem Kraftstoffverbrauch bzw. neuen Antriebssystemen sollen zudem die Ökobilanz des Kraftfahrzeugs verbessern.

Feinstaubbelastung

Die Belastung der Luft mit gesundheitsschädlichem Feinstaub ist in vielen Ballungsräumen ein großes Problem. Die EU hat Grenzwerte festgesetzt, für deren Einhaltung die Bundesländer verantwortlich sind. Mit innerstädtischen Umweltzonen und Fahrverboten für schadstoffreiche Kraftfahrzeuge versucht man, die Feinstaubbelastungen zu reduzieren und die Grenzwerte einzuhalten.

Nachhaltige Verkehrspolitik

Eine nachhaltige Verkehrspolitik muss auf fünf Punkte abzielen: Verkehrsvermeidung, Verkehrsverlagerung auf umweltfreundlichere Verkehrsmittel, moderne Verkehrs- und Fahrzeugtechnik, umweltschonenden Verkehrswegebau, umweltfreundliches Verkehrsverhalten. Ein Beispiel ist das Pilotprojekt „Bike & Business", mit dem Berufspendler zur Benutzung des Fahrrads bewegt werden sollen.

Automatisierte Verkehrsysteme

Besonders in den Ballungsräumen stößt der Ausbau herkömmlicher Verkehrssysteme an Grenzen. Hier können nur neue technische Konzepte helfen. Automatisierte Verkehrssysteme, die etwa im Rohrpostsystem Ballungsräume umweltfreundlich versorgen, könnten entwickelt werden.

Weißt du Bescheid?

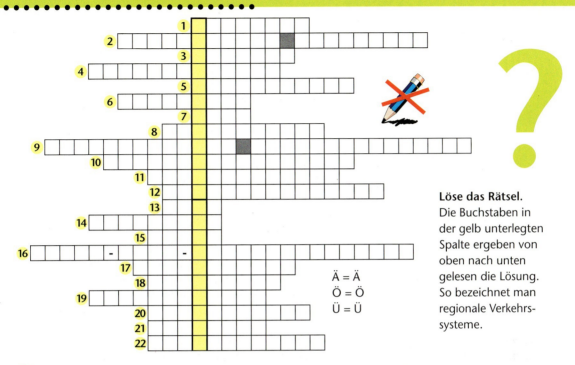

Löse das Rätsel.
Die Buchstaben in der gelb unterlegten Spalte ergeben von oben nach unten gelesen die Lösung. So bezeichnet man regionale Verkehrssysteme.

Ä = Ä
Ö = Ö
Ü = Ü

1. Oft wird von einer Unvereinbarkeit zwischen … und Ökonomie gesprochen.
2. Der … ist die wichtigste Luftverkehrsdrehscheibe in Deutschland und der Mitte Europas.
3. Mit staatlich geförderten Projekten wird versucht, das … als Verkehrsmittel für die Fahrt zur Arbeitsstelle attraktiver zu machen.
4. Als … bezeichnet man Personen, die täglich zwischen Wohnort und Arbeitsstelle pendeln.
5. Bei neuen Verkehrsprojekten ist stets auch dem … Rechnung zu tragen. Das bedeutet, dass die Eingriffe in die Natur möglichst gering und verträglich gestaltet werden müssen.
6. … sind kleine Schwebeteilchen in der Luft, die beträchtliche Gesundheitsgefahren bergen.
7. Der Verkehr trägt entscheidend zur Verschmutzung der … bei.
8. Eines der weltweit wichtigsten umweltpolitischen Ziele ist der … .
9. Der … ist die bedeutendste Nahverkehrsorganisation in Nordhessen.
10. Der Rhein-Main-Flughafen gilt als wichtiger … . Er trägt wesentlich dazu bei, dass die Region um Frankfurt als eine der wirtschaftlich stärksten in Europa gilt.
11. Immer wieder wird die Verlagerung des … von der Straße auf die Schiene gefordert.
12. Die Anwohner an Autobahnen, Durchgangsstraßen und Flughäfen klagen oft über die starke … .
13. … ist die Abkürzung für eine Organisation, die sich für den Umwelt- und Naturschutz einsetzt.
14. Der geplante Ausbau der Bahntrasse durch das … stößt bei den Anwohnern auf heftigen Protest.
15. Der Europäische Gerichtshof hat in einem Urteil das … auf saubere Luft festgeschrieben.
16. Der … ist die wichtigste Nahverkehrsorganisation im Raum Frankfurt.
17. … des Verkehrs sind die Kosten, die durch Umweltverschmutzung, Unfälle usw. entstehen und von der Allgemeinheit getragen werden müssen.
18. Im weltweiten … spielen die deutschen Urlauber eine Hauptrolle.
19. Die rapide Zunahme des weltweiten … bringt beträchtliche Umweltbelastungen mit sich, da das Flugzeug als Verkehrsmittel mit sehr schlechter Ökobilanz gilt.
20. Zahlreiche deutsche Städte haben … eingerichtet, die für schadstoffreiche Autos tabu sind.
21. Die Zeit des morgendlichen und abendlichen Berufsverkehrs wird als … (englisch) bezeichnet.
22. Mit … wird versucht, die Luftverschmutzung durch schadstoffreiche Autos zu reduzieren.

Weißt du Bescheid?

(Klaus Stuttmann)

(Gerhard Mester)

(Gerhard Mester)

Werte jede der drei Karikaturen unter diesen Fragestellungen aus:

1. Um welchen Sachverhalt, welches Problem geht es?
2. Welche Absicht verfolgt der Zeichner? Welche Meinung bringt er zum Ausdruck?
3. Wie ist deine Meinung?

Eine Welt

Wenige haben viel und viele haben wenig. In der Welt sind Einkommen und Lebenschancen sehr ungleich verteilt: Reichtum in den Industriestaaten stehen Hunger und Armut in den Entwicklungsländern gegenüber. Armut und Hunger in den Entwicklungsländern wiederum sind der Nährboden für politisches Chaos, Misswirtschaft, Bürgerkrieg und Flüchtlingselend. Die Einsicht wächst, dass uns dies nicht gleichgültig sein darf, denn die Folgen von Unfrieden, sozialer Ungerechtigkeit und Raubbau an der Natur in den Entwicklungsländern treffen auch uns.

Die folgenden Seiten beschäftigen sich mit der „Einen Welt". Dabei geht es um Fragen wie:

- Welche Staaten gelten als Entwicklungsländer? Wie kam es zu den Begriffen „Dritte Welt" und „Eine Welt"?

- Vor welchen Schwierigkeiten stehen Entwicklungsländer? Welche Rolle spielen sie insgesamt im Welthandel?

- Wie kann den Entwicklungsländern geholfen werden? Welche Ziele verfolgt die deutsche Entwicklungspolitik?

- Gibt es auch nichtstaatliche Hilfe für Entwicklungsländer? Was können private Projekte bewirken?

Entwicklungsländer – ein schwieriger Begriff

Der Begriff „Dritte Welt" für Entwicklungsländer entstand in den 50er-Jahren des letzten Jahrhunderts, als sich zwei Machtblöcke gegenüber standen. Die westlichen Industriestaaten wurden damals „Erste Welt", die kommunistischen Ostblock-Staaten „Zweite Welt" genannt. Die Länder, die keinem dieser beiden Machtblöcke angehörten, wurden zur „Dritten Welt" gezählt.

Seit dem Ende der kommunistischen Sowjetunion spricht niemand mehr von einer Ersten und Zweiten Welt. Der Begriff „Dritte Welt" hat sich jedoch als Sammelbegriff für die Länder erhalten, in denen die Menschen geringe Einkommen erwirtschaften und in denen große Armut herrscht. Dazu gehören vor allem Staaten in Afrika und Asien, die vor wenigen Jahrzehnten noch europäische Kolonien waren. Diese Staaten werden auch als Entwicklungsländer bezeichnet, weil man annahm, sie würden eine ähnliche Entwicklung wie die Industriestaaten durchlaufen. Das hat sich jedoch nur in einigen Fällen bewahrheitet. Wenige Staaten der Dritten Welt haben sich so entwickelt, dass sie heute bereits an der Schwelle zu einem Industriestaat stehen. Man bezeichnet sie deshalb als „Schwellenländer". Dazu zählen z. B. Brasilien, Malaysia, Mexiko und Thailand.

Unter den etwa 150 Entwicklungsländern gibt es große Unterschiede. Vor allem in Afrika sind heute viele Staaten noch ärmer als früher. In Ostasien dagegen gibt es Staaten mit bemerkenswerten wirtschaftlichen Erfolgen.

Schwierig ist die Einteilung auch deswegen, weil es in manchen Staaten neben hoch entwickelten Regionen große Armutsgebiete gibt. Indien z. B. zählt zu den ärmsten Staaten der Erde, ist aber zugleich eine der größten Industrienationen. Vor allem die Landbevölkerung hinkt der Entwicklung hinterher.

Bei der Einteilung der Staaten geht man meist von der Wirtschaftsleistung, dem Bruttoinlandsprodukt (BIP) aus, das man durch die Zahl der Einwohner teilt. Da das BIP in vielen Entwicklungsländern geschätzt werden muss, sind die daraus errechneten Durchschnittszahlen wenig zuverlässig.

Von den Vereinten Nationen wurde ein Verfahren entwickelt, mit dem der Entwicklungsstand eines Landes genauer bestimmt werden soll – der Human Development Index (HDI). Diese Maßzahl ergibt sich aus verschiedenen Merkmalen einer Gesellschaft, zum Beispiel aus der Lebenserwartung der Menschen, der durchschnittlichen Dauer des Schulbesuchs, dem Anteil der Erwachsenen, die schreiben und lesen können, und der realen Kaufkraft des Einkommens. Aus diesen Angaben wird eine Zahl errechnet, die zwischen 0 und 1 liegt. Je größer die Zahl ist, desto besser ist der Entwicklungsstand dieses Landes. Beim Index für das Jahr 2008 lag zum Beispiel Island mit einem Wert von 0,968 an der Spitze, die Bundesrepublik Deutschland mit 0,940 auf Platz 23 und der afrikanische Staat Sierra Leone mit 0,329 an letzter Stelle der insgesamt 179 Länder.

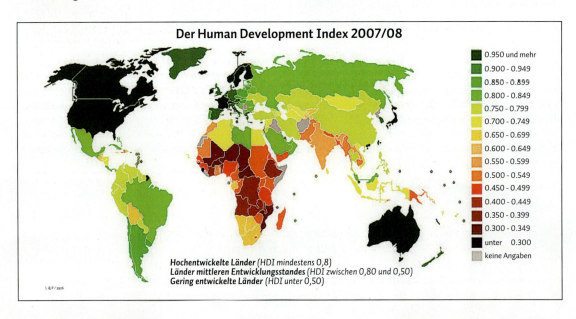

Probleme der Entwicklungsländer

Kenia, 12, aus Haiti, verbringt ihre Tage an einer Straßenkreuzung in Haitis Hauptstadt Port-au-Prince. Sie springt auf die Minibusse auf und bittet die Fahrgäste um Kleingeld. Ihre Einnahmen reichen oft nicht einmal für einen Teller Reis mit Bohnen für umgerechnet 50 Cent. „Ich bin auf der Straße, seit ich fünf bin", erzählt das Mädchen. Ihre Eltern, arme Landarbeiter, erhofften sich in Port-au-Prince ein besseres Leben. Doch sie landeten in einem Slum. In einer von UNICEF unterstützten Einrichtung für Straßenkinder gibt es für Kenia eine sichere Unterkunft. Sie hat sogar begonnen, lesen und schreiben zu lernen.

Mukandayisenga, 8, aus Ruanda, wohnt zusammen mit ihren drei Geschwistern in einer baufälligen Lehmhütte im Dorf Kigeyo im Osten Ruandas. Nach dem Tod der Eltern ist der Kinderhaushalt ganz auf sich gestellt. Mukandayisenga ist stolz auf ihre blaue Schuluniform. Ihr gefällt es gut, ein Kind unter Kindern zu sein und endlich lernen zu können. Doch nach dem Unterricht in der von UNICEF unterstützten Grundschule in Kigeyo beginnt gleich wieder der Ernst des Lebens. „Dann helfe ich meiner Schwester Wasser und Holz holen. Anschließend wasche und putze ich das Gemüse. Das ist alles, was ich tun kann."

1 Euro pro Tag

Als absolut arm gilt, wer mit weniger als einem Euro pro Tag auskommen muss. 500 Millionen Kinder haben nach Angaben von UNICEF, dem Kinderhilfswerk der Vereinten Nationen, weniger als einen Euro pro Tag. Hier die Geschichte von fünf dieser Kinder.

Kassanow Desseleng, 10, aus Äthiopien, lebt in der Region Amhara im Norden. Der Zehnjährige hütet die Tiere eines Bauern aus seinem Dorf. Er passt auf, dass die fünf Kühe genügend Gras finden und nicht weglaufen. Als Jahreslohn erhält er dafür drei Säcke Korn. Kassanow geht nicht zur Schule. Im Moment freut er sich darauf, endlich sauberes Wasser zu haben. Denn UNICEF hat geholfen, in seinem Dorf Got Chineta Warkee einen Brunnen zu bohren. Bislang hat auf dem Land nur jede fünfte Familie Zugang zu sicherem Trinkwasser. Kassanows größter Wunsch ist, lernen zu dürfen.

Hum Kumari, 12, aus Nepal, kommt aus dem Dorf Lekh Nath. Gemeinsam mit ihren Eltern arbeitet sie im Steinbruch: Sie füllt den Kies in Säcke. Drei bis vier Tage schuftet die Familie, um eine Wagenladung voll zu bekommen – für drei Euro. Die Familie lebt in einer Hütte am Rande des Steinbruchs. Selbst die etwa vier Euro Miete pro Monat können die Eltern nur zusammenbringen, wenn alle mithelfen. Die schönste Zeit des Tages ist für Hum Kumari frühmorgens: Dann besucht das Mädchen einen von UNICEF unterstützten Bildungskurs. Von halb sieben bis halb neun Uhr lernt sie hier lesen und schreiben.

Mirwais, 15, aus Afghanistan, gehörte bis vor kurzem zu den vielen Kindern an einer Straßenkreuzung in Jalalabad. Er rollte jeden Tag mit einem Holzkarren Einkäufe zu den Kunden nach Hause. „Als ältestes Kind habe ich von klein auf ... geholfen, Geld für unsere große Familie zu verdienen", erzählt er. Zur Schule ist er nie gegangen. Mirwais' Leben änderte sich, als ihn ein Sozialarbeiter ansprach und von einer Ausbildung erzählte. Die Organisation SAB bietet Straßenkindern mit Unterstützung von UNICEF Kurse an. Sie können Tischler werden, Elektriker oder Schneider. Zusätzlich lernen sie lesen, schreiben und rechnen.

(Quelle: UNICEF-Nachrichten 2/2006, S. 31)

1 Warum ist es schwierig, die Entwicklungsländer mit einem Begriff zu fassen?
2 Was ist der Human Development Index (HDI)? Was sagt er aus?
3 Werte die Karte auf Seite 142 aus: Notiere stichwortartig wichtige Ergebnisse.
4 Was machen die Geschichten der fünf Kinder deutlich? Notiere deine Eindrücke.
5 Viele sprechen heute von der „Einen Welt". Was ist damit wohl gemeint?

Unterentwicklung – ein globales Problem

Unterricht in einer Dorfschule in Äthiopien

In Entwicklungsländern ist der Holzpflug noch weit verbreitet

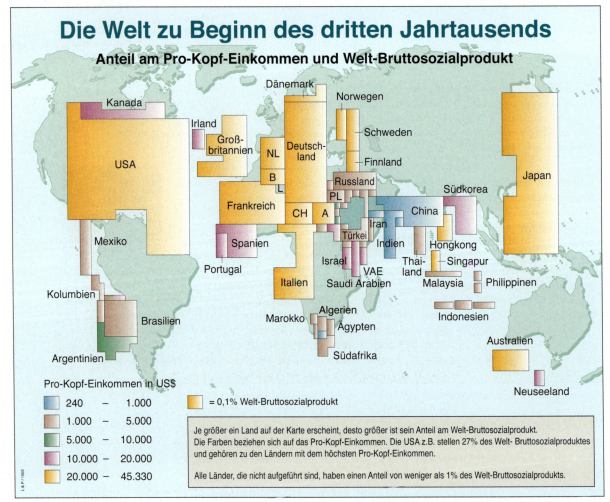

Die Welt zu Beginn des dritten Jahrtausends

Anteil am Pro-Kopf-Einkommen und Welt-Bruttosozialprodukt

Pro-Kopf-Einkommen in US$
- 240 – 1.000
- 1.000 – 5.000
- 5.000 – 10.000
- 10.000 – 20.000
- 20.000 – 45.330

= 0,1% Welt-Bruttosozialprodukt

Je größer ein Land auf der Karte erscheint, desto größer ist sein Anteil am Welt-Bruttosozialprodukt. Die Farben beziehen sich auf das Pro-Kopf-Einkommen. Die USA z.B. stellen 27% des Welt-Bruttosozialproduktes und gehören zu den Ländern mit dem höchsten Pro-Kopf-Einkommen.

Alle Länder, die nicht aufgeführt sind, haben einen Anteil von weniger als 1% des Welt-Bruttosozialprodukts.

(aus: Wer braucht Entwicklungspolitik? Hg.: Bundesministerium für wirtschaftliche Zusammenarbeit und Entwicklung, Berlin 2000, S. 3)

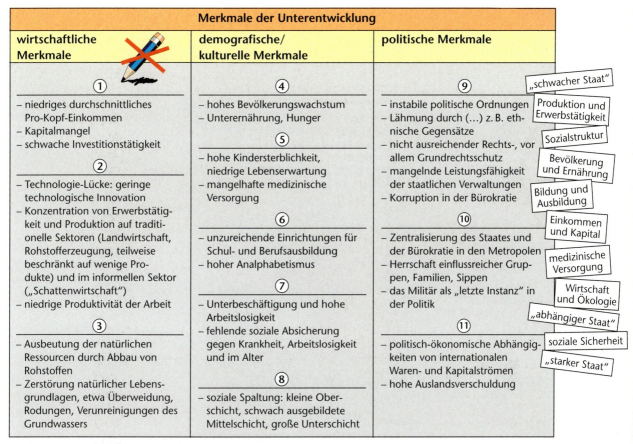

Merkmale der Unterentwicklung		
wirtschaftliche Merkmale	demografische/ kulturelle Merkmale	politische Merkmale
① – niedriges durchschnittliches Pro-Kopf-Einkommen – Kapitalmangel – schwache Investitionstätigkeit ② – Technologie-Lücke: geringe technologische Innovation – Konzentration von Erwerbstätigkeit und Produktion auf traditionelle Sektoren (Landwirtschaft, Rohstofferzeugung, teilweise beschränkt auf wenige Produkte) und im informellen Sektor („Schattenwirtschaft") – niedrige Produktivität der Arbeit ③ – Ausbeutung der natürlichen Ressourcen durch Abbau von Rohstoffen – Zerstörung natürlicher Lebensgrundlagen, etwa Überweidung, Rodungen, Verunreinigungen des Grundwassers	④ – hohes Bevölkerungswachstum – Unterernährung, Hunger ⑤ – hohe Kindersterblichkeit, niedrige Lebenserwartung – mangelhafte medizinische Versorgung ⑥ – unzureichende Einrichtungen für Schul- und Berufsausbildung – hoher Analphabetismus ⑦ – Unterbeschäftigung und hohe Arbeitslosigkeit – fehlende soziale Absicherung gegen Krankheit, Arbeitslosigkeit und im Alter ⑧ – soziale Spaltung: kleine Oberschicht, schwach ausgebildete Mittelschicht, große Unterschicht	⑨ – instabile politische Ordnungen – Lähmung durch (…) z. B. ethnische Gegensätze – nicht ausreichender Rechts-, vor allem Grundrechtsschutz – mangelnde Leistungsfähigkeit der staatlichen Verwaltungen – Korruption in der Bürokratie ⑩ – Zentralisierung des Staates und der Bürokratie in den Metropolen – Herrschaft einflussreicher Gruppen, Familien, Sippen – das Militär als „letzte Instanz" in der Politik ⑪ – politisch-ökonomische Abhängigkeiten von internationalen Waren- und Kapitalströmen – hohe Auslandsverschuldung

Randnotizen: „schwacher Staat", Produktion und Erwerbstätigkeit, Sozialstruktur, Bevölkerung und Ernährung, Bildung und Ausbildung, Einkommen und Kapital, medizinische Versorgung, Wirtschaft und Ökologie, „abhängiger Staat", soziale Sicherheit, „starker Staat"

(aus: Herbert Uhl: Nord und Süd – Eine Welt?; Hg.: Bundeszentrale für politische Bildung 1999, S. 11)

Feuer einer Brandrodung in Brasilien

Regierungssoldaten in Liberia, Westafrika

1. „Entwickelte Länder" – „unterentwickelte Länder": Notiere, was deiner Meinung nach Entwicklung und Unterentwicklung jeweils ausmacht.
2. Die Karte auf Seite 144 ist ungewöhnlich: Was will sie deutlich machen? Was fällt dir besonders auf?
3. Ein Wissenschaftler hat in der Tabelle oben versucht, die Merkmale der Unterentwicklung nach Gesichtspunkten zu ordnen. Welche der am Rand notierten Zwischenüberschriften gehört wohin?
4. Die vier Fotos zeigen bildhaft bestimmte Merkmale der Unterentwicklung aus der Übersicht. Ordne zu.

Hunger und Armut

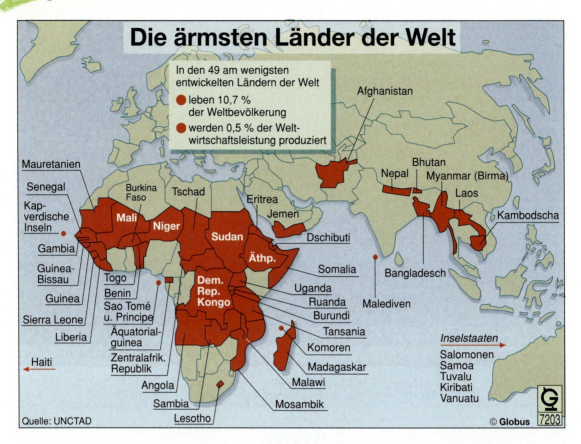

Hintergrund: Hunger in der Welt

Etwa alle 3,5 Sekunden stirbt ein Mensch an den Folgen von Hunger und Unterernährung – das sind rund 25 000 Menschen am Tag, etwa zehn Millionen Menschen pro Jahr. Mehr als die Hälfte von ihnen sind Kinder, die nicht einmal ihr fünftes Lebensjahr vollenden. An Hunger und Unterernährung leiden mehr Menschen als an AIDS, Malaria und Tuberkulose zusammen. Und das, obwohl nach Angaben der Ernährungs- und Landwirtschaftsorganisation der Vereinten Nationen (FAO) die verfügbaren Ressourcen ausreichen, um die gesamte Weltbevölkerung zu ernähren.
Hunger ist nicht nur eine Frage des Angebots und der Produktionsmenge, sondern ihm liegen komplexe Ursachen zu Grunde: unfaire Wettbewerbsbedingungen im Weltagrarhandel, fehlende Eigentums- und Nutzungsrechte für den Boden, schlechte politische und wirtschaftliche Rahmenbedingungen, Umweltzerstörung, die wachsende Nachfrage nach Agrartreibstoffen oder die mangelnde Förderung der ländlichen Entwicklung. (…)

(www.bmz.de/de/themen/ernaehrung/hunger/zahlen_und_fakten/index.html 10. 11. 2009)

UN: Kampf gegen Hunger zu schleppend

ROM – Die Bekämpfung des Hungers in der Welt geht nach Auffassung der Vereinten Nationen viel zu schleppend voran. „Die Bemühungen, die Zahl hungernder Menschen in Entwicklungsländern bis 2015 zu halbieren, schreiten nur langsam voran und die internationale Gemeinschaft ist weit davon entfernt, ihre Hunger-Verminderungs-Ziele zu erreichen", heißt es im Vorwort zum diesjährigen Welthungerbericht. (…)
Gerade an Infektionskrankheiten wie der Malaria, aber auch Diarrhöe, Lungenentzündung und Masern sterben laut FAO alljährlich fast sechs Millionen Kinder. Hauptursache für die Erkrankungen sind Hunger und Unterernährung: „Sie würden überleben, wenn ihre Körper und Immunsysteme nicht durch Hunger und Unterernährung geschwächt wären", hieß es. (…)
Zwischen 2000 und 2002 waren nach FAO-Schätzungen etwa 852 Millionen Menschen auf der Welt unterernährt. Lediglich in Südamerika und der Karibik-Region sowie in Südostasien würden Fortschritte bei der Bekämpfung der Unterernährung gemacht. In den meisten Ländern des südlichen Afrikas bestehe dieses Problem hingegen unvermindert fort. (dpa)

(aus: Kölnische Rundschau, 23. 11. 2005)

Ursachen für die Probleme Afrikas

1. willkürliche frühere Grenzziehungen
2. zu wenig Entwicklungshilfe
3. Vergeudung der Steuergelder für das Militär und Prestigeobjekte
4. Waffenlieferungen durch die Industriestaaten
5. keine Entschädigung für die frühere Ausbeutung
6. herrschende Schicht oft korrupt
7. europäische Länder als falsches Vorbild
8. keine wirkliche Beteiligung der Bevölkerung an den politischen Entscheidungen
9. Preisverfall bei Rohstoffen

Auf der Suche nach Nahrung

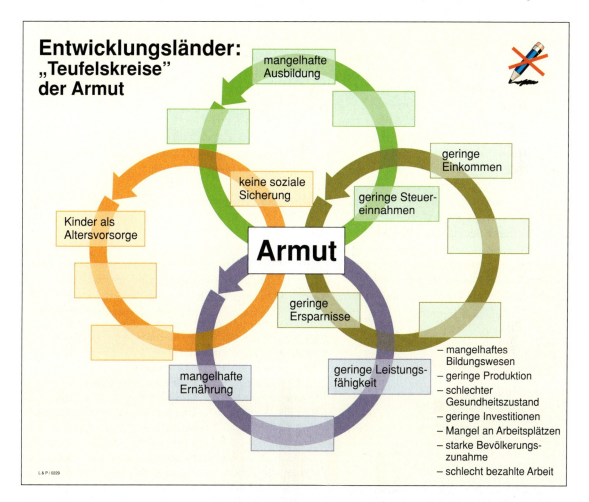

- mangelhaftes Bildungswesen
- geringe Produktion
- schlechter Gesundheitszustand
- geringe Investitionen
- Mangel an Arbeitsplätzen
- starke Bevölkerungszunahme
- schlecht bezahlte Arbeit

1. Die Karte auf Seite 146 oben zeigt die ärmsten Länder der Welt. Was fällt dir auf?
2. Hunger in der Welt: Was sagen die Texte auf Seite 146 unten über Ausmaß und Ursachen aus?
3. Afrikas Probleme haben viele Ursachen. Drei Stichwörter im Kasten oben betreffen die Kolonialzeit, drei das eigene Versagen, drei internationale Einflüsse. Ordne zu.
4. In der Darstellung „Entwicklungsländer: …" fehlen die genannten Begriffe. Notiere für jeden „Teufelskreis" den vollständigen Zusammenhang auf deinem Arbeitsblatt.

Problem Bevölkerungswachstum

Die Weltbevölkerung wächst beständig weiter und stellt uns Menschen vor Probleme, deren Ausmaße noch kaum vorstellbar sind. Wissenschaftler geben folgende Prognosen: Die ungleiche Verteilung von Nahrungsmitteln und das Schwinden der Energiereserven wird beängstigende Ausmaße annehmen. Der Migrationsdruck auf die Industriestaaten wird in Zukunft deutlich ansteigen. Nach derzeitigen Schätzungen können, bei Ausschöpfung aller Möglichkeiten etwa 12 Mrd. Menschen auf der Erde ernährt werden.

Ein Kindergarten für Flüchtlingskinder in Myanmar

Das Bevölkerungswachstum hat Folgen für

... das Klima:
- Durch den höheren CO_2-Ausstoß könnte sich die Temperatur der Erdatmosphäre im 21. Jh. um 4 °C, vielleicht sogar 5 °C erhöhen und der Meeresspiegel um einen halben Meter ansteigen.

... den Wald:
- Bei gleich bleibender Geschwindigkeit der Entwaldung wird der Regenwald in 50 Jahren gerodet sein.
- Da die Hälfte der Tier- und Pflanzenarten in den tropischen Regenwäldern beheimatet ist, sind diese stark gefährdet.
- Durch die Abholzung reichert sich mehr Kohlenstoffdioxid in der Atmosphäre an, da der Wald als Sauerstofflieferant abnimmt.

... die Nahrungsmittelversorgung:
- 850 Mio. Menschen auf der Erde sind unterernährt, für über 2 Mrd. ist die Versorgung mit Nahrung nicht gesichert.
- In den Entwicklungsländern werden weite Flächen für die Produktion von cash-crops (engl. „Geld-Früchte"; für den Export bestimmte Agrarprodukte) genutzt und fallen für die Versorgung der Einheimischen weg.

... die Wasserversorgung:
- Mehr als 500 Mio. Menschen leiden heute schon an Wasserknappheit, 1,5 Mrd. haben keinen Zugang zu sauberem Trinkwasser.
- 95 % der Abwässer gelangen in den Entwicklungsländern ungeklärt ins Grundwasser.
- In den Industrieländern belasten Düngemittel, Pestizide und saurer Regen die Wasserqualität.

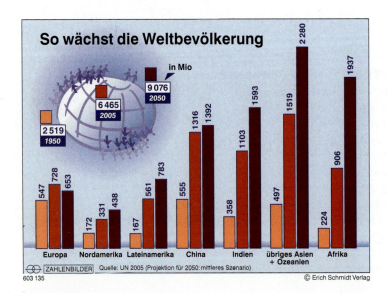

Grundbegriffe: Demografie (Bevölkerungsentwicklung)

Geburtenrate: Zahl der Geburten je 1 000 Einwohner und Jahr

Sterberate: Zahl der Sterbefälle je 1 000 Einwohner und Jahr

Wachstumsrate: Natürlicher Bevölkerungszuwachs pro Jahr bezogen auf je 1 000 Einwohner

Geburtenrate abzüglich Sterberate = Wachstumsrate

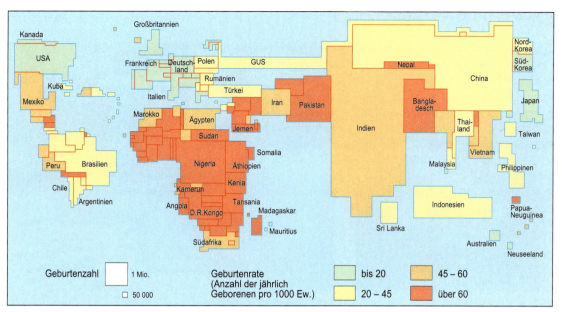

Eine Weltkarte nach Geburten

Eine Verlangsamung des Bevölkerungswachstums ist die Voraussetzung für eine nachhaltige Sicherung der Lebensbedingungen auf der Erde. Nur so können letztlich Umwelt und Ressourcen geschont werden. Um zu einer moderaten Bevölkerungsentwicklung in den Entwicklungsländern zu gelangen, sind verschiedene Maßnahmen notwendig, z. B.:
- Aufklärungskampagnen, denn viele Frauen kennen keine Familienplanung,
- Gleichstellung von Mann und Frau, wenn nämlich Frauen selbst entscheiden könnten, würden viele von ihnen weniger Kinder bekommen. (Beispiele aus Afrika zeigen, dass die höchsten Geburtenrückgänge dort erreicht werden, wo Frauen mehr Rechte eingeräumt werden, wo sie Zugang zu Bildung und Arbeitsplätzen haben und eine bessere gesundheitliche Versorgung erhalten.)

Nach neuesten Daten gibt es einen kleinen Hoffnungsschimmer. Die Zahl der Menschen wird zwar insgesamt weiterhin zunehmen, doch inzwischen gehen auch in den Entwicklungsländern die jährlichen Wachstumsraten zurück. Allerdings trifft das für manche Staaten Afrikas nicht zu. Verantwortlich für die dortigen Wachstumsraten sind z. B. das Statussymbol Kind oder Kinder als Ersatz für fehlende Alters- und Sozialversicherung.

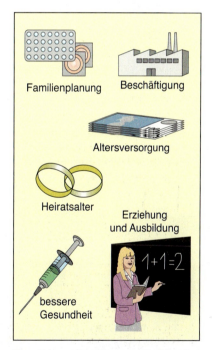

Diese Faktoren beeinflussen maßgeblich das Bevölkerungswachstum

1 Werte die Grafik auf Seite 148 und die Karte oben aus: Notiere wichtige Erkenntnisse stichwortartig.
2 Die sechs Zeichnungen zeigen Faktoren, die die Bevölkerungsentwicklung beeinflussen. Wie? Beschreibe jeweils den Zusammenhang.
3 „Kinder sind der Reichtum dieser Erde!" – Was meinst du zu dieser Aussage?

Globalisierung und Entwicklungsländer

BMW-Arbeiter in China

Softtware-Entwicklung in Indien

Globalisierung bringt nicht überall Erfolge
Weltbank-Studie: Zwei Milliarden Menschen haben bisher nichts davon

Washington (dpa) – Rund drei Milliarden Menschen in 24 Ländern haben nach einer neuen Studie der Weltbank in den vergangenen zehn Jahren vom wachsenden Welthandel profitiert. Die Länder verzeichneten in den 90er Jahren Wachstumsraten von rund fünf Prozent, die Lebenserwartung und das Ausbildungsniveau der Menschen stiegen. Rund zwei Milliarden Menschen in Ländern in Afrika, dem Nahen Osten und der ehemaligen Sowjetunion hat die Globalisierung dagegen nichts gebracht. In diesen Ländern schrumpfte die Wirtschaft, die Armut stieg. Das geht aus der Studie „Globalisierung, Wachstum und Armut" hervor, die die Weltbank in Washington veröffentlichte.

„Einige Ängste vor der Globalisierung sind wohl begründet, aber der Preis für eine Umkehr der Globalisierung wäre unerträglich hoch und würde die Wohlstandsaussichten für Millionen von Menschen zerstören", sagte der Chefökonom der Weltbank, Nicholas Stern. „Wir müssen dafür sorgen, dass die Armen in der Welt von der Globalisierung profitieren."
Die Studie identifiziert 24 Länder, darunter China, Indien, Ungarn und Mexiko, die sich mit Reformen für die globalen Märkte fit gemacht haben und dadurch erheblich bessere Wachstumsraten schafften als zuvor. In den 60er Jahren habe die Wachstumsrate in diesen Ländern rund ein Prozent betragen, in den 90er Jahren dagegen rund fünf Prozent. In den anderen Entwicklungsländern, zu denen die Weltbank Algerien, Ägypten, Iran, Birma,

Pakistan und Venezuela zählt, ging das Pro-Kopf-Einkommen dagegen in den 90er Jahren zurück, und die Zahl der Menschen, die in Armut leben, stieg. Die Weltbank schlägt ein Sieben-Punkte-Programm vor; reiche Länder sollen die Handelsbarrieren für Produkte aus Entwicklungsländern und Agrarsubventionen abbauen. Die Subventionen betragen nach Angaben der Weltbank 350 Mrd. Dollar im Jahr, siebenmal so viel, wie für Entwicklungshilfe ausgegeben werde.
Arme Länder sollen Korruption bekämpfen und effiziente Regulierungsbehörden aufbauen. Sie sollen in Gesundheitsvorsorge und Ausbildung investieren und ein soziales Netz aufbauen, heißt es weiter.

(aus: Marbacher Zeitung, 6. 12. 2001)

Manchmal tun ihr die Deutschen leid. „Es ist traurig, dass sie ihren Job verlieren", sagt Kiran. „Aber es ist gut für uns, dass die Jobs herkommen."
Die Frau mit den ernsten Augen ist 25 Jahre alt und hat drei Jahre lang am Goethe-Institut Deutsch gelernt. Jetzt arbeitet sie für eine europäische Investmentbank in Neu-Delhi. Bis vergangenen März hat den Job noch irgendjemand in Frankfurt erledigt – bis der Bank die Mitarbeiter dort zu teuer wurden. Nun verwalten Kiran und 50 andere Inder die Fondskonten deutscher Anleger – rund 6100 Kilometer entfernt in Gurgaon, einem staubigen Vorort der indischen Hauptstadt

Neu-Delhi. „Ich glaube nicht, dass die Kunden das wissen", sagt Kiran, die ihren richtigen Namen daher lieber nicht genannt sehen will. Ihr Arbeitstag beginnt, wenn in Deutschland die Banken öffnen. In Indien ist dann schon früher Nachmittag.
Sie selbst spricht nicht mit den Kunden. Die Aufträge kommen online. 12 000 Rupien verdient sie im Monat, das sind etwa 240 Euro. In Deutschland wäre das ein Hungerlohn, für eine 25-Jährige in Indien ist es fast schon ein Spitzengehalt.
Wenn Konzerne im großen Stil Arbeitsplätze in die Dritte Welt verlegen, merken das die Kunden oft gar nicht. Längst gehe es dabei nicht nur um simple Handlangerdienste wie

das Eintippen von Daten, prophezeihen Unternehmensberater, jetzt müssen auch die einstigen Lieblinge der High-Tech-Gesellschaft wie Softwareentwickler oder Analysten um ihre Jobs bangen!
Großer Gewinner der neuen Runde im globalen Job-Monopoly dürfte Indien sein. Nachdem China zur Werkhalle der Welt avanciert ist, schickt sich Indien mit rund einer Milliarde Einwohner an, das globale Service- und Rechenzentrum zu werden.
Seit Anfang der neunziger Jahre ist dort eine Industrie aus dem Boden geschossen, die West-Firmen fast alles abnimmt, was sich dank Telefon, Internet und Computer auch aus der Ferne regeln lässt.

(Auszug aus: Christine Möllhoff: „Wir sind die Gewinner"; in: DIE ZEIT Nr. 44, 23. 10. 2003, S. 23)

Burkina Faso – „Verlierer" der Globalisierung

Burkina Faso ist das drittärmste Land der Erde. Von den Voraussetzungen, die nötig wären, um sich erfolgreich in die Weltwirtschaft zu integrieren, erfüllt es nur wenige. Wie viele afrikanische Länder südlich der Sahara ist das Land vor allem vom Export abhängig. Natürliche Ressourcen und Wasser sind knapp, die Infrastruktur im Bildungs- und im Verkehrswesen ist schlecht. Nur ein Viertel der Menschen kann lesen und schreiben. Eine einzige Eisenbahnverbindung durchquert das Land von Nord nach Süd. Aufgrund seiner Binnenlage hat Burkina Faso keinen eigenen Zugang zum Meer. Über 90 Prozent der Menschen leben von der Landwirtschaft. Ungünstige klimatische Bedingungen und ein hohes Bevölkerungswachstum führen zu Versteppung, Bodenerosion und einem Rückgang der landwirtschaftlich nutzbaren Flächen. Über die Hälfte der zwölf Millionen Einwohner des Landes muss mit weniger als einem US-Dollar pro Tag auskommen.

Das wichtigste Ausfuhrgut Burkinas ist Baumwolle. Doch der Weltmarktpreis für den Rohstoff ist in den vergangenen fünf Jahren um 40 Prozent gefallen, die Exporterlöse sind dramatisch gesunken. Die Baumwollindustrie nicht nur in Burkina Faso, sondern auch in Mali, Benin und im Tschad wurde fast ruiniert. Ursache sind die hohen Subventionen, die OECD-Länder (Organization for Economic Cooperation and Development, OECD) an ihre jeweiligen Baumwollproduzenten zahlen – insgesamt 3,7 Milliarden US-Dollar pro Jahr. Andererseits war die Produktion von Baumwolle in den vier genannten afrikanischen Ländern von der Weltbank, von Deutschland, der Schweiz und den Niederlanden zunächst mit aufgebaut worden. Mit gutem Grund: Baumwolle ist Burkinas wichtigster Verbindungsfaden zu den globalen Handelsströmen. Selbst der Export von Fleisch, das burkinische Viehzüchter früher in die Nachbarländer verkauften, ist zurückgegangen, seit subventioniertes Billigfleisch aus Europa und Argentinien auf die afrikanischen Märkte drängt. Eigene Industrien gibt es praktisch nicht. Die einzige Textilfabrik des Landes wurde 1995 geschlossen.

(aus: Materialien Nr. 125: Globalisierung gestalten – Entwicklungspolitik konkret, Hg.: Bundesministerium für wirtschaftliche Zusammenarbeit und Entwicklung, Bonn 2004, S. 9)

1. Lies den Bericht über die Weltbank-Studie: Welche Gewinner und welche Verlierer der Globalisierung werden genannt?
2. Was macht der Bericht über die Inderin Kiran auf Seite 150 unten deutlich? Notiere stichwortartig.
3. Burkina Faso ist ein Verlierer der Globalisierung. Warum?

Kinder aus Adjame (Elfenbeinküste) spielen ein japanisches Computerspiel. Für ein Spiel muss jeder zuvor 25 Cent bezahlen.

Entwicklungsländer und Welthandel

Fernsehgespräch zwischen einem Journalisten und einer Expertin für Fragen der Weltwirtschaft

Wie sehen Sie die Situation der Dritten Welt im Welthandel?
Diese Frage ist nicht einfach zu beantworten, weil Unterschiede zu beachten sind.

Wie meinen Sie das?
Nun: „Dritte Welt" ist ein sehr umfassender Begriff. Da gibt es die Schwellenländer, die kurz davor sind, den Stand von Industriestaaten zu erreichen. China, Indien, Brasilien, Mexiko – solche Staaten haben ihren Anteil am Welthandel enorm gesteigert. Aber für andere Staaten der „Dritten Welt" – vor allem für viele Länder Afrikas – gilt dies nicht.

Können Sie das genauer beschreiben?
Der Welthandel fließt weitgehend an Afrika vorbei. Die afrikanischen Exporte tragen nur wenige Prozent zu den Weltexporten bei – und davon entfällt fast die Hälfte auf die drei Länder Südafrika, Algerien und Nigeria.

Und was liefern diese Staaten?
Rohstoffe, in erster Linie Erdöl. Nigeria zum Beispiel ist der zehntgrößte Erdölproduzent der Erde. Das brachte diesem Land in den letzten 30 Jahren Einnahmen von rund 300 Milliarden Dollar.

Das klingt doch gut.
Aber von diesen Riesensummen haben nur wenige im Land etwas. Nigeria ist eines der ärmsten Länder der Welt: Nach Angaben der Weltbank kommen die Öleinnahmen höchstens einem Prozent der Bevölkerung zugute. Weit über die Hälfte der 140 Millionen Nigerianer müssen mit weniger als einem US-Dollar am Tag auskommen. Korruption, Vetternwirtschaft – darunter leiden leider viele der Entwicklungsländer.

Gibt es noch andere Probleme?
Ja. Viele Entwicklungsländer sind reine Rohstofflieferanten. Die meisten afrikanischen Staaten beispielsweise liefern Rohöl, Erze oder landwirtschaftliche Rohwaren wie Kakao oder Baumwolle. Verarbeitete Produkte bieten sie fast keine an.

Wenn Entwicklungsländer keine Industriewaren für den Export haben, dann können sie uns doch ihre Agrarerzeugnisse verkaufen?
Könnte man denken. Aber leider ist es so, dass die Industriestaaten ihre Bauern durch hohe Zölle vor der Konkurrenz aus der Dritten Welt schützen. Außerdem subventionieren viele Industrieländer ihre Landwirtschaft so, dass sie auf dem Weltmarkt mit den Entwicklungsländern konkurrieren können.

Subventionieren – was ist damit gemeint?
Subventionen sind staatliche Zahlungen. Ein Beispiel: Normalerweise bieten die Bauern in Mali ihre Baumwolle dreimal so günstig an wie amerikanische Bauern. Die US-Regierung unterstützt ihre Farmer jedoch mit Milliarden Dollar im Jahr. So kann die amerikanische Baumwolle billig auf dem Weltmarkt angeboten werden. Die Weltmarktpreise sind deshalb so stark gefallen, dass die Bauern in Mali finanziell auf keinen grünen Zweig kommen.

Zum Schaden der Entwicklungsländer?
Ja, weil wir mit subventionierten Agrarprodukten auf die Weltmärkte drängen und so die Kleinbauern in Entwicklungsländern kaum noch etwas verkaufen können.

Nun könnte man fragen: Was geht uns die Lage im armen Süden überhaupt an?
Wenn immer mehr Länder der „Dritten Welt" verelenden, werden wir uns gegen die Folgen nicht abschotten können. Da geht es um Kriege, Terrorismus, Flüchtlingsströme, Umweltzerstörung. Wir leben auf keiner Insel, wir sind von der Entwicklung in den Ländern des Südens mit betroffen.

Geteilte Welt

Weltbevölkerung
- Anteile der 31 Industrieländer: 15,2 %
- Anteile der 141 Schwellen- und Entwicklungsländer: 84,8 %

Weltwirtschaftsleistung
- 56,3 % / 43,7 %

Weltexporte*
- 66,2 % / 33,8 %

*Güter und Dienstleistungen Quelle: IWF 2008

Nachteile in der Außenwirtschaft

- Einseitiges Exportangebot: Die Exportpalette der meisten Entwicklungsländer ist einseitig zusammengesetzt mit einem hohen Anteil mineralischer und agrarischer Rohstoffe, aber nur wenigen Halb- und Fertigwaren, insbesondere wenigen Industrieerzeugnissen. Eine Reihe von Entwicklungsländern bezieht den überwiegenden Teil ihrer Exporterlöse sogar nur aus dem Verkauf eines einzigen Produktes, wie zum Beispiel Burundi (Kaffee) oder Libyen (Erdöl). Diese Länder werden dadurch sehr empfindlich gegenüber Nachfrageschwankungen bei einzelnen Produkten und ihrer Preisentwicklung auf dem Weltmarkt.
- Verschlechterung der Terms of Trade: Die Terms of Trade sind das in gleichen Währungseinheiten ausgedrückte Austauschverhältnis von Exporten und Importen eines Landes. Eine preisbezogene Verschlechterung der Terms of Trade bedeutet, dass ein Land für die gleiche Menge seiner Exportgüter (zum Beispiel Rohstoffe) nur eine geringere Menge seiner Importgüter (zum Beispiel Fertigwaren) beziehen kann, etwa weil die Preise seiner Importgüter stärker als die seiner Exportgüter gestiegen sind.
- Die Terms of Trade haben sich entsprechend der Zusammensetzung der Ex- und Importe für die einzelnen Entwicklungsländer und der zugrunde gelegten Zeiträume sehr unterschiedlich entwickelt. Sie haben sich zum Beispiel für die Ölexportländer langfristig stark verbessert, während sie sich für die Rohstoffexporteure allgemein eher verschlechtert haben.

(aus: Informationen zur politischen Bildung Nr. 286/2005, S. 10 f.)

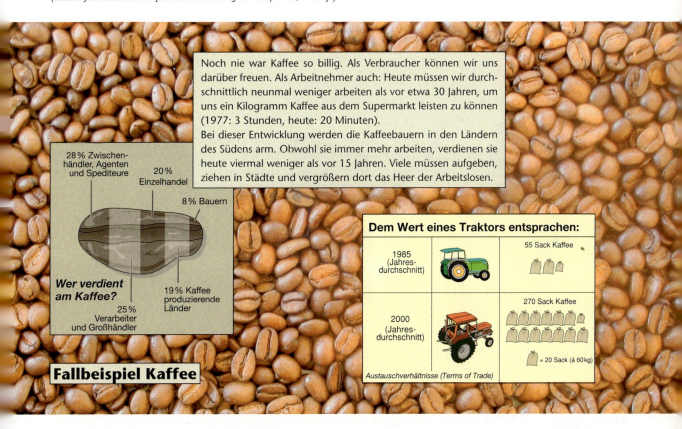

Fallbeispiel Kaffee

1. Fasse das Interview auf Seite 152 in Form einer Mind Map zusammen. Notiere dazu im zentralen Feld „Entwicklungsländer und Welthandel".
2. Warum haben viele Entwicklungsländer Probleme beim Außenhandel?
3. „Terms of Trade": Was ist damit gemeint? Erkläre am Beispiel Kaffee.

Methode: Grafiken auswerten

Thema: Welthandel

Wirtschaftliche Sachverhalte haben viel mit Zahlen zu tun; Zahlenmaterial wiederum lässt sich durch grafische Darstellungen veranschaulichen. Um eine Grafik zu verstehen, muss man vor allem wissen, was die Zahlen bedeuten. Dazu muss man die Zahlen und erklärenden Texte im Zusammenhang sehen.

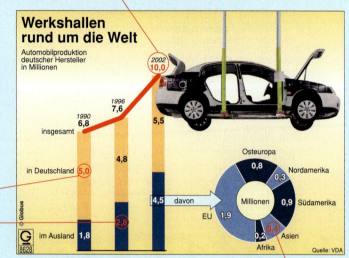

Grafiken zeigen Zusammenhänge. Solche Zusammenhänge kann man erkennen, wenn man Zahlen miteinander vergleicht. Zusammenhänge können etwas Bemerkenswertes zum Thema der Grafik aufzeigen und Erkenntnisse ermöglichen. In Grafiken gibt es oft Zahlen, die sich beim gleichen Sachverhalt auf unterschiedliche Zeiträume beziehen. Solche Zahlenreihen zeigen Entwicklungen.

Leitfragen zum Auswerten von Grafiken

1. Um welches Thema, welchen Sachverhalt geht es?
2. Was bedeuten die einzelnen Zahlen? Welche Erklärungen in der Grafik sind zu ihrem Verständnis notwendig?
3. Was fällt beim Vergleich der Zahlen auf? Welche Erkenntnisse lassen sich aus diesem Vergleich ableiten.

1. Beantworte die Fragen zur Grafik „Werkshallen rund um die Welt".
2. Vergleiche in der Grafik „Handel mit Know-how" die markierten Zahlen, die jeweils mit dem gleichen Buchstaben verbunden sind. Notiere jeweils, welcher Zusammenhang sich aus dem Vergleich ergibt.
3. Die untere Grafik enthält auch zwei zeitliche Zahlenreihen. Vergleiche: Was kann man erkennen?

Internationale Wirtschaftsbeziehungen

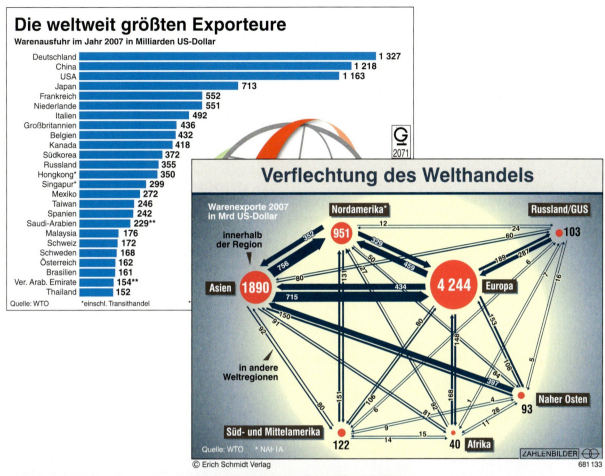

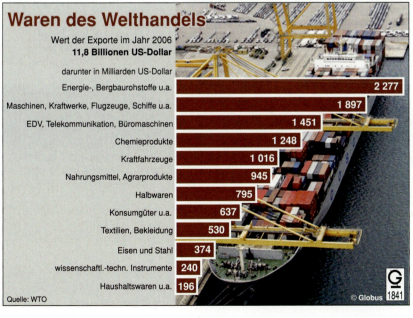

1. Werte die Grafik „Verflechtung des Welthandels" aus. Notiere Ergebnisse, die dir wesentlich erscheinen.
2. Werte die beiden anderen Grafiken ebenfalls aus.
3. Verfasse aufgrund deiner Auswertungen der Grafiken einen kurzen Text zum Thema „Welthandel".

Welthandelsorganisation

Die Welthandelsorganisation (WTO = World Trade Organization) wurde als Nachfolgeorganisation des Allgemeinen Zoll- und Handelsabkommen (GATT = General Agreement of Terms and Trade) gegründet. Am 1. Januar 1995 nahm sie ihre Arbeit auf.

Die WTO ist eine Sonderorganisation der Vereinten Nationen und hat ihren Sitz in Genf. Bei der Gründung gehörten der Organisation 51 Staaten an. Heute sind es rund 150 Länder, die mehr als 97 Prozent des Welthandels abwickeln. 30 weitere Staaten verhandeln über ihren Beitritt zur Welthandelsorganisation.

Die WTO will durch den Abbau von Zöllen und anderen Handelshemmnissen den weltweiten Freihandel fördern. Der Austausch von Waren und Dienstleistungen über Grenzen hinweg soll durch verbindliche Regeln, an die sich alle Mitgliedstaaten zu halten haben, erleichtert werden. Entscheidungen über neue Handelsabkommen können nur im Konsens gefällt werden: Jedes Land hat in der WTO ein Vetorecht. Wenn ein Mitglied die Regeln bricht, können durch die WTO Sanktionen verhängt werden. Die WTO ist auch ein Forum für Konfliktlösungen. Die Mitglieder verpflichten sich, bei Streitigkeiten die Schlichtungsvorschläge der Organisation entgegenzunehmen. Andernfalls kann die Organisation Strafzölle auf die Produkte des Landes verhängen. Seit ihrer Gründung vermittelte die WTO in mehr als 330 Handelskonflikten.

Neue Schritte in Richtung Freihandel vereinbaren die Mitglieder in mehrjährigen, langwierigen Verhandlungen. Dabei haben sich Gruppen von Staaten mit gleichen Interessen gebildet, die gemeinsam auftreten.

Gruppe der 21 (G21)
Unter der Führung Brasiliens, Chinas, Indiens und Südafrikas hat sich eine Koalition landwirtschaftlich starker Schwellenländer gebildet, die zusammen weit mehr als die Hälfte der Weltbevölkerung vertreten. Diese Staaten drängen auf einen besseren Marktzugang für ihre billigen Agrarprodukte.

Gruppe der 90 (G90)
Diese Gruppe besteht aus den ärmsten und kleinsten Entwicklungsländer der Erde. Ihre Interessen ähneln zum Teil denen der G21-Staaten, allerdings wollen sie in erster Linie Abkommen verhindern, die ihre im Aufbau befindlichen nationalen Volkswirtschaften beeinträchtigen könnten.

Gruppe der 33 (G33)
Diesen Entwicklungsländern geht es in erster Linie um den Schutz ihrer heimischen Landwirtschaft.

Europäische Union (EU)
Die EU ist die größte Handelsmacht der Welt. Einig sind sich die EU-Staaten bei Bemühungen, den Dienstleistungsmarkt weltweit zu öffnen, um in Europa Jobs zu schaffen. Interessengegensätze innerhalb der EU gibt es im Agrarbereich. Einige Staaten beharren auf einem starken Schutz ihrer Landwirtschaft vor weltweiter Konkurrenz.

Vereinigte Staaten (USA)
Die Supermacht USA verhandelt als einziges Mitglied der Welthandelsorganisation für sich allein. Mit der Europäischen Union sind sich die USA im Ziel einer Öffnung des Dienstleistungssektors einig. Im Agrarbereich werfen sich die beiden größten Handelsblöcke der Welt EU und USA jedoch gegenseitig vor, zu wenig für den Abbau ihrer Subventionen zu tun.

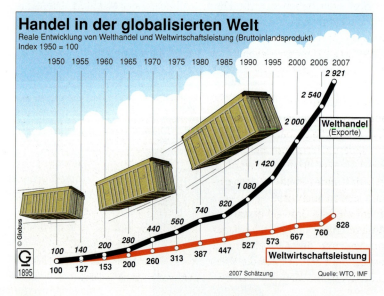

Handel in der globalisierten Welt
Reale Entwicklung von Welthandel und Weltwirtschaftsleistung (Bruttoinlandsprodukt)
Index 1950 = 100
Quelle: WTO, IMF

1. Was macht die Grafik deutlich? Verfasse dazu einen kurzen Text.
2. Welches Ziel verfolgt die WTO? Wie beurteilst du dessen Erreichbarkeit?
3. „Die Entscheidungsfindung in der WTO ist fair geregelt!" Was meinst du zu dieser Aussage?

Das Wichtige in Kürze

„Eine Welt"

Entwicklungsländer sind industriell, wirtschaftlich und sozial im Vergleich zu Industrieländern unterentwickelt. Seit den 1950er-Jahren, als es neben den westlichen Industrieländern („Erste Welt") noch die Sowjetunion mit ihren Verbündeten („Zweite Welt") gab, hat sich für die Entwicklungsländer die Bezeichnung „Dritte Welt" eingebürgert. Manche lehnen diese Unterscheidung jedoch ab und sprechen bewusst von der „Einen Welt". Die meisten Entwicklungsländer liegen in Afrika, Lateinamerika und Asien nördlich und südlich des Äquators. Als „Schwellenländer" bezeichnet man die Entwicklungsländer, die wirtschaftlich an der „Schwelle" zu einem Industrieland stehen.

Probleme der Entwicklungsländer

Die Armut ist das größte Problem der Entwicklungsländer. Mit ihr hängen andere Probleme zusammen: unzureichende Ernährung, unzureichende medizinische Versorgung, geringe Bildungsmöglichkeiten, Mangel an Arbeitsplätzen, rasch wachsende Bevölkerungszahl. Weil es in den Entwicklungsländern häufig militärische Konflikte und politische Verfolgungen gibt, müssen viele Menschen dort ihre Heimat verlassen und als Flüchtlinge Schutz in anderen Ländern suchen.

Welthandel

Im Welthandel spielen die Entwicklungsländer im Vergleich zu den Industriestaaten eine geringe Rolle. Sie sind stark benachteiligt, weil sie meist nur Rohstoffe verkaufen können. Da viele Industriestaaten ihre Landwirtschaft durch staatliche Zuschüsse fördern, sind die Agrarprodukte der Entwicklungsländer auf dem Weltmarkt oft nicht konkurrenzfähig. Die Erlöse aus diesen Exporten reichen bei weitem nicht aus, die benötigten Importe zu bezahlen. Daher nimmt die Auslandsverschuldung der Entwicklungsländer zu.

„Terms of trade"

Damit ist das Verhältnis zwischen Export- und Importpreisen gemeint. Für viele Entwicklungsländer haben sich die „Terms of trade" verschlechtert. Die Weltmarktpreise für ihre Rohstoffe, z. B. Kaffee, sind gefallen, während die Preise für Importgüter, z. B. Maschinen, gleich geblieben oder gestiegen sind. Somit können die Entwicklungsländer auf dem Weltmarkt für die gleiche Menge an Rohstoffen weniger Importgüter einkaufen.

Globalisierung und Entwicklungsländer

Einige Entwicklungsländer haben von der Globalisierung profitiert, weil sie sich mit Reformen für die globalen Märkte fit gemacht haben. China zum Beispiel ist eine führende Exportnation geworden, hat durch das ungezügelte Wirtschaftswachstum jedoch auch große Probleme bekommen, z. B. die Umweltverschmutzung. Andere Entwicklungsländer dagegen sind Verlierer der Globalisierung. In diesen Ländern schrumpfte die Wirtschaft und die Armut stieg.

Luftverschmutzung in China

Welthandelsorganisation

Die Welthandelsorganisation (WTO) ist eine Sonderorganisation der Vereinten Nationen. Sie will durch den Abbau von Zöllen und anderen Handelshemmnissen den weltweiten Warenaustausch fördern.

Entwicklungspolitik der Bundesrepublik Deutschland

Deutsche Entwicklungshilfe

2008 betrugen die öffentlichen Aufwendungen für Entwicklungshilfe etwa 13,9 Mrd. US-Dollar. Dazu kamen etwa 1,3 Mrd. US-Dollar an privaten Spenden, von Kirchen, Verbänden usw.

① Zusammenarbeit direkt mit einem anderen Staat.

② Zusammenarbeit mit internationalen Organisationen

③ Entwicklungsländer erhalten zinsgünstige Kredite (0,75 – 2 % Zinsen) mit langer Laufzeit (30 – 40 Jahre). Der größte Teil der Kredite wird für Investitionsvorhaben (z. B. Verkehrswesen, Landwirtschaft, Wasserversorgung) vergeben. An die 47 ärmsten Entwicklungsländer der Welt werden zur Durchführung von Projekten Zuschüsse gegeben, die nicht zurückgezahlt werden müssen.

④ Die Durchführung von Projekten in Entwicklungsländern wird durch die Entsendung von Beratern, die Lieferung von Material und Ausrüstung, Beiträge zur Finanzierung, Ausbildung von einheimischen Fachkräften usw. gefördert. Die Gelder dafür müssen grundsätzlich nicht zurückgezahlt werden. Vom Partnerland werden Eigenleistungen und die Übernahme der laufenden Kosten erwartet.

Es gibt eine Reihe internationaler Organisationen, die Programme zur Entwicklungshilfe durchführen bzw. finanzieren. Dazu gehören z. B. verschiedene Sonderorganisationen der Vereinten Nationen, die Europäische Union und die Weltbank.

Etwa jeder dritte Euro der staatlichen deutschen Entwicklungshilfe geht an diese internationalen Organisationen.

⑤ Ausbildung von Fachkräften aus den Entwicklungsländern. Nur wenn einheimisches Personal nicht zur Verfügung steht, werden Experten entsandt.

⑥ Zur Versorgung von Flüchtlingen, bei Naturkatastrophen, in Dürrezeiten usw. stellt die Bundesregierung Entwicklungsländern Nahrungsmittel zur Verfügung.

- Multilaterale Zusammenarbeit
- Bilaterale Zusammenarbeit
- Finanzhilfe
- Personelle Zusammenarbeit
- Humanitäre Hilfe
- Technische Zusammenarbeit

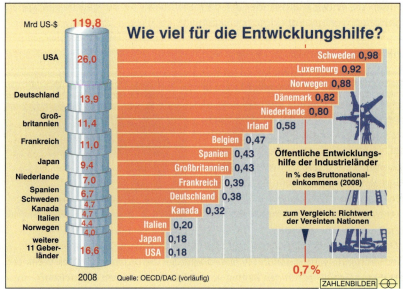

Wie viel für die Entwicklungshilfe?

Mrd US-$ (2008, Quelle: OECD/DAC vorläufig):
- USA 119,8
- Deutschland 26,0
- Großbritannien 13,9
- Frankreich 11,4
- Japan 11,0
- Niederlande 9,4
- Spanien 7,0
- Schweden 6,7
- Kanada 4,7
- Italien 4,7
- Norwegen 4,4
- weitere 11 Geberländer 4,0
- (gesamt) 16,6

Öffentliche Entwicklungshilfe der Industrieländer in % des Bruttonationaleinkommens (2008):
- Schweden 0,98
- Luxemburg 0,92
- Norwegen 0,88
- Dänemark 0,82
- Niederlande 0,80
- Irland 0,58
- Belgien 0,47
- Spanien 0,43
- Großbritannien 0,43
- Frankreich 0,39
- Deutschland 0,38
- Kanada 0,32
- Italien 0,20
- Japan 0,18
- USA 0,18

zum Vergleich: Richtwert der Vereinten Nationen 0,7 %

© Erich Schmidt Verlag

Versorgung mit Wasser ist lebensnotwendig
Viel Licht und auch viel Schatten

Dattu Badhes Vater konnte sich noch gut erinnern: Wald zog sich von den steilen Flanken der Hügel bis in die Ebene, der Boden war fruchtbar, Wasser kein Thema. „Das war gegen Anfang des vergangenen Jahrhunderts", erzählt Dattu Badhe. „Und heute? Schauen Sie sich um."

Heute, das ist 2004. Der Wind weht Staubfahnen von den Kuppen der verkarsteten Hügel rund um das Dorf Mendhwan im indischen Bundesstaat Maharashtra. Von dem Wald, der dem Ort einst seinen Namen (Mendhwan – Schaf-Wald) gab, ist nur wenig übrig geblieben. Mit den Bäumen verschwand nicht nur die dünne Schicht guter Erde, sondern auch das Wasser: Weil der Regen nicht mehr im Boden versickerte, sondern ungebremst über die ausgetrocknete Oberfläche schoss, sank der Grundwasserspiegel. Mendhwan schien der Dürre ausgeliefert, ein Dorf, zum langsamen Sterben verurteilt. Doch auf den zweiten Blick ist zu erkennen, dass hier etwas in Bewegung gekommen ist. Ein Hauch von Grün überzieht die Berge, Gräser erobern sich die Hügel zurück. Hunderte von kleinen Erdwällen gliedern das Gelände, unzählige junge Bäume lassen erahnen wie es hier früher einmal ausgesehen hat.

Die Menschen von Mendhwan haben den Kampf ums Wasser aufgenommen und gewonnen. Das Konzept war einfach: Der Regen durfte nicht ungehindert abfließen, sondern sollte die natürlichen Grundwasserspeicher wieder auffüllen. Also packten alle mit an: An den Hügeln wurden unzählige Erdwälle aufgeworfen und kleine Wannen ausgehoben – „Wasserfallen", in denen sich das kostbare Nass sammeln und dann versickern kann. Mehrere große Brunnen, kleine Dämme, Teiche wurden angelegt, Bäume gepflanzt. Bereits nach zwei Jahren sind erste Erfolge sichtbar, zehn Jahre nach Beginn des Projektes sind die Ergebnisse überwältigend. Die Gemüseproduktion ist um das Zwanzigfache gestiegen, die dauerhaft bewässerte Fläche hat sich mehr als verzehnfacht, die Milchproduktion wuchs um mehr als 600 Prozent. Steinhäuser haben viele Hütten ersetzt, mehr als 50 neue Fernsehgeräte und 14 Traktoren zeugen von neuem Wohlstand.

Das „Wunder von Mendhwan", es ist einer jener „Leuchttürme" der Entwicklungszusammenarbeit, von denen die Ministerin Heidemarie Wieczorek-Zeul so gern spricht. Der Initiator und Motor des Projektes war bezeichnenderweise kein professioneller Entwicklungshelfer, sondern der Jesuitenpater Hermann Bacher. Sein Erfolgskonzept ist die konsequente Verfolgung des Selbsthilfeprinzips: Die Menschen im Ort müssen sich eigenständig zu dem Projekt entschließen, sie müssen sich organisieren, alle müssen mitmachen. Staatliche Hilfen, ohne die es nicht geht, müssen über Nichtregierungsorganisationen an die Bevölkerung herangetragen werden.

Längst hat das Beispiel Mendhwan Schule gemacht. Seit 1993 dient die unter anderem von der Deutschen Gesellschaft für Technische Zusammenarbeit (GTZ) finanzierte Nichtregierungsorganisation WOTR (Watershed Organization Trust), an deren Spitze Bacher steht, als Koordinationsstelle, heute betreut sie mit mehr als 137 lokalen Nichtregierungsorganisationen (NRO) über 200 Projekte wie Mendhwan, so genannte Wassereinzugsgebiete. Der WOTR sorgt auch für die Qualifizierung der NRO – Voraussetzung dafür, dass die Projekte von der Bundesregierung über die Kreditanstalt für Wiederaufbau unterstützt werden.

Solche Beispiele illustrieren, dass die Entwicklungszusammenarbeit besser ist, als ihr Ruf in der deutschen Öffentlichkeit. Dort gilt sie bei vielen nach wie vor als Fass ohne Boden, als Verschwendung, verweist man immer wieder gerne auf die berühmten „weißen Elefanten" – jene entwicklungspolitischen Großprojekte längst vergangener Jahre, von denen heute nur noch Ruinen stehen. An ihnen haben viele profitiert, nur nicht die Menschen, denen sie dienen sollten.

Seit zehn Jahren legt die GTZ regelmäßig eine Querschnittsanalyse über Erfolg und Misserfolg ihrer Arbeit vor. 52 Prozent aller untersuchten Projekte hätten gute bis sehr gute Ergebnisse erzielt, lautete 1994 das Fazit der ersten Studie. (…) Die achte Querschnittsanalyse (Dezember 2003) bewertete immerhin zwei Drittel aller untersuchten Projekte als „erfolgreich" bis „sehr erfolgreich" und acht Prozent als Fehlschlag. (…)

(Lutz Warkalla, in: Das Parlament, 54. Jg. / Nr. 35/36, 23./30. 8. 2004, S. 9)

 Ordne in der Übersicht „Deutsche Entwicklungshilfe" die Überschriften zu. Notiere dazu zur jeweiligen Nummer das passende Stichwort auf einem gesonderten Blatt oder trage auf deinem Arbeitsblatt ein.

 Welche Informationen, die du der Grafik entnehmen kannst, erscheinen dir besonders bedeutsam?

Untersuche den Text auf dieser Seite: Was macht Entwicklungshilfe erfolgreich? Notiere stichwortartig.

„Menschen für Menschen" – ein Beispiel für Entwicklungshilfe

+ + + Wieder schwere Dürre am Horn von Afrika + + + Äthiopien von einer Hungerkatastrophe bedroht + + +

Immer wieder konnten wir in den letzten Jahren solche oder ähnliche Meldungen in der Zeitung lesen. In zahlreichen Regionen Ostafrikas sind bei ausbleibenden Regenfällen ständig Millionen Menschen vom Hungertod gefährdet. Besonders Äthiopien ist in regelmäßigen Abständen von großen Hungersnöten betroffen.

Projektgebiete in Afrika

Ein „Menschen-für-Menschen-Projekt" entsteht

Die Jahre 2001 und 2002 waren für die Menschen im Hochland von Äthiopien im Distrikt Babile hart, denn die Niederschläge in der Regenzeit blieben fast aus. Die Ernte reichte nicht, um das Überleben zu sichern. Nothilfe war die einzige Rettung für Hunderttausende. Auch die Hilfsorganisation „Menschen für Menschen" reagierte schnell und versorgte zahlreiche Dorfgemeinschaften mit Nahrung und Getreide. So mussten die Menschen nicht hungern und konnten ihre Felder fürs nächste Jahr bestellen. Es stellte sich jedoch die Frage, welche langfristigen Alternativen es für den ständig dürregeplagten Distrikt geben könne.

Am Anfang steht der Dialog

Gespräche mit der ansässigen Bevölkerung standen schon immer am Anfang aller Projekte. Denn im Dialog mit den Betroffenen soll über Ursachen der wiederkehrenden Probleme beraten und gemeinsam nach Lösungen gesucht werden. Die Leitidee vieler Hilfsprojekte von „Menschen für Menschen" ist hier deutlich erkennbar: eine starke Einbindung der einheimischen Bevölkerung. Diese Beteiligung soll dann möglichst durch eigene Initiative zur Selbstentwicklung führen.

Von der Idee zur Umsetzung

Nachdem die dringenden Bedürfnisse der Dorfbevölkerung erhoben und die klimatischen und sozialen Umstände analysiert worden waren, wurde ein Aktionsplan aufgestellt. Dieser Aktionsplan wurde den zuständigen Landesbehörden vorgelegt. So soll auch der Staat den Überblick über die erforderlichen Entwicklungsmaßnahmen haben. Ziel ist, dass der Staat die angestoßenen Projekte längerfristig begleiten und diese später auch ohne die Unterstützung der Hilfsorganisationen fortführen kann. Die Projektarbeit in Babile hat drei Schwerpunkte: Bewässerung, Erosionsschutz und die Rückgewinnung von Ödland. Um in der regen- und damit wasserarmen Region die wenigen Niederschläge aus der Regenzeit zu sammeln, wurden Wasserauffangbecken mit einem Fassungsvermögen bis zu 60 Millionen Litern angelegt. Aus diesem Vorrat wurden dann je nach Bedarf über Rohre und Kanäle Wasser auf die Felder geleitet. Dafür wurden riesige Bewässerungsgräben ausgebaut und wasserundurchlässig abgedichtet.

Bau von Bewässerungsgräben

Bewässerungsgraben

Steinwälle als Erosionsschutz

Erosionsschutz und Rückgewinnung von Ödland
Doch Bewässerung alleine reicht nicht. Eine weitere Bodenerosion kann aber durch Aufforstung mit Baumsetzlingen verhindert werden. Terrassenbau verhindert zudem das Wegbrechen und Abschwemmen kostbaren Hanglandes. Um die Böden zu schonen, regt man die Fruchtwechselwirtschaft an und hilft bei der Einführung von Gemüsesorten, die zu einer ausgewogenen Ernährung beitragen. Beginnende Erosionsgräben werden mit Steinwällen sowie mit stark wurzelnden Gräsern stabilisiert und später ebenfalls mit Setzlingen bepflanzt. Nach und nach werden die Gräben dann wieder für die Feldwirtschaft zurückgewonnen.

Das Ziel: Nachhaltigkeit der Projekte
Nach diesen schweren Arbeiten, die bei Durchschnittstemperaturen von 36 °C nicht leicht zu bewerkstelligen sind, haben die Bauern viel erreicht. Ein langfristiger Erfolg der Projektarbeiten und damit eine sichere Existenz der Menschen sind aber erst durch Schulungen gesichert. In diesen wird die Bevölkerung über die neuen Anbaumethoden, die Instandhaltung und die Reparatur der Bewässerungsanlagen informiert.

> **Erosion – die Abholzung fordert ihren Tribut.**
> Die Bodenerosion vernichtet Ackerland, von dessen Erträgen über 90 Prozent der Menschen in Babile leben. Verursacht wird sie durch Waldrodung für den Brenn- und Bauholzbedarf, die Abtragung des ungeschützten Bodens durch Wind und Regen sowie durch unangepasste Anbaumethoden. Die Folge: Der Boden wird unbrauchbar und reißt auf. Heute sind nur noch rund 4 Prozent von Äthiopiens Fläche bewaldet. Überall durchziehen tiefe Erosionsgräben das Land.

1. Welche Maßnahmen wurden in dem Projekt ergriffen, um den Menschen langfristig zu helfen?
2. In welche verschiedenen Phasen lässt sich die Projektarbeit unterscheiden? Beschreibe jede Phase kurz mit eigenen Worten.
3. Was verstehst du unter der Leitidee „Hilfe zur Selbsthilfe"?
4. Welche Maßnahmen dieses Projekts sollen die „Hilfe zur Selbsthilfe" unterstützen?

Nichtstaatliche Hilfe für Entwicklungsländer

Kilometergeld für Afrika-Hilfe
Die Carl-Sonnenschein-Grundschule veranstaltete einen Hungermarsch

BERGHEIM-KENTEN. „Helft mit Spenden" steht auf den Plakaten der Schülerinnen und Schüler der Klasse 3a der Carl-Sonnenschein-Grundschule. Mit festem Schuhwerk machen sich die rund 30 Grundschüler auf einen zwölf Kilometer langen Marsch. (...) „Die Kinder bekommen für jeden Kilometer einen bestimmten Betrag, den der jeweilige Spender vorher bestimmt hat", erläutert die Klassenlehrerin (...). Eingesammelt wird das „Kilometer-Geld" erst nach dem Marsch (...). „Als wir vor vier Jahren den ersten Hungermarsch veranstalteten, sammelten die Kinder fast 9000 Euro", berichtet Konrektor Theo Bemelmanns. (...) Das Geld soll dem Hilfsprojekt „Afrika-Action" zugute kommen. Die Organisation mit Sitz in Bergheim hilft in acht afrikanischen Ländern. „Mit dem Spendengeld werden vor allem Gesundheits- und Ausbildungsprojekte für Kinder und Jugendliche in Afrika finanziert." (bhb)

(aus: Kölnische Rundschau, 1. Juni 2005, gekürzt)

„Leipzig hilft" gegen den Hunger in Indien

Leipzig engagiert sich bei der bundesweiten Woche der Welthungerhilfe. Oberbürgermeister Wolfgang Tiefensee nutzte gestern seine Sprechstunde im Stadtbüro am Markt, um auf die Veranstaltungsreihe hinzuweisen. „Leipzig hilft" – so lautet das Motto. Unter dem sind noch bis Sonntag vielerorts Aktionen geplant, vor allem in Schulen und Bibliotheken (die LVZ berichtete). „Wir wollen auf diesem Weg um Solidarität bitten mit den Hungernden und zugleich neugierig machen auf fremde Kulturen", sagte Ingeborg Schäuble, die Vorsitzende des federführenden Vereins Deutsche Welthungerhilfe. Die Einnahmen aus Eintrittsgeldern und Spenden sind für das Projekt Tilonia gedacht, welches 50 Abendschulen im indischen Bundesstaat Rajasthan unterhält. „Mit rund 127 800 Euro könnten wir den Unterricht für Analphabeten dort drei Jahre aufrechterhalten", so Ingeborg Schäuble. Seit 1992 beteiligt sich die Deutsche Welthungerhilfe an dem Projekt in Indien, wo immerhin 500 Millionen Menschen weder lesen noch schreiben können. K.W.

(aus: Leipziger Volkszeitung, 26. 9. 2001, S. 17)

---

1 Untersuche die beiden Beispiele nichtstaatlicher Hilfe für Entwicklungsländer: Wer war jeweils der Träger? Wem soll geholfen werden? Wie?

2 Es gibt noch andere private Organisationen, die Menschen in Entwicklungsländern helfen. Welche kennst du? Welche Hilfen bieten sie an?

Private Projekte – zwei Beispiele

Rollstühle für die Dritte Welt

Hans-Peter Dentler (61) hat viel von der Welt gesehen. Auch viel Elend. Als Elektrotechniker bei Siemens kam er herum. Besonders gut kennt er die Situation in Sri Lanka. In Colombo arbeitet er immer wieder ehrenamtlich als Heilpraktiker an einer Klinik für Alternative Medizin, die mittellose Kranke kostenlos behandelt – und erlebt dort Armut und Not hautnah. Vor einigen Jahren kam ein weiteres Hilfsprojekt hinzu: Dentler hat mit Unterstützung der Diakonie und etlicher Mitstreiter bisher gut 4500 Behinderten in der Dritten Welt zu Rollstühlen oder Gehhilfen verholfen. Mit viel Einsatz, Spenden und eigenem Geld. (...)

Auslöser für seine Arbeit war ein Erlebnis in Colombo. Er hatte dort 1998 einen völlig überfüllten Personenzug vom Nebengleis aus fotografieren wollen und die von hinten nahende Lok nicht bemerkt. Ein Mädchen zog ihn gerade noch rechtzeitig von den Gleisen. „Aus Dankbarkeit holte ich Waluka nach Deutschland." Denn das Kind litt an einem Elefantenfuß und musste operiert werden. Die erste Operation zahlte Dentler aus eigener Tasche, die zweite wurde über Spenden finanziert. Zwei Jahre später dann besorgte er der kleinen

Hans-Peter Dentler überholt in seinem Lager gespendete Rollstühle, bevor sie verschickt werden.

Cecilia (3) einen Rollstuhl. Und dabei stellte er fest, dass in Deutschland viele dieser Hilfsmittel, die zwar gebraucht, aber noch funktionstüchtig sind, ausrangiert werden. Damit begann seine Rollstuhlaktion.

Das Hilfsprojekt ist inzwischen gewaltig gewachsen. In Zusammenarbeit mit anderen Initiativen gehen nun nicht nur Rollstühle und Gehhilfen, sondern auch Spezialmatratzen, Prothesen, Hörgeräte und Brillen nach Sri Lanka, Rumänien, Afghanistan, Peru und Ruanda. (...)

(aus: Marbacher Zeitung, 11. Februar 2006, S. 50, gekürzt)

Kochen mit der Kraft der Sonne

„Ich bin glücklich, in Madagaskar Menschen aus Deutschland zu treffen, die die Initiative ergreifen und Gutes bewirken." Bundespräsident Horst Köhler zeigte sich im Rahmen seines viertägigen Staatsbesuchs in Madagaskar beeindruckt von dem, was die Eheleute Inge und Günter Hekler und die Mitglieder des 1988 gegründeten Deutsch-Madagassischen Vereins Esslingen auf der Tropeninsel im Indischen Ozean geleistet haben. Sie unterhalten ein Ausbildungszentrum für Waisen und junge Menschen aus ärmlichen Verhältnissen und stellen Solarkocher her. 125 Mädchen und Jungen erhalten derzeit in der madagassischen Hauptstadt von 21 Fachkräften in den Bereichen Metall- und Holzverarbeitung, Hauswirtschaft und Kochen, Nähen und Sticken eine kostenfreie Ausbildung und damit die Chance, ihre Zukunft später einmal selbst in die Hände zu nehmen.

Seit Beginn propagieren Hekler und sein Team das Kochen mit der Kraft der Sonne, um damit die weitere Zerstörung der Wälder zu stoppen. Nach wie vor verwenden noch gut 80 Prozent der Einwohner der Insel Holzkohle, um mehrmals am Tag Reis zu kochen. „Kochen mit der Sonne – Verbindung von Ausbildung und Umweltschutz" hieß es denn auch auf einem Transparent, das die Philosophie der Esslinger Einrichtung widerspiegelt. Rund 850 Solargeräte wurden im Rahmen des Projekts Soltec schon hergestellt und an Privatleute sowie soziale Einrichtungen abgegeben. (...)

Ab Herbst werden erstmals auch Kfz-Mechaniker ausgebildet. Mit 12000 Euro aus Spendengeldern und Mitgliedsbeiträgen ist ein dafür nötiger Neubau entstanden. (...) Der Esslinger Autohausbesitzer Karl Scheffler hatte bei Kollegen, in Berufsschulen und bei der Kraftfahrzeug-Innung der gesamten Region Stuttgart eifrig die Werbetrommel gerührt und das Material beschafft.

(aus: Marbacher Zeitung, 11.04.2006, S. 24, gekürzt)

1. Werte die beiden Zeitungsmeldungen aus: Wer hilft? Wie hilft er?
2. „Entwicklungshilfe kann nur vom Staat oder großen Organisationen geleistet werden!" – Was meinst du zu dieser Aussage? Notiere.

Nachhaltige Entwicklung

Umwelt und nachhaltige Ressourcennutzung

Die Schädigung und Zerstörung der Umwelt und der natürlichen Ressourcen weltweit und in den Entwicklungsländern zeigen erhebliche Ausmaße und haben teilweise schon die **Grenzen der Tragfähigkeit** überschritten. Dabei muss der strukturelle Zusammenhang zwischen unseren eigenen wirtschaftlichen Ansprüchen und der Schädigung der Umwelt in den Entwicklungsländern erkannt werden. Beispielsweise verbraucht im Durchschnitt jeder Europäer pro Jahr sechs Tonnen Steinkohleeinheiten, jeder US-Bürger doppelt so viel. Selbst wenn alle Staaten der Erde lediglich 2,5 Tonnen pro Einwohner verbrauchen würden – eine von Fachleuten als untragbar bezeichnete Größe für akzeptable wirtschaftliche Entwicklung –, würde sich der Energieverbrauch in der Welt verdoppeln.

Für eine verantwortbare, das heißt nachhaltige weltweite Entwicklung müssen die Industrieländer und die Länder des Südens und des Ostens ihre **Wirtschaftsweise** stärker nach ökologischen sowie sozial verträglichen Kriterien ausrichten.

Während in den industrialisierten Staaten Umweltprobleme oft als Folge des Entwicklungsprozesses und **umweltunverträglicher Produktions- und Konsummuster entstehen**, sind in vielen Entwicklungsländern **Armut, Bevölkerungswachstum, falsche Rahmenbedingungen, fehlendes Wissen über Alternativen** die entscheidenden Faktoren für die Zerstörung der Umwelt und der natürlichen Ressourcen.

Auf der Suche nach bebaubarem Land überschreiten Bauern die agronomischen Trockenzonen und stoßen in erosionsgefährdete Gebiete vor. Die natürlichen Waldreserven sind durch den **wachsenden Energie- und Landbedarf** der dort lebenden Bevölkerung bedroht. Die meist nährstoffarmen, empfindlichen Böden des tropischen Regenwaldes verlieren durch intensiven Ackerbau in kurzer Zeit ihre Fruchtbarkeit.

Die Länder des Südens und des Ostens bemühen sich, die benötigten Devisen zu erwirtschaften, indem sie das wirtschaftliche Potenzial der vorhandenen Naturressourcen, also Boden, Wasser, Wald und Bodenschätze, systematisch nutzen und damit eine wachstums- und exportorientierte Entwicklung fördern. Dabei nehmen sie vielfach erhebliche Eingriffe in den Naturhaushalt, die Gefährdung ökologisch bedeutsamer Naturlandschaften und Umweltbelastungen verschiedener Art in Kauf. Wirtschaftliche Krisen, kriegerische Konflikte und nachholende Entwicklungsprozesse in den sogenannten Schwellenländern haben den Druck auf die Ausbeutung natürlicher Ressourcen in jüngster Zeit verstärkt und tragen zunehmend zu globalen Umweltrisiken wie dem Klimawandel und dem Verlust an Artenvielfalt bei. (…)

Die Entwicklungsländer sind weit weg! Deren Umweltprobleme können uns doch gleichgültig sein!

Wir in den Industriestaaten tun schon genug für den Schutz der Umwelt!

Den Menschen in den Entwicklungsländern ist Umweltschutz völlig egal.

(aus: Medienhandbuch Entwicklungspolitik 2002, S. 103. Hg.: Bundesministerium für wirtschaftliche Zusammenarbeit und Entwicklung)

(Gerhard Mester)   (aus: epd Nr. 17–18/1991)

1. Setze dich mit den drei Aussagen auseinander. Beziehe dabei den Text oben ein.
2. Was wollen die beiden Karikaturen zum Ausdruck bringen?

Entwicklungszusammenarbeit · **165**

Entschuldung

Die acht führenden Industriestaaten – auch G-8-Staaten genannt – haben bei einem Treffen in Köln im Jahr 1999 auf deutsche Anregung hin einen Schuldenerlass für die hoch verschuldeten Entwicklungsländer angeregt. Nach dem Tagungsort wird dieses Vorhaben auch „**Kölner Entschuldungsinitiative**" genannt. Bis 2004 wurden bereits 27 Länder in das Entschuldungsprogramm aufgenommen.

Fragen

1. Welche Entwicklungsländer haben die größten Schuldenprobleme?
2. Warum ist ein hoher Schuldenstand für ein Entwicklungsland ein Problem?
3. Was ist das Hauptziel der „Kölner Entschuldungsinitiative"?
4. Gibt es Bedingungen für einen Schuldenerlass?
5. Werden einem Entwicklungsland alle Schulden erlassen?
6. Um welche Beträge geht es bei dem Schuldenerlass?
7. Was haben wir davon, wenn Entwicklungsländer entschuldet werden?

Antworten

A Die Entschuldungsländer müssen sich vertraglich verpflichten, den finanziellen Spielraum, den sie erhalten, für eine nachhaltige Entwicklung zu nutzen. Frei werdende Mittel müssen in Bildung, Gesundheitsversorgung, Infrastruktur oder Forst- und Landwirtschaftsprogramme fließen.

B Zur Gruppe der hoch verschuldeten armen Entwicklungsländer gehören etwa 40 Staaten, die vor allem in Afrika liegen. Ihr Schuldenstand macht durchschnittlich 325 Prozent der Exporterlöse aus.

C Das vorgesehene Entschuldungsvolumen beträgt 70 Mrd. US-Dollar. Der deutsche Anteil macht etwa 5 Milliarden aus.

D Es geht darum, den betroffenen Ländern eine Chance für einen Neuanfang zu geben. Manche dieser Länder sitzen so in der Schuldenfalle, dass sie z. B. das Bildungswesen gar nicht mehr finanzieren können. Das wirkt dann wie ein Strudel abwärts in die Armut.

E Es werden nur die Schulden erlassen, die über 150 Prozent der Exporterlöse oder 250 Prozent der Staatseinnahmen liegen.

F Der Schuldendienst, also die Rückzahlung von geliehenem Geld und die Zinszahlung, verdrängt in den hoch verschuldeten Entwicklungsländern Ausgaben zur Bekämpfung der Armut, für Bildung und Gesundheit und verursacht dadurch schwerwiegende soziale Probleme.

G Wenn Entschuldung Entwicklungskräfte freisetzt und Aufschwung bewirkt, schafft sie Perspektiven in den betroffenen Ländern. Nur wenn die Menschen in den Armutsregionen eine Chance erhalten, sinkt die Gefahr von Gewalt und Krieg, bleiben die Menschen in ihrer Heimat und finden letztlich auch deutsche Unternehmen Absatzmärkte.

„Wissen sie was? Sie haben Bewegungsmangel!"
(IWF = Internationaler Währungsfond)

(LUFF)

1. Welche Antwort gehört zu welcher Frage? Ordne jeweils Buchstabe und Ziffer zu.
2. Was will die Karikatur ausdrücken?

Aktionen von Schülern

> Ich finde es toll, wenn eine Klasse eine Aktion für die Dritte Welt macht. Das hilft nicht nur anderen – es wird dadurch auch die Klassengemeinschaft gefördert!

> Klar! Jede Klasse muss selbst entscheiden, ob sie eine Aktion durchführen will und wenn ja, welche.

> Für Hilfe bin ich schon, aber ich würde nicht bei jeder Aktion mitmachen!

Ideen für Leute, die was machen wollen

Aktionstag „Einmal leben wie in der Dritten Welt"

Eure ganze Klasse kommt in einfachen Klamotten ohne Geld und ohne Proviant in die Schule und ihr versucht, einen Tag lang so zu leben, wie viele Jugendliche in der „Dritten Welt" leben. Also: Essen müsst ihr euch zusammenschnorren (betteln), alte Brötchen vom Bäcker, am Wochenmarkt die Gemüseabfälle zusammensuchen, einen Topf, Teller und Besteck ausleihen, Feuer (mit Holz) machen und eine Suppe kochen. Für einige Dinge braucht ihr sicher Geld, doch das müsst ihr euch verdienen: betteln, Autoscheiben waschen, Schuhe in der Fußgängerzone putzen, Pfandglasflaschen im Müll suchen.

Aktionstag „Schüler arbeiten für Entwicklung"

Was wäre ein sinnvolles Entwicklungsprojekt, was zu unterstützen ihr gut findet? Wenn ihr das diskutiert und entschieden habt, müsst ihr Arbeitgeber suchen, die am Tag X Schüler/innen für einen Tag einstellen und Lohn dafür bezahlen (den ihr natürlich dem Projekt spendet). Also: Schriftliche Anfragen an Firmen, Handwerksbetriebe, Verwaltungen und an Privatpersonen (Hausarbeit, Gartenarbeit, Kinderbetreuung). Am Ende sind das bestimmt interessante Arbeitserfahrungen und eine Menge Gelder für euer Projekt.

Spendenmarathon: Laufen oder radeln für Sponsoren

Viele Schulen haben es schon gemacht: Sponsoren suchen, die sich verpflichten für jeden gelaufenen oder geradelten Kilometer einen bestimmten Betrag zu spenden. Und dann geht der sportliche Wettkampf los. Als Sponsoren kommen Eltern, LehrerInnen, aber auch Firmen in der Umgebung und sogar der Bürgermeister in Frage. Auch hier solltet ihr sorgfältig überlegen, für welches Entwicklungsprojekt ihr das Geld ausgeben wollt.

Projektpartnerschaft

Wenn ihr auf längere Zeit ein Entwicklungsprojekt unterstützen wollt, könnt ihr nicht nur eine Patenschaft für ein bestimmtes Kind, sondern auch eine „Projektpartnerschaft" übernehmen. Positiv daran ist, dass ihr sorgfältig das Projekt aussuchen müsst, dass ihr regelmäßig über den Fortgang des Projektes informiert werdet und dass eure Unterstützung nicht nur einer Person, sondern einem ganzen Projekt (Gruppe von Menschen) zugute kommt. Viele Entwicklungsorganisationen unterstützen solche Projektpartnerschaften.

Fairer Schulkiosk

Mittlerweile gibt es eine Reihe von Produkten des „fairen Handels" (Kaffee, Orangensaft, Müsli-Riegel, Schokolade, Kekse, Kaugummi), die man im Grunde am Schulkiosk verkaufen könnte. Aber oft spielt da der Hausmeister nicht mit. Deshalb müsst ihr verhandeln, vielleicht einen bestimmten Tag durchsetzen, an dem ein solcher „Fairkauf" gestattet wird – und natürlich eure Mitschüler/innen darüber aufklären, was am fairen Handel anders ist. Es gibt auch Schulen, an denen Schüler diesen „fairen Kiosk" selbst organisieren. Nähere Infos gibt es bei der GEPA (www.gepa.org).

Weltmusik Event

Viele stehen auf Salsa oder andere Musikrichtungen, die aus Afrika, Asien und Lateinamerika kommen. Vielleicht wäre es eine Idee, das nächste Schulfest einmal mit einer Musikgruppe/Trommelgruppe aus einem Land der „Dritten Welt" zu gestalten und dabei ein paar Informationen zur Lage der Menschen dort zu verbreiten? Das kostet natürlich Geld, ist aber vielleicht doch machbar. Hilfestellungen für solche Weltmusik-Veranstaltungen gibt es bei vielen entwicklungspolitischen Organisationen.

(aus: Meine Welt und „Dritte Welt", Ein Heft für Schülerinnen und Schüler, Hg.: Welthaus Bielefeld, S. 24)

1. Welche dieser Ideen findest du am besten? Begründe deine Wahl.
2. Gibt es noch andere Möglichkeiten für Schülerinnen und Schüler, sich für die „Dritte Welt" zu engagieren?

Methode: Referat

Thema: Entwicklungsländer

Bei einem Referat geht es darum, andere mündlich über einen bestimmten Sachverhalt zu informieren. Von der Art und Weise des Vortrags hängt es wesentlich ab, ob die Zuhörer das Dargebotene verstehen.

Vorbereitung
Zunächst muss der Sachverhalt erarbeitet werden.
Günstig ist eine Liste mit Stichwörtern als Gedächtnisstütze für den freien Vortrag. Man kann diese Stichwörter auf ein Blatt notieren, das man beim Referat vor sich liegen hat. Eine andere Möglichkeit ist, eine Folie anzufertigen, die man während des Vortrags am Tageslichtprojektor schrittweise aufdeckt. Die Stichwörter können auch auf Kärtchen geschrieben werden, die während des Referats nacheinander an die Tafel oder eine Pinnwand geheftet werden.
Eine große Hilfe ist es, das Referat vorher zu Hause ein- oder zweimal zu üben. Dabei sollte man laut sprechen und sich so hinstellen, wie man es später in der Klasse beabsichtigt.

Durchführung
Vor dem Referat legt man alles bereit, was man später braucht, z.B. die Magnete für die Tafel, das Blatt mit den Stichwortnotizen, die Kärtchen in der richtigen Reihenfolge. Wer den Tageslichtprojektor einsetzen will, prüft vorher, ob er an die Stromversorgung angeschlossen, der Projektionsspiegel auf die Projektswand ausgerichtet ist und die Folien geordnet bereitliegen.
Mit dem Vortrag sollte man erst beginnen, wenn Ruhe unter den Zuhörern eingekehrt ist und sich alle auf den Vortrag konzentrieren. Man sollte die Mitschülerinnen und Mitschüler anschauen, nicht nur die Lehrkraft. Der größte Fehler bei Schülerreferaten ist, zu schnell zu sprechen, was meist dann passiert, wenn der Text vom Blatt abgelesen wird. Bei Stichwortnotizen ist diese Gefahr geringer, weil man sich die Aussagen überlegen muss und deshalb automatisch langsamer spricht.

Auswertung
Wer ein Referat gehalten hat, möchte wissen, wie es bei den Zuhörern angekommen ist. Man kann die Mitschüler direkt fragen.
Eine andere Möglichkeit ist, dass die Lehrkraft nach dem Referat mit der Klasse bespricht, was an dem Vortrag besonders gelungen und was weniger gut war und das nächste Mal besser gemacht werden könnte. So bekommen alle Hinweise, wie man ein Referat am besten vorbereitet und vorträgt.

1. Die Fotos zeigen zwei Schülerinnen und zwei Schüler beim Halten von Referaten. Notiere zu jedem Foto eine Anmerkung.
2. Halte ein Referat zum Thema „Entwicklungsländer".

Das Wichtige in Kürze

Entwicklungshilfe

Die Industriestaaten versuchen, durch günstige Kredite, Finanzierung von Projekten und Entsendung von Fachkräften den unterentwickelten Länder zu helfen. Jährlich zahlen die Industriestaaten weit mehr als 100 Milliarden Dollar an die Entwicklungsländer. Das sind jedoch nur etwa 0,5 Prozent ihres Sozialprodukts, also weniger als die 0,7 Prozent, die die Vereinten Nationen für angemessen halten.

Deutsche Entwicklungspolitik

Wichtigstes Ziel der deutschen Entwicklungspolitik ist es, die wirtschaftlichen und sozialen Lebensbedingungen der Menschen in den Entwicklungsländern zu verbessern. Daher werden vor allem Projekte gefördert, die z. B. Hunger, Armut, Trinkwassermangel oder Umweltprobleme bekämpfen. Sie sollen als Hilfe zur Selbsthilfe wirken und durch eine Beteiligung der Betroffenen zu einer nachhaltigen Entwicklung beitragen.

Nichtstaatliche Entwicklungshilfe

Die staatliche Entwicklungshilfe steht nicht allein. Viele Entwicklungsländer erhalten auch Hilfe von nichtstaatlicher Seite, z. B. den Kirchen oder karikativen Organisationen. Solche Organisationen sind z. B. Misereor, die Caritas oder die Welthungerhilfe. Daneben gibt es Hilfsprojekte, die von Privatleuten organisiert werden. Auch Schulklassen können Aktionen zugunsten der „Dritten Welt" durchführen.

Nachhaltige Entwicklung

Nachhaltige Entwicklung sucht nach Wegen, wirtschaftliches Wachstum mit der Bewahrung der Umwelt und der Schonung der natürlichen Grundlagen zu vereinen. Hierbei sind die Industrieländer besonders gefordert, denn sie beanspruchen die Ressourcen der Erde am meisten. In den Entwicklungsländern entsteht oft ein Konflikt zwischen wirtschaftlichen Erfordernissen und dem Umweltschutz.

Entschuldung

Eine Reihe von Entwicklungsländern ist hoch verschuldet. Von den geringen Staatseinnahmen muss so viel für die Zinszahlungen und die Rückzahlung der Schulden aufgewendet werden, dass fast kein Geld für Bildung, Gesundheit, Infrastruktur u. Ä. bleibt. Um diesen Ländern einen Neuanfang zu ermöglichen, soll ihnen ein Teil ihrer Schulden erlassen werden. Dafür müssen diese Staaten sich verpflichten, die frei werdenden finanziellen Mittel zur Armutsbekämpfung einzusetzen.

Bilder aus Nepal, einem asiatischen Entwicklungsland

Weißt du Bescheid?

1. Warum bezeichnet man die Entwicklungsländer oft als „Dritte Welt"?
2. Welches ist das größte Problem der Entwicklungsländer?
3. Nenne vier Merkmale der Unterentwicklung.
4. Warum spricht man im Zusammenhang mit den Problemen der Entwicklungsländer häufig von einem „Teufelskreis"?
5. Was bedeutet der Begriff „Eine Welt"? Was will man damit ausdrücken?
6. Beschreibe, welche Rolle die Entwicklungsländer im Welthandel spielen.
7. Erläutere den Begriff „nachhaltige Entwicklung".
8. Welche Formen der staatlichen Entwicklungshilfe gibt es?
9. Was ist mit „nichtstaatlicher Entwicklungshilfe" gemeint? Nenne Beispiele.
10. Welche Zielsetzung verfolgt die „Kölner Entschuldungsinitiative"?

Betrachte die zwei Karikaturen: Was will der Zeichner jeweils zum Ausdruck bringen?

(Karikaturen von: Gerhard Mester)

Weißt du Bescheid?

Welche Erklärung gehört zu welchem Begriff? Ordne zu.

A Hilfsorganisation der Vereinten Nation, die sich weltweit um Kinder kümmert.

B Staaten, die nicht mehr zu den armen Entwicklungsländern zählen, aber auch noch nicht zu den reichen Industrienationen. Sie stehen sozusagen auf der „Schwelle", ein Industrieland zu werden.

C Damit ist ein Handeln gemeint, das den Bedürfnissen der heutigen Generation entspricht, ohne die Möglichkeiten künftiger Generationen zu gefährden, die eigenen Bedürfnisse zu befriedigen.

D Ausdruck für das weltweite Zusammenwachsen in allen Bereichen, vor allem in der Wirtschaft.

E Maßzahl zur Bestimmung des Entwicklungsstandes eines Landes. Sie ergibt sich aus verschiedenen Merkmalen einer Gesellschaft wie Lebenserwartung, durchschnittliche Dauer des Schulbesuchs.

F Bezeichnung für eine ausweglose Situation, bei der sich Ursachen und Wirkungen gegenseitig verstärken.

G Zusammenfassende Bezeichnung für die Exporte und die Importe aller Staaten.

H Bezeichnung für das Verhältnis zwischen den Preisen, die ein Land für seine Exporte erlöst, und den Preisen, die es für seine Importe bezahlen muss.

I Sonderorganisation der Vereinten Nationen, die durch den Abbau von Zöllen und anderen Handelshemmnissen den freien Welthandel fördern soll.

- Nachhaltigkeit
- Welthandel
- Globalisierung
- Human Development Index
- Schwellenländer
- Terms of Trade
- UNICEF
- Welthandelsorganisation
- Teufelskreis

Afrika im Weltvergleich

- 5% der Getreideernte
- weniger als 2% des Welthandels
- weniger als 1% der ausländ. Direktinvestitionen
- 0,3% der Internet-Anschlüsse
- 0,2% des Aktienhandels
- 13% der Weltbevölkerung
- 70% der AIDS-Kranken

Was weißt du über die Ursachen der Probleme Afrikas? Notiere in Stichworten die Gliederung eines Kurzreferats.

Wie die Folgen der Globalisierung zu bewerten sind, ist umstritten. Notiere stichwortartig deine Gedanken zum Thema „Globalisierung – Segen oder Fluch?"

Abschwung 14 f.
Afrika 146 f., 151, 160, 162, 170
Al-Qaida 54
Analyse eines Konfliktes 56
Anhörungsrecht 38, 44
Angebot 20 f., 31
Arbeitgeberverbände 30
Arbeitslosenquote 16
Arbeitsteilung in der Familie 114, 118
Armut 146 f.
Äthiopien 160 f.
Aufschwung 14 f.
außenwirtschaftliches Gleichgewicht 16, 19
Ausfuhr 32
Auslandseinsätze 64 f.
Autobahn 44 (A 44) 131, 138
automatisierte Verkehrssysteme 137 f.
Außenhandel 32
Export (Ausfuhr) und Import (Einfuhr) von Waren und Dienstleistungen.

Bahnstrecke Kinzigtal 130, 138
Ban Ki-Moon (Generalsekretär der Vereinten Nationen) 58
Befehls- und Kommandogewalt 66
Beratungsrecht 38, 44
Berufspendler 133
Berufswahl 115
Beschäftigungsstand 14, 17
Betriebsrat 38 f., 44
Interessenvertretung der Arbeitnehmer im Betrieb. Der Betriebsrat überwacht die Einhaltung der gesetzlichen Vorschriften und nimmt Mitwirkungs- und Mitbestimmungsrechte nach dem Betriebsverfassungsgesetz wahr.
Betriebsverfassungsgesetz 41
Gesetzliche Grundlage für die Tätigkeit des Betriebsrates.
Bevölkerungswachstum 148 f.
„Bike & Business" 133
Projekt, um das Fahrrad als Verkehrsmittel innerhalb des Berufsverkehrs zu fördern.
bilaterale Zusammenarbeit 158
Binnenmarkt 77, 81, 87
Die EU-Länder bilden einen gemeinsamen Binnenmarkt. Zwischen ihnen wird der Handel nicht durch Zölle oder sonstige Einfuhrbeschränkungen beeinträchtigt.
„Blauhelme" 60, 70

Blockade 59, 70
Boom 14 f.
Bruttoinlandsprodukt 14 ff., 19, 142
Wert der Waren und Dienstleistungen, die in einem Jahr in einer Volkswirtschaft erstellt werden.
Bundeskartellamt 24
Bundesstaat 94
Bundesvereinigung der Deutschen Arbeitgeberverbände (BDA) 35, 44
Bundesverkehrswegeplan 130
Die Bundesregierung verabschiedet als Leitlinie einen Bundesverkehrswegeplan, in dem die wichtigsten Verkehrsvorhaben der nächsten Jahre festgelegt werden. Entsprechend der Rangfolge werden die Projekte umgesetzt.
Bundeswehr 64 ff., 70, 102, 107
Bündnisfall 64, 66, 70
Auch Verteidigungsfall. Ein Bündnis ist ein völkerrechtlicher Vertrag, in dem Staaten sich wechselseitig Beistand im Falle eines Angriffes zusagen. Wird einer der Staaten angegriffen, dann müssen alle den Angegriffenen verteidigen.
Bürgerliches Gesetzbuch (BGB) 101
Burkina Faso 151

Chacon, Carmen (spanische Verteidigungsministerin) 111
Charta der Vereinten Nationen 58 f.
Charta bedeutet eigentlich „Urkunde". Im Völkerrecht bezeichnet man so grundlegende internationale Verträge.
China 150, 157
Christlicher Gewerkschaftsbund Deutschlands (CGB) 34 f., 44
Churchill, Winston S. (britischer Premierminister von 1940 – 45 und 1951 – 55) 77

Depression 14 f.
Deutscher Beamtenbund 34, 44
Deutscher Gewerkschaftsbund (DGB) 34 f., 44
Dienstleistungen 18
„doppelte Mehrheit" 88 f.
„Dritte Welt" 142 ff.
In den 1950er-Jahren entstandene Sammelbezeichnung für die Entwicklungsländer zur Unterscheidung von den kapitalistischen Industriestaaten („Erste Welt") und den kommunistischen Staaten („Zweite Welt").

Eigentumsordnung 11, 17
„Eine Welt" 141 ff., 157
Seit den 1950er-Jahren hat sich für die Entwicklungsländer der Begriff „Dritte Welt" eingebürgert. Viele lehnen diesen Begriff jedoch ab und sprechen bewusst von der „Einen Welt".
Einheitliche Europäische Akte 77
Einkauf 26
Elterngeld 104
Elternzeit 104
Embargo 59, 70
Völkerrechtliche Zwangsmaßnahme, z. B. das Verbot, in einen bestimmten Staat Waren zu liefern.
Entschuldung 165, 168
Entlohnung 108 f., 118
Entwicklungshilfe 158 ff., 168
Entwicklungsländer 142 ff., 157 ff.
Bezeichnung für Länder, die wirtschaftlich unterentwickelt sind. Der größte Teil der Bevölkerung ist arm und die Versorgung mit Lebensmitteln und Medizin reicht meist nicht aus. In Entwicklungsländern sind in der Regel viele Menschen Analphabeten.
Entwicklungspolitik 158 f., 168
Erkundung 27, 76
Erosion 161
Erwerbstätige 109
EU-Konvent 88, 94
EU-Organe 86
Europa 73 ff.
Europaflagge 77
Europäische Gemeinschaften (EG, Euratom) 80
Europäische Kommission 83, 86 f., 89
Sie macht Vorschläge für Richtlinien und Verordnungen und setzt die Entscheidungen von Ministerrat und Parlament um. Sie besteht derzeit aus 27 Mitgliedern (Kommissaren), die für jeweils fünf Jahre vom Europäischen Parlament ernannt werden.
Europäischer Binnenmarkt 77, 81, 87
europäischer Einigungsprozess 77, 87, 93
Europäischer Gerichtshof 86 f.
Der Europäische Gerichtshof hat dafür zu sorgen, dass die Rechtsvorschriften der EU (das „Gemeinschaftsrecht") in allen Mitgliedstaaten einheitlich ausgelegt und angewandt werden.
Europäischer Rat 82, 87, 89
Er besteht aus den Staats- und Regierungschefs der EU-Staaten und trifft die Grundsatzentscheidungen in der Europäischen Union.

Stichwortverzeichnis / Begriffserklärungen

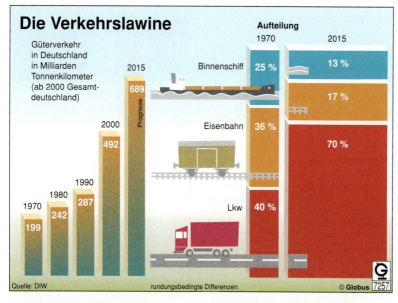

Europäischer Rechnungshof 86
Europäisches Parlament 84, 86 f., 89
Parlament mit Abgeordneten aus allen 27 EU-Staaten. Zwar fehlen ihm insbesondere bei der Gesetzgebung der EU noch immer umfassende Befugnisse, es ist aber an allen Entscheidungen beteiligt, beeinflusst die europäische Politik, kontrolliert die anderen Organe und bestimmt beim Haushalt der EU mit.
Europäische Union 77 ff., 156
Europäische Zentralbank (EZB) 73, 87
Ihr vorrangiges Ziel ist die Sicherung der Preisstabilität. Sie regelt die Geldpolitik sowie Banknotenausgabe im „Euroland". Ihren Sitz hat die EZB in Frankfurt am Main.
Europawahl 84
Expansion 14 f.
Export 32
Exportabhängigkeit 32
Exportnation Deutschland 32 f.

Fahrrad 133
Fahrverbote 134 f.
familienfreundlicher Betrieb 113
Familienpolitik 104 f., 107
Feinstaub 134 f., 138
Feinstaubbelastung 134 f., 138
Finanzhilfe 158
Flüchtlinge 90
Flüchtlinge sind Menschen, die wegen Krieg, Hunger, politischer Verfolgung, Naturkatastrophen oder aus wirtschaftlicher Not ihre Heimat verlassen.

Flughafenausbau 128 f., 138
Flughafen Frankfurt 124 f., 127, 128 f., 138
Folgekosten des Verkehrs 132
Frauenbeauftragte 103, 107
Frauennetzwerke 106 f.
Frauenquote 110
Frauen und Beruf 112, 118
Frauen in Führungspositionen 110, 118
Frauen in der Politik 111, 118
Frieden 49
Friedenssicherung 47 ff.

Geldstrom 18 f.
Gemeinsame Außen- und Sicherheitspolitik (GASP) 80
Generalversammlung der Vereinten Nationen 59
Geschäftsleitung 26
Gesetz gegen Wettbewerbsbeschränkungen (Kartellgesetz) 24
Gewerkschaften 34 f.
Girls'Day 116, 118
Gleichberechtigung 97 ff., 107, 118
Gleichberechtigungsgebot 100 f., 107
Das Grundgesetz schreibt die Gleichberechtigung von Frauen und Männern fest und verpflichtet den Staat, sich für die tatsächliche Durchsetzung der Gleichberechtigung einzusetzen.
Globalisierung 150 f., 157, 170
Weltumspannende Verflechtung des Wirtschaftslebens.

Grafiken auswerten 154
Grundausbildung 67
Grundgesetz 64, 101
So wird die Verfassung der Bundesrepublik Deutschland bezeichnet.
Grundrechtecharta der EU 89
Grundwehrdienst 67
Gruppe der 21 (G21) 156
Gruppe der 33 (G33) 156
Gruppe der 90 (G90) 156
Güterstrom 18 f.
Güterverkehr 127
Der Güterverkehr wird in den nächsten Jahren weiterhin stark zunehmen. Die Grafik links zeigt die Prognose.

Hochkonjunktur 14 f.
Human Development Index (HDI) 142, 170
humanitäre Hilfe 158
Hunger 146 f.

Indien 150, 159, 162
innerstaatliche Konflikte 48 ff., 57
Interessenskonflikt 40 f., 42
Internetrecherche 61, 106
islamistischer Terrorismus 54 f.

Jugend- und Auszubildendenvertretung (JAV) 43 f.
Die JAV ist die gewählte Interessenvertretung der Jugendlichen und Auszubildenden im Betrieb.
Jugendversammlung 43

Karikaturen 11, 31, 45, 46, 62, 69, 71, 72, 85, 91, 96, 97, 120, 140, 164, 65, 169
Eine Karikatur ist eine Zeichnung, in der Personen oder Sachverhalte übertrieben komisch oder verzerrt dargestellt werden. Der Zeichner will dadurch auf ein Problem aufmerksam machen bzw. seine Meinung dazu ausdrücken.
Kartell 24
Absprache zwischen Unternehmen eines Wirtschaftszweiges, um den Wettbewerb ganz oder teilweise auszuschalten. Kartelle sind nach dem Gesetz gegen Wettbewerbsbeschränkungen grundsätzlich verboten.
Kartellgesetz (Gesetz gegen Wettbewerbsbeschränkungen) 24, 33
Kartenabfrage 52 f.
Kinderbetreuung 104 f.
Kindersoldaten 50, 57
Vor allem in Bürgerkriegen werden Kinder und Jugendliche dazu missbraucht, als Soldaten zu kämpfen und zu töten.

Stichwortverzeichnis / Begriffserklärungen   173

Klimawandel 148
Kölner Entschuldungsinitiative 165
Konflikt 42 ff., 56
Auseinandersetzung bzw. Streit, der durch das Aufeinandertreffen entgegengesetzter Interessen, Wünsche oder Verhaltensweisen entsteht.
Konjunktur 14 f., 19
Veränderung der realen Wachstumsrate des Bruttoinlandsproduktes. Man teilt die Konjunktur in vier Phasen ein: Aufschwung, Boom, Abschwung, Rezession. Der Konjunkturzyklus ist der Zeitabschnitt von der ersten bis zur letzten Konjunkturphase.
Konjunkturtief 14 f.
Konjunkturverlauf 14 f.
Kriege 48 ff., 57
Krippenplätze 105

Lärm 129, 132
Leistungsbilanzsaldo 16
Libanon-Einsatz 65

Madagaskar 163
Mädchen-Zukunftstag 115
„Magisches Viereck" 16
Begriff, der die Ziele der Wirtschaftspolitik in der sozialen Marktwirtschaft charakterisiert. Diese Ziele sind: Vollbeschäftig, Preisniveaustabilität, außenwirtschaftliches Gleichgewicht, angemessenes Wirtschaftswachstum. Zwischen diesen Zielen kann es zu Konflikten kommen.
„Made in Germany" 32
Markt 18 f., 31
Zusammentreffen von Angebot und Nachfrage an einem bestimmten Ort zu einem bestimmten Zeitpunkt. Auf dem Markt bildet sich der Preis aufgrund von Angebot und Nachfrage.
Marktmechanismus 21
Marktwirtschaft 9, 19
Wirtschaftsordnung, in der die Produktionsentscheidungen von den Unternehmen und die Konsumentscheidungen von den Haushalten getroffen werden. Die Koordination der Entscheidungen erfolgt über den Markt. Die Unternehmen befinden sich in Privateigentum.
Meinungsabfrage 98
„Menschen für Menschen-Projekt" 160 f.
Menschenrechte 52 f., 57
Jeder Mensch hat Rechte, die ihn von Natur aus zustehen, die ihm angeboten sind, z.B. das Recht auf Leben, das Recht auf Glaubens- und Gewissensfreiheit. Menschenrechte sind unantastbar, d.h. keine Regierung darf einem Menschen diese Rechte absprechen.
Menschenrechtsverletzungen 52 f., 57
Menschenrechtserklärung der UN 52
Merkel, Angela (Bundeskanzlerin) 82
Migration 90, 94
Militäraktion 59
Ministerrat (Rat der EU) 85 ff., 89
Mitbestimmung 40 f., 44
Mitbestimmungsrecht 40, 44
Mitwirkung 40 f., 44
Montanunion 77
multilaterale Zusammenarbeit 158
Musterung 67

Nachfrage 20 f., 33
nachhaltige Verkehrspolitik 136, 138
Nachhaltigkeit 29, 161, 164, 168
Bestreben, wirtschaftliches Wachstum mit der Bewahrung der Umwelt und der Schonung der natürlichen Lebensgrundlagen zu vereinen.
NATO (North Atlantic Treaty Organization) 62 f., 70
1949 gegründetes Militärbündnis westlicher Staaten zum Schutz vor der damaligen kommunistischen Sowjetunion. Heute gehören der NATO 28 Staaten an.
„Neue Kriege" 50 f., 57
nichtstaatliche Entwicklungshilfe 162 f., 168
Nordatlantikpakt (NATO) 62 f., 70

OECD (Organization for Economic Cooporation and Development) 151
öffentlicher Nahverkehr 122 f., 127
Ökobilanz 132, 138
Opel 12 f.

personelle Zusammenarbeit 158
Plakettenverordnung 135
Planfeststellungsbeschluss 128 f.
Planspiel 22 f.
Planung 11, 19
Planwirtschaft 9, 19
Wirtschaftsordnung, in der die Produktionsentscheidungen von einer zentralen Behörde getroffen werden. Diese staatliche Planbehörde erstellt einen Produktionsplan und kontrolliert dessen Einhaltung. Die Betriebe befinden sich in Staatseigentum.

Partnerstädte der hessischen Landeshauptstadt Wiesbaden

Politikbereiche der EU 80
Polizeiliche und Justizielle Zusammenarbeit 80
Preisabsprachen 24
Absprachen von Unternehmen der gleichen Branche über ihre Preise zum Nachteil der Kunden. Preisabsprachen unterlaufen den Wettbewerb und sind verboten. (Siehe auch Stichworte Kartell und Kartellgesetz)
Preisbildung 11, 21, 31
Preisniveaustabilität 16

Stichwortverzeichnis / Begriffserklärungen

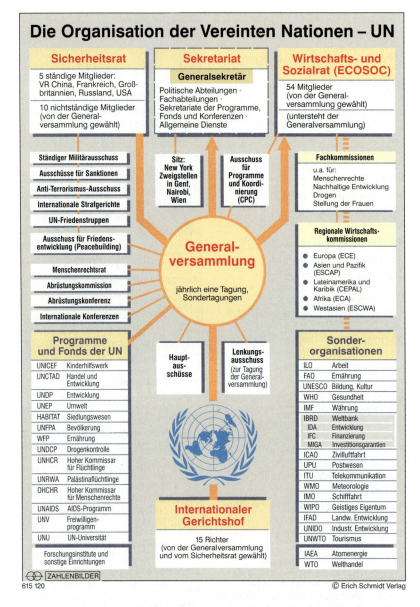

"qualifizierte Mehrheit" 88

Rat der Europäischen Union
(Ministerrat) 85 ff.
Er beschließt in Verbindung mit dem Parlament die Gesetze (Verordnungen und Richtlinien) der EU.

Referat 167

Regionalausschuss 86

Ressourcen 29, 164
Meist im Plural gebrauchter Ausdruck für Hilfsmittel, Reserven, Rohstoffvorräte o. Ä.

Rezession 14 f.

Rhein-Main-Flughafen 124, 127, 128 f., 138

Rohrpost-System 137

Rollenspiel 42
Spiel, bei dem die Mitspieler in die Situation anderer Personen schlüpfen, um so eine Sache besser zu verstehen.

Römische Verträge 77

Sachgüter 18

Sanktion 60
Maßnahme zur Durchsetzung eines Zieles, in der internationalen Politik z. B. eine Strafmaßnahme gegen einen Staat wie Wirtschaftsblockade oder Abbruch der Beziehungen.

Säulen der EU 80
Als die drei Säulen der Europäischen Union werden bezeichnet: Europäische Gemeinschaften (EG, Euratom), Gemeinsame Außen- und Sicherheitspolitik (GASP), Polizeiliche und Justizielle Zusammenarbeit.

Schwellenländer 142, 152, 157, 170
Entwicklungsländer, die wirtschaftlich bereits soweit vorangekommen sind, dass sie an der „Schwelle" zu einem Industriestaat stehen.

Selbstmordattentäter 54 f.

Selbstverteidigung 59

Sicherheitsrat 59 ff., 70
Gremium der Vereinten Nationen, das bindende Beschlüsse zur Wahrung des Weltfriedens fassen kann. Ständige Mitglieder sind: China, Großbritannien, Frankreich, Russland und die USA.

soziale Marktwirtschaft 10 f., 19, 45
Wirtschaftsordnung der Bundesrepublik Deutschland. Sie verbindet das Prinzip der freien Preisbildung mit dem Prinzip des sozialen Ausgleichs. Zu den Merkmalen der sozialen Marktwirtschaft gehören z. B das Privateigentum an den Produktionsmitteln, die soziale Sicherung, die Freiheit des Wettbewerbs und die Tariffreiheit.

Prinzip der freien Preisbildung 10 f., 19
Die Preise für Waren und Dienstleistungen bilden sich aufgrund von Angebot und Nachfrage. In der freien Marktwirtschaft gilt allein das Prinzip der freien Preisbildung. In der sozialen Marktwirtschaft ist dieses Prinzip mit dem Prinzip des sozialen Ausgleichs verbunden.

Prinzip des sozialen Ausgleichs 10 f., 19
Um schwächere Marktteilnehmer zu schützen und den Wettbewerb zwischen den Unternehmen aufrechtzuerhalten, greift der Staat durch Gesetze und Verordnungen in das Marktgeschehen ein.

Privateigentum 10 f., 19
In der Bundesrepublik Deutschland befinden sich die meisten Unternehmen in Privateigentum, d. h. sie gehören Privatpersonen. Ein Unternehmer trägt somit immer auch ein finanzielles Risiko.

Privathaushalte 18

Produktion 26

Projekt Soziale Jungs 116, 118

Pro-Kontra-Diskussion 68
Gespräch, in dem es um eine Streitfrage geht, z. B. um eine bestimmte Maßnahme. Die eine Seite ist dafür, argumentiert als „pro"', die andere Seite ist dagegen, argumentiert also „kontra".

Sozialordnung 11, 19
Sozialpartner 33
Sri Lanka 163
Staatenbund 94
Städtepartnerschaft 76, 173
Viele hessische Städte und Gemeinden pflegen intensive Kontakte zu Partnerstädten bzw. Partnergemeinden in anderen europäischen Ländern. Bei gegenseitigen Besuchen können sich die Bürgerinnen und Bürger kennenlernen und Freundschaften schließen (siehe Abb. auf Seite 173).
Stabilitätsgesetz 16 f.
Steinmeier, Frank (Bundesaußenminister) 59
Streik 34 f., 46
Strukturskizze 17
Subventionen 152

Tarifautonomie 44
Tarifordnung 11, 19
Tarifparteien 36 f., 44
Gewerkschaften und Arbeitgeberverbände bzw. Arbeitgeber, die miteinander einen Tarifvertrag abschließen.
Tarifvertrag 36 f., 44
Er regelt die Lohnbedingungen (Lohn- und Gehaltstarifvertrag) und die Arbeitsbedingungen (Manteltarifvertrag) einer Branche für einen bestimmten Tarifbezirk.
technische Zusammenarbeit 158
Teilzeitbeschäftigte 109
Terms of Trade 153, 157, 170
Bezeichnung für das Verhältnis zwischen den Preisen, die ein Land für seine Exporte verlangt und den Preisen, die es für seine Importe bezahlen muss.
„Teufelskreis" 147
Auswegslose Situation, bei der sich Ursache und Wirkung eines Sachverhaltes gegenseitig verstärken.
Terrorismus 54 f., 57
Politisch oder religiös motivierte Gewaltanwendung von extremistischen Gruppen oder Einzelpersonen, vor allem gegen den Staat oder seine Repräsentanten.
Tourismus 126 f.
Der Begriff stammt aus dem Lateinischen und bedeutet Fremdenverkehr. In den Industriestaaten hat der Tourismus infolge gestiegener Einkommen und Freizeit eine große Bedeutung gewonnen. Für viele Reiseländer sind die Einnahmen aus dem Tourismus eine der Haupteinnahmequellen. Der Tourismus bringt aber auch Umweltprobleme mit sich.
Türkei 91, 94

Umfrage 122
Umweltschutz 27, 164
Umweltzonen 134 f.
UN-Friedenseinsätze 60 f.
UN-Generalsekretär 58
UNICEF (United Nations Childrens Emergency Fund) 52, 170
Unicef ist das Kinderhilfswerk der Vereinten Nationen.
Unterentwicklung 144 ff.
Unternehmen 16, 26 ff., 31
Unternehmerin 28 f.
Unterrichtsrecht 40, 44
Urabstimmung 36 f.

Verbraucherpreise 16
Vereinigte Staaten (USA) 156
Vereinte Nationen 58 f., 70
Weltweite Organisation, der fast alle Staaten der Erde angehören. Ziel der Vereinten Nationen ist es, den Weltfrieden zu sichern.
Verkehrsentwicklung 128 ff., 138
Verkehrskonzepte 136
Verkehrsprojekte in Hessen 128 ff., 138
Verkehrssysteme 132, 137 f.
Man unterscheidet z. B. Personen- und Güterverkehrssysteme; Nah- und Fernverkehr; Pkw, Lkw-, Bahn-, Schiffs- und Flugverkehr.
Verkehr und Umwelt 121 ff.
Vertrag über die Europäische Union 77, 82, 87
Vertrag von Amsterdam 77
Vertrag von Lissabon 77, 80 f., 94
Vertrieb 26
Verwaltung 26
Vetorecht 60
„Veto" stammt aus dem Lateinischen und bedeutet „ich verbiete". Mit Vetorecht ist gemeint, dass jemand bei einer Beschlussfassung ein Einspruchsrecht hat, d. h. es kann kein Beschluss gegen seinen Willen gefasst werden.
Vollbeschäftigung 16, 19
Völkerbund 59
Völkerrecht 58 f.
Im Völkerrecht sind die Rechte und Pflichten von Staaten und internationalen Organisationen zusammengefasst.

Wachstumstrend 14
Wandzeitung 93
Warlords 50 f.
Wasserversorgung 148

Wehrdienst 67, 70, 72
Wehrpflicht 68 f.
Weltbevölkerung 148 f.
Welt-Bruttosozialprodukt 144
Welthandel 152 f., 154 f., 157, 170
Welthandelsorganisation (WTO = World Trade Organization) 156 f., 170
Wettbewerb 21 ff., 28, 33
Wettbewerbsordnung 11, 19
Wettbewerbsschutz 25, 33
In der sozialen Marktwirtschaft sichert der Staat durch Gesetze, dass der Wettbewerb zwischen den Unternehmen erhalten und fair bleibt.
Wirtschaftsembargo 59
Wirtschaftsfaktor Rhein-Main-Flughafen 124 f., 127, 128 f., 138
Wirtschaftskreislauf 18 f.
Wirtschaftsordnung 9
Die Wirtschaftsordnung legt fest, ob die Produktions- und die Kaufentscheidungen nach den Gesetzen des Marktes (Marktwirtschaft) oder nach einem zentralen Plan (Planwirtschaft) erfolgen.
Wirtschaftspolitik 16 f., 19
Wirtschaftspolitische Ziele 16
Vollbeschäftigung, Preisniveaustabilität, außenwirtschaftliches Gleichgewicht und ein angemessenes Wirtschaftswachstum zu erreichen, sind die grundlegenden wirtschaftspolitischen Ziele. (Siehe auch: „Magisches Viereck")
Wirtschaftswachstum 14, 16, 19
Wirtschafts- und Sozialausschuss 86 f.

Zivildienst 67, 69 f., 72
Zivildienstleistende 67
Zollunion 77
Zukunftswerkstatt 117
Zusammenhänge visualisieren 17
Zustimmungsrecht 40, 44
Zwangsmaßnahmen 59, 70

Gemälde von Schülern einer Abschlussklasse an ihrem Schulgebäude

actionpress, Hamburg: 77 o. li.; ADFC Allgemeiner Deutscher Fahrrad-Club e. V., Bremen: 133 M. re. (Landesverband Hessen e.V., Projektbüro bike + business); adpic Bildagentur, Bonn: 73 u. li. (R. Naumann), 109 o. re.; Agentur Focus, Hamburg: 55 u. re. (P. Parry/WorldPictureNews); AKA GmbH, Augsburg: 26 o. re.; Associated Press GmbH, Frankfurt/Main: 12 o. li. (M. Probst), 111 u. li. (B. Armangue); Baaske Cartoons, Müllheim: 31 re. (T. Plaßmann), 71 u. + 91 + 96 (G. Mester), 120 u. (T. Plaßmann), 140 M. re. + o. re. + 164 u. li. (G. Mester), 164 u. re., 165 u. re. (R. Henn/LUFF); Beiersdorf AG, Hamburg: 30 u. ; Bergmoser + Höller Verlag AG, Aachen: 35 M. li., 104 o., 108 u. li., 111 u. re., 148 u. li., 155 M. re., 158 u. li., 174 o. li.; Brot für die Welt, Stuttgart: 53 o.; Bundesarchiv Koblenz: 100 M. re. (B 145 Bild-00047566); Bundesministerium der Verteidigung, Berlin: 69 o. re.; CargoCap GmbH, Bochum: 137 M. re.; CCC/www.c5.net, Pfaffenhofen: 11 li. (E. Munz), 45 u. li. (G. Mester), 45 u. re. (R. Schwalme), 69 u. (G. Mester), 72 u. li. (L. Murschetz), 84 Mi. + 85 (G. Mester), 140 li., 169 M. + u. re. (G. Mester); Christoph & Friends/Das Fotoarchiv, Essen: 150 o. re. (M. Dlouhy); Corbis, Düsseldorf: 150 o. li. (C. Cortes/Reuters); Cozacu, Ioan (NEL), Erfurt: 120 o.; Darchinger.com, Bonn: 97 u. li. (J.-H. Darchinger); Deiseroth, D., Niederaula: 8 M. li. + o. re. + u. M. + u. re., 9, 23 (3), 65 u. li. + u. re., 76 M. zw. v. u., 76 (7), 95 o. re., 107 M. re., 112 (9), 121 u. M. + u. li., 126 o. li., 127 (2 o.), 130 u. li., 132 M. li. + u. re., 136 M. li., 168 (4), 173 re.; DGB Bundesvorstand, Berlin: 34 (2 u.), 43 u.; dpa Infografik GmbH, Hamburg: 16 o. li., 31 u. li., 32 (3), 48 u., 62 u. re., 110, 114 o. li., 122 u., 126 (2 re.), 129 u., 132 o. li. + u. li., 146, 152 u., 154 (2), 155 o. + u., 156, 172; eBay Deutschland, Kleinmachnow: 20 M. re.; Europäisches Parlament, Berlin: 84 o. l.; Fabian, M., Hannover: 8 M. M. + M. re., 25 (2); Fischer Maschinenbau GmbH & Co. KG, Gemmrigheim: 28 (2), 29; Fischer, J.-A., Hannover: 112 M.; FoBe: 11 re.; Ford-Werke GmbH, Köln: 113; Fraport AG, Frankfurt/Main: 124 (2), 128 (4 o.), 129 (4 o.); Freese, H., Steinhude: 20 o. re.; Gerlach, E., Lüchow: 8 o. li.; Graffiti, Stuttgart: 44 (M. Storz); H-Bahn-Gesellschaft Dortmund mbH, Dortmund: 136 li. M.; Haribo GmbH & CO. KG, Bonn: 30 o.; Horsch, W., Niedernhall: 72 o.; Kaiser, E., Waiblingen: 62 u.; Klüppel, Gechingen: 117; Kompetenzzentrum Technik-Diversity-Chancengleichheit e.V., Bielefeld: 116; laif, Köln: 30 M. (M. Wolf), 55 o. li.; Maurer, Neulehe: 14 o. li.; mauritius images, Mittenwald: 104 M. re. (B. Lehner); Otto-Versand, Hamburg: 20 u. li.; photothek.net GbR, Radevormwald: 59 o. (T. Imo); Picture-Alliance, Frankfurt/Main: 1 (A. Berry), 12 o. re. (F. Gambarini), 20 M. li. (J. Kalaene/ZB), 20 o. li. (R. Haid), 20 u. re. (A. Dedert), 24 u. (K. Schindler/ZB), 47 o. (dpa), 47 u. re. (C. Rehder/dpa), 50 o. re. (P. Kittiwongsakul/AFP), 53 li. (European Press/dpa), 53 u. re., 54 u. re. (S. Dolzhenko/epa), 55 o. re. (M. Saber/epa/afp), 65 o. li. (Presse- und Informationszentrum Marine), 73 o. (AFP), 90 (M. Lerida/EPA), 97 o. (J. Büttner dpa/lbn), 97 u. M. (M. Rott/SKA/IMZBw), 102 (S. Pilick), 105 o. re. (W. Thieme/ZB), 121 o. (A. Dedert/EPA), 127 u. re. (dpa), 136 u. li. (F.-P. Tschauner/dpa), 141 u. li. (AFP/Datta), 145 (2), 151 u. li. (dpa), 157 u. re. (Imaginechina), 163 o. re.; plainpicture, Hamburg: 99 u. re.; Presse- und Informationsamt der Bundesregierung – Bundesbildstelle, Berlin: 66, 82, 92 (A. Jacob); Sanofi-Aventis Deutschland GmbH, Frankfurt/Main: 7 u. li. (A. Kloos); Schroedel Archiv: 99 o. + M.; Stiftung „Menschen für Menschen", München: 160 (2), 161 (2); Stiftung Haus der Geschichte der Bundesrepublik Deutschland, Bonn: 62 o. re. (J. Wolter); Süddeutsche Zeitung Photo, München: 52 li. (AP); terre des hommes Deutschland e.V., Osnabrück: 148 o. re.; Tomicek, J., Werl: 7 u. M., 46; Trägerverein Gerechter Welthandel e.V., Koblenz: 141 u. re.; Tündermann, A., Hannover: 20 o. M.; ullstein bild, Berlin: 4 u. re. (M. Edwards/Still Pictures), 49 o. li. (J.-P. Harerimana), 49 o. re. (G. Mulala/Lineair), 97 u. re. (phalanx Fotoagentur), 100 li., 121 u. M. (Oberhäuser/CARO), 141 o. (M. Edwards/Still Pictures); UN Photo Library, New York: 52 u. li., 58, 60 o. li.; UNICEF Deutschland, Köln: 47 u. li. (G. Pirozzi), 52 re., 143 (5); Visum Foto, Hamburg: 50 o. li. (Pueschner/Zeitenspiegel); Wolf, H.-U., Steinheim: 27 (2), 38, 40, 42 (2), 65 u. M., 73 u. re., 93 M. M. + u. re., 144 (2), 166 (2), 167 zw. v. u., 167 u.